JACQUES STEPHEN ALEXIS

NAN YON BAT JE

Tradiksyon: Edenne Roc

Nan yon bat je
Tradiksyon: *Edenne Roc*
Ilistrasyon kouvèti liv la: Gladys Saint-Victor

Copyright 2022, Educa Vision, Inc. Coconut Creek, FL

Tout dwa repwodiksyon liv sa a rezève. Pèsonn moun pa otorize repwodui, anrejistre osinon fè difizyon liv sa a osinon kèk pati liv sa a, sou kèlkeswa fòm nan, elektwonik, mekanik osinon alekri san otorizasyon alekri editè a osinon otè a.

All rights reserved. No part of this book may be reproduced or transmitted in any form or by any means, electronic or mechanical, including photocopying, recording or by information storage or retrieval system except by a reviewer who may quote brief passages in a review to be printed in a magazine or a newspaper without permission in writing from the author.

Pou tout enfòmasyon, kontakte:

Educa Vision Inc.,
2725 Nw 19th Street,
Pompano Beach, FL 33069
Telefòn: 954-968-7433
Fax: 954-970-0330
Imel: educa@aol.com
Web: www.educavision.com

NAN YON BAT JE

MÈSI ANPIL

M ap di yon gwo mèsi pou tout moun ki toujou ankouraje m nan aktivite tradiksyon m yo. Yon mèsi espesyal pou Frantzou Calixte ki te pote vèsyon fransè a sot Ayiti pou mwen epi ki te pran tan pou li vèsyon kreyòl la epi fè m wè kèk bagay ki te merite korije. Mesi tou pou manm «Amicale des anciennes et des anciens de l'École Normale Suprieure de Port-au-prince» ki ankouraje m tou. Mesi Pou Gladys Saint-Victor ki bay zèv li pou sèvi paj kouvèti liv la.

Prefas

Woman sa a soti anba plim Jacques Stephen Alexis ki blayi nan limyè diferan fas yon reyalite ki chita nan listwa peryòd li t ap ekri a. Li fè sa ak anpil pwezi anmenm tan l ap fè pòtre reyalis pwoblèm ak dram pèp la ap viv, jan l ye a. Nan liv sa a, Alexis san voye wòch kache men poze zafè aktivite pwostitisyon an ak anpil lodas, yon pwoblematik bouch koud sou li sof pou ideyalize pratik la tankou yon espas libète, sous enspirasyon pou kèk powèt. Li mete aklè jan aktivite sa a charye latwoublay, kokenn angwas epi gen gwo enpak fizik tankou sikolojik.

Yon gwo istwa lanmou sèvi fon pou kanpe dewoulman woman an. Ak anpil sansiblite, Alexis mete toutouni aspè politik ak ideyolojik diferan fòm eksplwatasyon epi dominasyon kapitalis la pran nan peryòd la. Alexis rive fè sa san sakrifye aspè womantik istwa lanmou an ki se eleman k ap deklannche konsyans, k ap rebay mounite. Li montre ak anpil sibtilite kouman eksplwatasyon kapitalis la mare ak patriyaka (ansnam lide ki fè kwè fanm enferyè, se yon kò senpman), rasis.

Nan liv la, lavi pwotagonis yo siblime, ideyalize atravè souf powèt la. Kidonk tradiksyon woman sa a blije marande ak poetik istwa k ap rakonte a. Rann mizik tèks la, kenbe rit li, rete nan tanporalite l, se yon gwo defi tradiktèz la chwazi leve.

Tradiksyon yon tèks mele pou pi piti twa eleman esansyèl: nivo panse, nivo semantik ak nivo estetik. Tradiksyon pote tou jèm yon kokenn kontradiksyon : rete fidèl, kole ak tèks la anmenm tan pa trayi lang w ap tradui tèks la ladan l, adapte l ak kilti espesifik li. Yon kesyon parèt tèt li touswit : tradui mo oswa sans fraz yo. Yon lòt bò, tradui soti nan yon lang al nan yon lòt makònen « vokabilè, men tou sentaks (gramè), ansanm ak estil epi dimansyon idyomatik tou 2 lang yo» (Ladmiral 1979 : 16[1])

Madam Roc rive fè tradiksyon an yon fason entèlijan pandan li libere tèt li anba kontrent lengwistik lang franse a. Se pa premye kou tradiktèz la ki akimile eksperyans ak yon ekspètiz, eleman ki jwe yon gwo wòl nan jan li negosye pasaj lang franse al nan lang kreyòl la.

Lekti tèks la pèmèt nou wè ak ki finès li defini inite narativ la ki diferan nan chak lang, kouman l kenbe tanporalite a san trayi esans ak kòtòf zèv la. Anmenm tan tou, youn nan defi yo se pa retire nanm naratif la andeyò chèm (schème) kiltirèl lang liv la te bati a. Alexis ekri ak anpil libète, li itilize anpil adjektif nan kad yon rechèch atistik ki deplòtonnen anpil estetik. Madam Roc layite, san tonbe nan vilgarite, reyalite Alexis ap lonje dwèt sou li a, kèk fwa san maske yo, san poudre yo, toutouni, ak kèk mo ki pa kache lonbrit.

Yon gwo kout chapo pou Madam Roc dèske l rann vivan, nan lang kreyòl, kokenn chenn travay atistik ak politik potorik ekriven Jacques Stephen Alexis. 'Nan yon bat je" fè limyè sou yon pan istorik, li devwale konsekans eksplwatasyon seksyèl, ensiste sou nesesite pou òganize epi

---

1   Ladmiral, J.-R. (1979) : Traduire : théorèmes pour la traduction, Paris, Petite Bibliothèque Payot. Meschonnic, Henri (1973) : Pour la poétique II, Paris, Gallimard

lite kont tout fòm dominasyon ak pratik peze souse pandan l montre gwo pouvwa lanmou pou kwape alyenasyon.

''Nan yon bat je'' ann deside goumen pou reprann mounite n k ap disparèt…

Chantal Ismé

BIYOGRAFI

Jak Estefèn Aleksi fèt Gonayiv 25 avril 1922, an Ayiti. Se youn nan manm fanmi JanJak Desalin, moun ki fè Ayiti pote non premye repiblik nwa endepandan, premye janvye 1804. Papa li te jounalis, istoryen womansye, patriyòt epi diplomat, se te youn nan pèsonalite ki te pi angaje nan lavi politik ak entelektyèl nan peyi l. Aleksi te grandi lakay li kote l t ap benyen nan liv epi diskisyon politik, entelektyèl. Depi a 18an l ap fè yo remake l avèk yon esè li ekri sou *Amilton Garout*. Li te kolabore tou ak revi «*Cahiers d'Haiti* » epi li kreye, dirije revi « *Le Caducée* ». Li pase yon ti tan nan yon gwoup literè yo rele « *Comaedia* apre sa li fonde «*La Ruche*. Gwoup sa a te bay tèt li misyon yon prentan literè ak sosyal ki te koresponn ak vwayaj *Andre Breton* an Ayiti. Lè sa a, li te pibliye kwonik ekstraòdinè li a : « *Les lettres aux hommes vieux* » ki te boulvèse lide yo pou mennen jis nan revolisyon 1946 ; revolisyon ki te lage prezidan Lesko atè. An 1955, li pibliye «*Compère général soleil* » ki fè l vini yon gran powèt epitou yon gran ekriven. An 1956, nan vil Sòbòn, li prezante, nan premye kongrè atis ak ekriven nwa yo, refleksyon l sou sa li te rele «*Réalisme mereilleux haitien*». Apre li vin ekri lòt woman tankou: «*Les arbres musiciens,*

« L'espace d'un cillement », ak yon rekèy kont ak nouvèl: *« Romancero aux etoiles »*.

An 1961, Jak Estefèn Aleksi, fondatè, lidè pati Antant popilè a, t ap eseye antre an Ayiti avèk yon ti kòmanndo pou òganize yon batay kont Franswa Divalye. Annarivan, yo kenbe l, maltrete l, bat li, disparèt li, san dout yo asasine l san ankenn moun pa konn anyen vremanvre sou kòman li mouri.

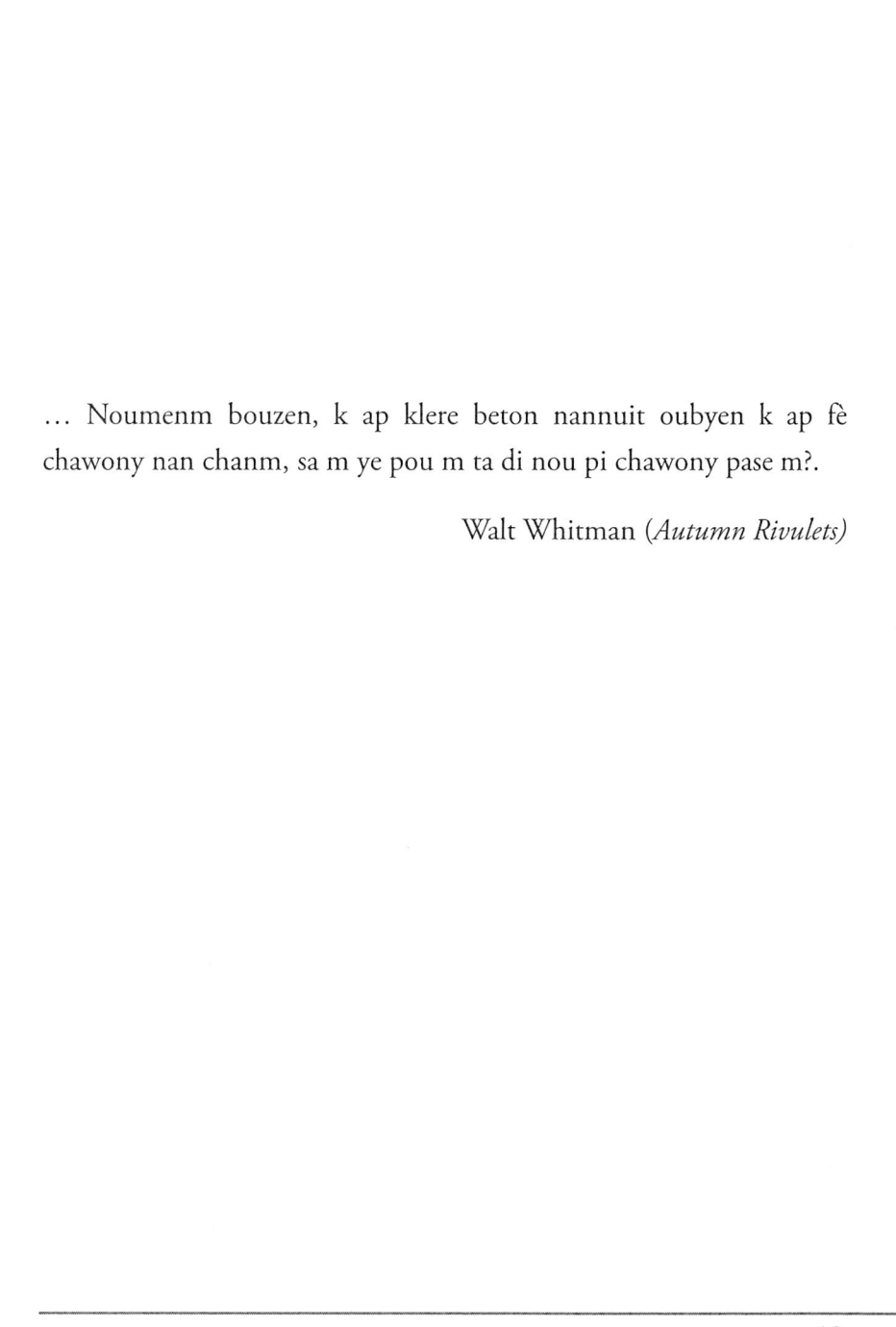

… Noumenm bouzen, k ap klere beton nannuit oubyen k ap fè chawony nan chanm, sa m ye pou m ta di nou pi chawony pase m?.

Walt Whitman (*Autumn Rivulets*)

Premye Mansyon

Wè /gade

… M bay lespwa m limyè je m, bèl ti wòch klere…
Guillaume Apollinaire. (Poèmes à Lou.)

Nèf!... Nèf oubyen dis?... Non, sanble se twonpe l twonpe l. Se dizè ki sot sonnen nan revèy Sentantwàn nan. Nou pa tande klòch Sen Franswa ak Azil fransè…Avèk tout laperèz sa yo, bri peta, motè, fren machin ki frennen sèk, klaksòn k ap anraje, tanbou, tout fè yon sèl melanje ak pakèt bri vag lanmè, ou pa ka rive distenge anyen. Depi nan koumansman, fèt la pran yon nivo etranj. Foli kleren sòlda meriken atrapan!... Kanmenm, tanbou rara sa a k ap bat la pa lwen, li pa pi lwen pase Bòlòs antouka… Sa k pase nèg sa yo la a menm? Pou yon dimanch ramo!... Chofè yo ap fè bon afè, chofè taksi ap pote sòlda meriken, epi chofè kamyonèt pou moun ki sot nan rara… Dans kontinye ap fèt nan sal la. Kasèt la pa kanpe… ni tètfèmal la!...

Bèl Estrelita a wè bòbòt li tankou yon maling tou limen yo ouvè anndan l, yon fant tou ouvè oubyen yon talon pye ki kòche, k ap pran dife nan yon soulye ki twòp pou mèt li. Li manyen l avèk perèz, li raboure l tankou kochon ki nan labou, li krabinen kò a yo lage nan men l pou granmesi…Aa! Tètfèmal sa a ap pete grenn je m!... Se byè a ki fè sa. Byè pa fè l byen menm… Aa! Konyon!... sa fè katozyèm sòlda meriken ki pase sou li depi maten an! Epi… gen lòt ki kanpe nan liy ap tann dèyè pòt la…

Anba ti vant Ninya Estrelita se yon plasman mouye san vi k ap sote, k ap sote san rete, k ap sote byen sote, k ap sote malgre tout bagay, ki toujou ap sote anba pil vye gwo vant ki blayi sou li. Vye kò nonm nan tou mal bati ap kraze kòt li ak tèt li, cheve l wouj, santi, ap bale san rete figi ti bouzen inosan an tankou yon plimo k ap chase pousyè, l ap kontanple plafon an avèk tristès. Li on jan tòde kòl sou kote…

Kounya a se yon sant souf ak klorat ki sot pete, toupre a, nan mitan yon pakèt bri k ap degaje. Timoun sa yo tètdi! M pa swete mal pou yo, men yo pa pran ankenn leson nan sa k te pase avanyè a. Yon pye chire pyès pa pyès…Bouch yo santi wiski, pinèz kraze, pise chat la se pi rèd! Detanzantan, Ameriken an depoze pat pyel sou jenou parèy li a, zo l yo tòde jiskaske Ninya Estrelita gouye kò l anba nonm nan voup, li voye l lòt bò… Yon machin fèt sot kanpe nan lakou a… Sòlda meriken k ap deplòtonnen toujou! Nou tande vwa yo jis nan chanm nan k ap pale nan nen kòmsi yo te nan lagè: youpi!...lanmmèd. Sa fè twa fwa kourèd la voye li pa janm santi l ap pete fyè l li. Sangwen an! Li rele tankou chat, wva l bay yon son gita dous, l ap miyonnen anba yon kadans k ap monte desann, l ap fredone yon chante kòbòy ki gen maladi damou tankou towo bèf nan zèb…

Toujou menm mizik la :

M santi m mal
Mal m santi m

Yo p ap janm fatige?... Ninya Estrelita foure zong li byen fon nan kou makak plen plim nan avèk raj. Li sanble pa menm santi sa, tèlman l plonje fon nan paradi l la. Li leve voup li mete l an kalifouchon sou poulich li a, li gaye sik li a, pakèt vye dechay santi kleren, pike li yo. Li pouse yon gwo soupi, li panche ankò, prèt pou l rekòmanse… Li sou sa toujou!...

« Sa se twòp atò, ha non mon kochon!... se kont ou! W ap kale m kòb mwen epi bay dèyè w de tap! Pa jete ankò, ou voye tout kote!... »

Li ba l yon pousad voup, Ninya Estrelita voye l al rekonèt li lòt bò kabann nan. Li detire kò l tout longè. Sòlda meriken an gade l, li sezi, je l vin won :

Aa! Sa k pase?...

- M di w se fini ok!... Men ou pa gen w ide !...kat fwa! Tande byen?... kat fwa!... se fini!... al chache yon kote w grate!...

Li rekòmanse ankò : sa k pase? M ap peye… non?...

- Aa non mon kochon!... non! Non! Pa plis, pa plis!... sa sifi! Ale fout!... gètawout!... Konsa, ou refize konprann?... ou pa konn kote w pran! Enben, ou pral wè!...

Li chita, li pase men nan tèt li, li raboure cheve l, li krake dwèt li yo, li grate po tèt li. Li mete pye l atè, li leve tou dousman, li fè de twa pa… dwèt pye l yo krake… Tèt li ap vire… Pandan l ap pase devan amwa a, li voye je l gade kò l ki tou ble… Si l kontinye konsa, konbyen tan l ap ka kenbe, konbyen ane ankò? Konbyen sezon tete l ap pase rete kanpe nan menm plas la? Ninya Estrelita! Oufff! Si sa rete konsa!... Li tòde très cheve l, li voye l sou zepòl goch li. Kò l pran tranble prèt pou tonbe. Li apiye nan mi a.

Nonm nan resi revini. L ap reprann li ti kras pa ti kras. Li leve epi, li fouye nan pòch rad ki te gaye sou chèz la, li pran yon ponyen grinbak li kenbe nan men l. Li ri ak kè kontan. Li pa chich, sa voye jete tout diskisyon. Ninya Estrelita avanse, li pran lajan an, li kole sou sòlda meriken an, li oule janm li sou kwis sòlda a, li fwote pwent tete l sou lestomak li epi l lage de twa bo sou bouch li byen vit :

« myaw… myaw… myaw… Mèsi yoyo…! »

Fòk ou jere biznis la! Ninya Estrelita pouse l tou dousman men byen fò :

« la a vye pijon m!... ou bon moun se vre! Men m fini nèt, ou konprann?... M fatige pou mouri! Ale! Ale!... Ou dwe fè bon moun menm jan ak tout lòt sòlda yo lè yo vin la a. W ap ban m lapè m!...

Li fè l yon ti souri ankò, li mete chapo militè l sou tèt li, li antòtye kravat li nan kou l epi l kite l la, Laninya pran wout douch la pou l al sere lajan an.

Gadon w metye!... Klòch ap sonnen. Gran mès la fini. Li mouye yon sèvyèt, li mete l nan mitan fant janm li, li ouvè l soti anba ti vant li rive sou do koko l... Sa a bon anpil!...Li oblije apiye nan panno a, tèt li ap vire toutbon. Li bezwen pran lè. Li pran yon wòb chanm saten ki te pandye sou rido a, li mete l sou li san pèdi tan, epi, tou sou ak men l sou fon l, li pran wout pòt la, li kite kliyan an anndan an, li pa janm ka fin mete rad sou li... Men zen! Men tristès la anvayi l ankò! Li tounen plonje nan twou nwa a, twou gran ouvè sa a l ap debat pou l sot ladan l depi uit jou. Gen de lè w anvi bwè pwazon pou w fini ak sa! Li tounen l al sou ti tab bò tèt kabann nan, li fouye tiwa yo, li pran bwat grenn nan, li bwè de ak yon vè dlo ki t ap trennen nan chanm nan! Koumanman!... sansasyon boul nan vant sa a!... Li pa menm vire gade sòlda a, li pran direksyon pòt la, li pouse l. Pou l rive soti, li gen pou l bourade, pouse menm kat ou senk gason pòtan k ap eseye poze lapat sou li.

« pa manyen m, blan!... »

Tankou yon moun sou k ap pwomennen ak dòmi nan je, li travèse gwo sal kote pil kliyan yo atable devan wonmkoka, wonmkoka ak byè y ap rele :

«Laninya!...

- Laninya Estrelita… »

Yo mèt al chache yon kote yo met kò yo!. Enhen, Laninya Estrellita jiskake l pa kapab ankò! Epi… e apre?... Si lòt medam yo vle travay, yo pa bezwen jennen!... Laninya gade antravè nan direksyon ba a. Maryo, patwon an, kanpe sou kontwa a ap gade l, li souke tèt li pou l di li dakò avè l. Yon mizik bolewo koulè flanm, koulè dezespwa klere tankou lò ki nan solèy :

m pa ka wè w ap kriye

m pa ka wè w ap soufri

paske m renmen w twòp

lè m wè w ap kriye

m anvi mouriiii

Estrelita pouse lestomak li pou tete l ka parèt byen anba wòb chanm saten an, li ranje senti l, li souke bouda l epi l ap desann eskalye pewon an. Li pa reponn youn nan kliyan k ap plede rele l yo. Lè je yo fè yo mal, y a sispann gade! Li lage kò l... l ap balanse de bò tankou ti bato sou lanmè ki pa jwenn van. Ala piten byen kanpe!

Tan an bèl, syèl la klere tankou lò, yon solèy jòn, se konsa l ye nan Karayib nan mwa mas. Vag lanmè a ap monte desann tankou souf timoun piti :

« ba!... ba!...ba!... »

Sa bon anpil. Ou santi se fonn w ap fonn chak fwa lanmè a respire konsa...Yon rafal peta pati youn dèyè lòt. Timoun sa yo ooo!...Tanbou a lage yon tenmpo ki sanble tèt koupe ak rabòday. Motè yo rekòmanse mache, fren ap rele, klaksòn ap sone avèk raj, bri yo sonnen tankou moun k ap pale anglè nan nen, van alize ap pote. Estrelita ap monte desann nan lakou a, l ap pase men sou touf parese ak manto senjozèf ki nan gwo koridò a. Talon kikit li ap kwoke nan wòch nan lakou a, sa fè l pèdi ekilib li ak kadans li... Tètfèmal la pase, men grenn *Maxiton* an poko bay rezilta. Li toujou santi tristès la, l ap pike l anndan lestomak li, nan mitan de tete l, li vin fèb ak doulè… Aa! Li sanble poko onzè. Gade on sezon! Yon bato lagè ankò epi l ap mennen l lopital!…

Estrelita ouvè gri yo byen gran, li apiye do l nan yon pye palmis ki te bare antre « Sansasyon ba a », li apiye tèt li nan pye bwa a epi l ap gade pakèt fèy vèt yo, ti ri solèy la ap boule, moun k ap monte desann, timoun k ap delire avèk kèk machin.

Gade on chalè! Bondye!

Nan yon bat je, lari a tounen trankil, sa vle di, pa gen anpil moun k ap pase, men bri peta ak lòt bri fin fou ap soti nan bèl Avni a… Yon machann sirèt parèt bak sirèt li sou kote l, kòd bak la fè yon mak nwa nan lestomak li… li pran direksyon pou l al chita nan kwen Avni a.

« Antwàn! Vini m pale w ! Banm kèk mant, m ap peye w pita. »

Antwàn, yon jèn nèg nwa, je klere ap pwoche vini, li ouvè bwat kenkay la, pandan l ap voye gade de tete fatige, de tete koulè myèl, ak pwent yo tou mov nan yon kòsaj.

« Antwàn? Ou pa pral nan fèt rara a?… »

Antwàn montre tout dan blanch li yo. Ti figi timoun li a klere, lavi a bèl devan l.

« hey!… sa vle di gen yon ti bann nan katriyèm Avni Bòlòs, men se yon ti bagay dèyè manman! Bagay timoun piti! Apre midi a m pral Leyogàn. Lè m rive Kafou Sayira ap gen afè, detanzantan, m ap ka fè de twa gouyad pou m delache ren m!… »

Antwàn se yon bon moun, men li pale pi rèd pase jako! Laninya gen yon tètvid. Li pa t gen dwa pete lòbèy la.

Antwàn?... Sòlda meriken yo ap debake toujou?....

- M panse pi fò gen tan debake. Ka gen kèk ti pake ankò pou n desann, men nou sanse fini… Gen tout kote! Yo sanble menm on jan deja kase… Nou gen travay pou nenpòt dezè konsa, epi yo chanje bwat yo… Trafik la on jan bese, ou pa wè sa?...

- Mèsi, Antwàn… Mèsi, ale! Ou mèt ale!... »

Ninya Estrelita apiye nan yon pye palmis, l ap vale saliv li ki frè ak yon gou mant fò. Li santi frechè ap fofile desann nan lestomak li tankou ti koulèv madlèn k ap fofile anba zèb nan gwo solèy cho… E peta sa yo!... Li toujou santi tètvid la, kè l pa sispann bat fò. L ap reprann li tou dousman, men espektak lari pi enteresan pase rete toutan nan yon chanm anndan *Lupanar* a. Gade on chalè?... Ninya Estrelita apiye do l nan pye bwa a, l ap gade. Yon bann ti fi ap travèse lari a ak fèy palmis nan men yo. Yo soti nan gran mès.

Ti demwazèl! Ban m on ti ramo!... Youn nan ti fi yo vire gade ak je l ap danse nan solèy la epi, avèk enterè, l ap chare dam ki apiye nan pye palmis la. Pakèt sòlda k ap antre nan ba ak medam k ap defile, bèl rad yo fè timoun yo kouri. Timoun yo pete kouri, men apre yon ti tan, ti fi je nwazèt la al jwenn dam nan. Dam nan gade l li souri. Ti fi a avanse, li lonje ramo yo ba li. Estrelita pran ramo yo, li pandye yo tankou yon bèl riban jòn avèk reyon vèt. Avèk anpil kontantman li souri ak ti fi a.

- Sa pa gen anyen mal - li ba li yon woulo mant epi l ale. Li fè l yon souri epi ti fi a gade l nan mitan je, li santi l kontan, youn gade lòt. Pandan l ap gade ti fiyèt la, Estrelita sonje anpil bagay. Ti fi a ale, Ninya Estrelita suiv li yon ti tan, apre sa, li apiye tèt li nan pye palmis la ankò. Si l pa t jennen, li te ka bay ti fiyèt la yon bèl bo, ti fi sa a. Anfen!...

23

Ninya Estrelita pran ramo yo l ap glise yo nan mitan dwèt li tou dousman. San l pa gade, li kòmanse ap pliye yo. Nan yon bat je, li fè riban an tounen yon kwa jòn ak vèt, byen fèt, byen trese. Ninya rale yon epeng, li tache de bò jip yo ki ouvè sou janm li, li mete ti kwa a anndan wòb chanm nan, anba tete goch li. Ti kwa fèy palmis la fè yon bèl desen sou pwent tete l ki fin kraze men k ap atire moun san rete…

Gade on chalè! Bondye!

Chak fwa l tande peta li pantan. Finalman, jodi a bagay yo pa bon menm.

Ninya gade li wè yon nonm abiye ak yon salopèt ble. L ap vini. L ap mache pye trennen, men lè l wè bagay wouj ki apiye nan pye bwa a, li vire tèt li tou piti… Li fè yon ti kanpe, pandan je l nan je l, li pase devan l… Ninya fè yon ti ouvè je l li wè yon bagay tou piti ap mache balanse de bò. Nèg la woule zepòl li tou piti. Li gen yon chèn soufle dore nan kou l, li pote yon bònèt nwa avèk yon rèl wouj. Pandan l ap mache, li kwochi kou l nan tout direksyon. Ninya ouvè je l. Nèg la deplase, li pa wè l ankò…Si… li tounen … Ninya refèmen je l… Li tounen repase devan l ankò. Ninya ouvè je l ankò, li gade l wè kou l toujou ap balanse… Li fè yon kanpe pi devan, li fè tankou l ap ranje soulye l. Chemiz li blan tankou koton. Bretèl salopèt ble a kwaze sou do l laj, byen bonbe…Nèg la retounen. Fwa sa a, li fikse l byen fikse, san bat je l. Li pase, l repase devan l konsa pandan kat ou senk fwa. Ninya pa fikse l, men l obseve l, li menm tou…

Nèg la travèse lari a. Li kanpe sou twotwa anfas la, tou pre Estrelita a, nan menm wotè avè l l ap gade l. Estrelita ranmase jip li, li kouvri janm li. Li kwense ke wòb chanm nan nan pye bwa a. Li ouvè je l li gade l kareman.

Nèg la gen yon soulye twal blanch nan pye l, soulye kat fil. Yo pwòp, byen kouvri ak blan, men ou ka wè yon ti tach mawon sou kote goch soulye a. Sanble se kò ki nan ti zòtèy li a ki elimine twal la, apre yon bon tan, li rive pete twal la, epi ti zòtèy la parèt tou won, mawon tankou tè cho… Li pa gen chosèt nan pye l. Po koudpyel on ti jan boule… Janm li yo gwo, fò, on ti jan koube, byen bonbe, parèt soti nan pantalon l… Yo sanble janm travayè… Men pa nenpòt ki travayè, travayè k ap pote chay, k ap koupe kann oubyen k ap travay nan chan koton… Sa pa ka vre paske salopèt sa a, prèske nèf, fèk lave, li gen gwo tach luil sou li… Se yon mekanisyen, men pa nenpòt ki mekanisyen… Yon mekanisyen ki gen gwo jefò pou l fè, ki gen pou l mache anpil… Nèg la ap ale vini, li fè tankou l ap tann yon moun, l ap sote wòch, sa a dwòl, menm si l ale li p ap janm sispann gade Estrelita…Aa jan fi sa a ap mache souke dèyè l la, ou ta di se yon blad yo gonfle! Li mete pye l atè tankou moun k ap danse. Yon sèl frison pran Estrelita, se kòmsi kò l pa vle nèg la gade l…Poutan metye l se fè pou moun gade!

Se tristès san fen sa a ki tout pwoblèm li. Kounya a se pa tèt li sèlman li santi ki vid, se tout kò l : lestomak, vant, pye… Ou ta di se poupe ki fèt ak kawotchou, anndan l vid, se konsa l santi l! Grenn « *Maxiton* » an p ap bay ankenn rezilta jodi a. Patwon an gen dwa kòmanse wè l pa bon. Nenpòt jan! Maryo ap joure, men li p ap ka voye l ale. Pa kounya a!... Li pral kay doktè Chabè demen; medikaman sa yo pa fè anyen ankò. Yo twò fèb… Lanmèb! Men kounya a l ap tranble! Kè l ap monte desann tankou vag lanmè lè gen gwo van. Epi yon gou amè ki soti nan bouch pase nan lestomak, nan vant gaye nan kò a. Gou amè sa a k ap koule tankou yon tiyo ki p ap janm sispann bay dlo! Poukisa l ap viv? Pou ki lajwa, poukisa ankò, si se pa pou lapè?...Non, pa gen lavi pou li. Se pito… yon kèplen, yon dezespwa k ap miyonnen l, yon lavi bèt, lavi kakakleren, yon lavi santi fò ak yon bonè san konsyans chak jou bondye mete! Demen, li pral kay doktè Chabè men l pa pral di l :

« Touye m!... »

Men :

« …fè m viv! Fòk m viv! … ankò epi ankò!... »

Lanmèd!

Kisa nèg sa bezwen menm?... Se yon moun fou! Ou pa dwe gade Estrelita plis pase yon minit! Ou pa ka plede ap gade l, ou mete l an kat pat! L ap lage kò l ba ou, Laninya sa a, ou ka vire l, pran l jan w vle, tripote l, niche l, bwè kantite w vle, selon defo l. Depi w ap met kòb deyò! Estrelita pa santi tout bon sa yo fè l, ou ka ale jan w vle! Apre, sa pa di l anyen!... E, li renmen lavi, kanta sa, wi!

Depi w di l :

« … m toujou vivan paske m santi m vivan, paske m santi m amè, rak, dezespere, ravaje ak fredi ak mak boule, tristès ak bonè ki p ap dire!... »

Koumanman, Estrelita fè eksprè l kite wòb li on ti jan ouvè. Gade paske w vle wè… Janm li ak tout bout kwis li parèt anba yon solèy fewòs, sonb, koulè myèl nan mitan pil fèy parese, manto senjozèf byen vèt… koulangèt!

Janm mesye a ba l anvi ri. Eske l te wè janm sa yo yon lòt kote? Natirèlman! Li tèlman kenbe, karese janm gason nan vi l!...Nèg sa dwe se yon nèg ki konn frekante jenès… kwis li yo gwo, yo di. Pantalon an on ti jan blaze bò jenou. Kwis li monte byen dwat, pwès rive jis nan ranch li. Bout kwis ki bò sèks nèg yo pi pwès toujou, yo bonbe. Yo kouche sou yon bò apre sa sou lòt bò a, pandan ranch yo ap monte desann. Menm kote a ou ka wè fant dèyè a… Nèg sa a gwo nèg tout bon vre… Poukisa l ap gade l konsa?... Peta pa janm sispann pete… Estrelita kanpe. Sa a se twòp atò! Pa janm gen yon ti kote ou te ka ale yon ti moman, san pa gen moun k ap gade w, kote w te ka poukont ou epi ou ta di :

« … Ninya Estrelita, ou la, solèy la, limyè ap klere sou ou tankou yon zanmi, san pa gen ankenn moun k ap pase pat men yo sou ou… Pandan yon minit ou gen dwa tounen ti fi nan bouch solèy, anba bri vag lanmè ak pay!... »

Li pral rele l, l ap sale l, mete pwav ladan l, l ap tèlman salanbe l avèk mo sal l ap mande si se nan bouch on moun pawòl sa yo ap soti oubyen yon tou rego! Li trè byen, li bezwen konnen kiyès yo rele Ninya Estrelita? Ebyen, li pral konnen! L ap bliye kòman moun gade moun! Founi gade pa peye, se reskiyè!... Fòk li rele l… li ale… Men yon taksi ap parèt nan kwen lari a; li plen sòlda meriken ladann, yo tou sou… menm kote a tout tristès disparèt nan kè Estrelita. Nèg sa a pral wè l nan men sòlda sa yo ki tou sou a! Yo tout pral vin manyen l, chache bouch li ak pwent tete l… Tristès la ale se lawonte ki ranplase l. Non, nèg sa a pa dwe wè bagay sa a.

Li pete kouri. Li pase dèyè koridò a epi l ale tou dwat nan basen an, ti pisin yo fè sou anlè a ki bare ak palisad an bwa. Li eskalade mach yo, li ouvè pòt la apre sa l fèmen l… Dlo a parèt ble nan mitan siman an. Sa fè de ou twazan, apre kat nuit san dòmi, Fiyita, fi Bataklan an, t al benyen nan yon basen yon jou maten epi yo te jwenn li mouri. Yo di se koutsan. Estrelita lage wòb chanm nan atè epi l glise kò l nan kouran an… l ap flote nan mitan dlo a, tèt anba.

« O syèl karayib pa m nan!... O vyèj Mari, men Ninya Estrelita w la! »

Syèl Karayib la, pa gen yon ti pli ladann, yon ti fann. Solèy la klere tankou lò, lò tou wouj nan mwa mas sa a, menm jan ak mas Karayib la, sèl mwa ki konn koulè solèy sa a... Dlo a fre, gou amè a pase... Medikaman doktè Chabè a kòmanse aji. Ninya kalme l, li leve tèt gade syèl la, li fè yon ti souri.

« O manman Mari!... M di w mèsi!... »

Finalman, kriz la pase... Maryo ap fè kòlè nan ba a. Li pa yon move nèg, Maryo. Li renmen joure se vre, men li fè sa pou l fè... Se pa li ki pi pa bon nan tout mèt otèl li konnen. Li chache lavi l jan l kapab. Si pa t gen Ninya Estrelita, pa t ap gen Maryo!... Kliyan gen dwa mande pou Ninya, Ninya pa yo... Malgre tout bagay, Estrelita se kelkechoz... Li gen plas li!... Anpil fi ta renmen tounen yon Estrelita!...Sa pa fasil!...

Zanmi l yo jalou, men chosèt koton gonfle tipa tipa... Nan dizan ankò, epi...Li te dwe gentan antre nan sal ap fè kliyan yo danse...Li pral mete mizik ki fèk parèt ki rele : Dezespwa... Dlo a bon. Yon lapè sot nan syèl epi l antre nan ou.

« ... O lavyèj Mari... »

Ninya Estrelita fè siydelakwa. L ap navige tou dousman nan dlo a. Bri peta yo vin pi lwen toujou...Kounya a se : bri motè, klaksòn, fren k ap frape ak mizik rabòday. Lanmè a ap respire dousman. Syèl la... Dlo a bon...Yon gwo souri parèt nan vizaj Estrelita, de flè fennen nan je li yo deplise nan kwen machwè l, sonb, dore, figi l tankou figi sent Mari sou tablo nan vye legliz kolonyal sou tan konkistadòl...

....Dezespwaaaa!...

Ninya Estrelita tonbe chante

❖

Apre yon bon tan, nonm nan antre nan lakou Sansasyon ba a. Je l toupatou ap chache kote l wè lonbray rad ki te sou Estrelita a. Lè l pa wè l l al nan ba a. Li grenpe mach yo, li fè yon ti kanpe sou ti galri kote moun yo chita a …..Apre sa, byen deside, l avanse l al nan ba a.

« Wonmkoka!... Eske se sa l te mande?

Li chita sou yon tabourè men wotè, l ap chache fason pou l kore pye l nan kontwa a ki desann tou dwat san anyen pou kenbe l. Pandan nen l ap respire, je l ap gade pakèt kim k ap monte sot nan bwason an ki on jan wouj, mawon. L ap bwè ti gout pa ti gout, detanzantan, li pran on ti kal glas li souse. Menm kote bwason an desann nan gòj li, li kenbe glas la sou pwent lang li, l ap savoure sensasyon bagay solid la k ap tounen likid sou fòs saliv li.

Aa! Li mache anpil nan lavi l! Li konn fè jounen ap mache, poukont li, l ap balanse dèyè l molas tankou kawotchou… Se tanperaman l sa … Li pa kalkile sa l ap fè, li toujou an balans. Pandan l ap balanse kò l, ponyèt ak pye, tèt li pran direksyon l poukont li, men lè l dekouvri objektif li, entansyon l, pye l pran direksyon destine oubyen fòtin, tèt vire agoch, adwat, men an vini apre sa li ale, pye a make pa, li leve, li depoze. Sa toujou fèt san fòse, ak souplès; pa gen moun ki te ka di anyen yon minit anvan, yo pa t menm gen yon ide sou sa k te pral fèt la. Byen molas, anchatpent, se byen sa : yon bèt ki voltije anlè epi l tonbe sou kat pat li san bite… Yon jounen, sa pa vle di anyen. Konbyen bon jounen li pase nan vi l?... Pa anpil antouka, menm si l konn fè anpil bèl ti bagay, pase bon ti moman. Men li te toujou konnen, li te rete kwè ap gen yon bagay k ap rive on jou, bagay moun pa panse men ki toujou rive, yon sèl kout klak epi lavi blayi.

Li monte desann nan tout Karayib la. Soti « *Cuba, La Havana, Veracruz o Mexique, San Pedro Macoris* nan Repiblik dominikèn, *La Guaïra Venezuela, Ciudad de Guatemala, Panama,* Pòtoprens jodi a apre petèt *San-Juan de Porto-Rico, Tegucigalpa* oubyen *Maracaïbo* demen... w ap mache nan yon ri ou vire agoch san w pa konnen poukisa, ou vire adwat, ou ale tou dwat devan w. Avni a ret konsa l monte, tankou se te nan syèl, Boulva a menm desann... Poukisa se desann Boulva a desann?... Ou antre ladann... Poukisa desann nan?... Yon fi? Baw!... ou rekòmanse vire... ou pral nan travay. Yon grèv. Poukisa yo fè grèv, ti mesye?... Batay sa te di anpil. Ou pran gwo bòt?... Lapolis nan bouda w, ou kouri...yon vil, yon lòt ankò... ou mache... yon ri. Wout bare. Ou soti. Ou vire tou won, ou chire lari tankou bato plezans. Men bon jan van... Ou flannen...

« ... Wi m ap pase nan ri sa a epi m p ap vire nan premye agoch la non, m ap vire nan twazyèm adwat... »

Epi w tonbe nan prizon!... Men sa k rele lari, se prèske yon riyèl... Pye goch ou ap fwote nan pye dwat ou, ou ta di se danse w ap danse, ou lejè ou lou anmenm tan paske janm ou kanbra...

Alòs! Oumenm isit, nèg!... Lavi sa a!... Epi ou sonje?... Ou raple w?... Kounya sa n touen?... Nou pral wouze sa?... Non?...

Ak yon gwo akolad, ou sere vye frè a sou kè w, Ondiryen ou Ayisyen... Babay!

« N ap kenbe grasadye! »

Pye l pa janm fin pran tè, se ti pwent la sèlman ki touche tè a...«Elkotcho»... yo gen rezon rele l konsa a. « Nèg kawotchou a». Li byen renmen non an...

« Yo toujou rele m Elkotcho, mesye, men nou ka rele m nan non m si nou vle... »

Yo toujou rele l Elkotcho... Babay mesye... Sa pa t fasil, men kèk fwa, tan an bon kanmenm, nou pa twouve sa?... Se lavi...N ap ratrape nou, nou mèt kwè sa...

Vwalye ap pouse vapè... Van an frape w nan figi menm jan l frape nan do vwalye a... Li leve men l... Tren an soufle... Kamyon an gen fòs... Yon gwo vil ap degringole al tonbe nan lanmè. Se byen sa. Pye palmis tou kout, pye kokoye men wotè, epi flanbwayan sa yo k ap pouse flè wouj. Yon pil tè separe longè Avni a an de. Yo mache. Mache a anpil. Li fè cho, men nou byen.

Ti van mwa mas la bon, ti van sa a k ap soufle pandan tout ane a se yon melanj sèl ak yòd. Sa bay anvi viv, lajwa, lapè, ti katastwòf k ap boulvèse fon kè nou... N ap pase nan ri sa a. N ap pran l. N ap mache... Sanba lavi a...Se talon l sèlman ki touche tè... N ap pwomennen san n pa konn kote n prale epi, toudenkou, tèt la mande kanpe... Pandan n apiye nan pye bwa a, nou wè yon fanm, yon fanm abiye ak yon wòb chanm saten wouj, byen molas ak de pye l fèm sitou ak de je... de je prèske fèmen... De je ak plim yo klere... Epi nou pa ka tounen ankò!... Se sa k Karayib la.

Pye l kwochi nan yon sandal talon kikit wouj. Ou wè tout venn yo detire. Pye a parèt frajil, men jan l fè a, ou ka mezire fòs sekrè l ak pakèt cham ki gen anba l...Yon moun ki ka bay tout latè afeksyon epi pa gen yon sèl branch zèb ki pa ta renmen l. Yon moun ki nan detrès pa ta dwe gen konfyans nan tèt li, men l kanpe tennfas, l ap lite, anyen pa ka fè l pèdi pari : yon ti vwal, de bwa ap sipòte ka chire tankou papye men l kenbe anba gwo tanpèt dechennen, anraje. Wi li kenbe!…Nou pa ka twonpe n, pye sa a pa ka twonpe koulè bijou presye sa yo, frajil, koulè myèl boule ki reflete nan ke wòb chanm nan. Janm, pye, hanch koube anba jip la tankou gwo sizo long, men li parèt tankou yon gwo zèl, oubyen yon gwo flanm dife nan van. Van an pa fin klè, on tijan egal, li t ap goumen pou kache yon sekrè… Boul nan lestomak la, tristès ki fè l pèdi souf, de men sou tèt, abandone tankou vye bagay yo pa bezwen, zesèl li yo fon, plen plim… li prèske pa ka wè men l. Kou l filange tankou moun ki pase anpil mizè, men jan pye l tòde a ak twou ki nan je l di tout bagay. Tout limenm, kè l, nanm li, tanperaman l, tout pèsonalite l al chita nan pye l ak nan je l ki toujou fèmen.

Zanmi konnen yo ka konte sou Elkotcho, pou goumen, pou yon kout men, pou koze ak yon fi, pou yon bourad nan do oubyen sou zepòl lè yo bezwen. Zanmi yo di :

« fòk n al kot patwon an, men yo ka tou revoke nou… »

Sa pa ka ret konsa ! Elkotcho li menm, pa pè, san l pa di pyès moun anyen, l al kot makak la, li di :

« patwon, travayè yo bezwen sa … »

Epi patwon an tande Elkotcho menm si l mande yon ogmantasyon.

Zanmi yo di : « Bon gason! Pa gen sendika, men Elkotcho, se tankou yon sendika!...

- E ki lè n ap deside pou sendika a menm? Fòk nou òganize n ou konprann byen!... »

Elkotcho toujou gen yon bagay anba bra l. Depi de nèg ap goumen, l al separe. Li p ap manke pa pran yon zòbòy sou do nen nan pran pòz saj li a. Mesye sa a pa t byen aji ak travayè nan ekip la?...Elkotcho foure pye l nan koze a. Li di :

« Lapè! Poukisa n ap bay tèt nou manti? Nou pral pale ak nèg la!... Ey! Gran nèg!... »

Fòk nou di, bagay yo pa toujou fini byen ak mannigans Elkotcho yo. Si l rive mete lapè pi souvan, li pa rive ranje zafè a vre. Sa p ap ret konsa!... Elkotcho, limenm, ap rekòmanse kanmèm. Sa a p ap korije. Li di :

« Mesye!... se menm nou menm nan. Tout nèg se menm bagay la y ap chache nan lavi! Ba l chans li!... »

Yon lòt nèg vin nan travay la, li fawouchè! Li chache tout moun kont, anbetan, move. Yo pa t pran tan pou reyaji paske pa gen moun k ap kite moun vin mache sou tèt yo nan chantye a la a. Elkotcho gen tan pran devan :

« Fòk nou chache konnen sa l genyen… Fè on ti tann. M pral gade… »

Lè travayè yo wè Elkotcho ap mache al sou nonm nan, yo tout pete ri.

« mmm… men li, men Elkotcho!... Ala yon nonm papa! Sa l genyen nan kò l? Li manje piman dapdap!... »

Yon jou Almanò ap pale ak Elkotcho an jwèt konsa, li di l :

« Ey! Elkotcho!... ou pa konn pran tèt ou pou pè etènèl, non?...

Elkotcho pa t reponn men li te vekse anpil. Non, li pa pran tèt li pou bondye ni pou ankenn moun, men li tèlman pase mizè, li pa pè ankenn soufrans, kèlkeswa sa l te ye a. Li tèlman soufri, li konn sant doulè, li

33

soufri ak nèg ki nan doulè, li konprann soufrans yo, li ede yo, li renmen jan yo ye, nenpòt ki jan. Epi, sa pa gen anyen pou l wè ak ideoloji. Natirèlman, li gen lide politik, li kwè ladann. Depi l piti, li renmen goumen, yon timoun batayè, yon militan sendikalis, yon nègfè. Gen de lè, li parèt tankou yon moun san pitye, li pa nan jwèt ak vakabon ki pa mache dwat; gen de lè, li pase pou yon egare, tèlman li kite yo fè sa yo vle avè l. Men kòman fè li tout moun sa yo? Poukisa li foure tèt li nan tout grèv, tout aktivite politik, jiskaske l tounen yon move grenn tout kote l pase?... Yo toujou dèyè l, y ap chache l tout kote!... Men se pa pou tèt li, ni pou sa l aprann nan liv, men pou kè l, se poutèt sa menm. Se sa ki Elkotcho. Elkotcho mete pye l atè paske l oblije, paske l pa ka anpeche l patisipe nan sa tout sa moun ap fè. Zak li, refleksyon l, etid li, ba l rezon; yo fè l vin pi fò, men se pa yo ki fè l konsa. Se vre, sa ki pote Elkotcho al jwenn tout sa k egziste : pye bwa, zèb, foumi, mapou, elefan, kayiman, moun, tounen tipa tipa lanmou pou limanite, lanmou pou pwogrè, lanmou pou jistis, men imanis sa a se volonte l ki fè l toujou rete nan limenm ki mennen l al jwenn tout kretyen vivan kèlkeswa jan yo ye… Gen de lè, li konn di, san pitye nan batay yo, fòk ou genyen sa k nesesè; revandikasyon ouvriye yo, se pa bagay afrannkè! – men chak fwa l di tèt li fòk li fò, li soufri anpil pou sa. Lè w renmen anpil, ou pa ka pa fè soufri… Non li pa kwè nan bondye, men li se Elkotcho. Se konsa l fèt, se tè kote l fèt, Karayib li, klima li, vilaj li, anfans li, manman l, - lavi, kisa l te ye!- ki fleri l konsa. Bon! Li pa pi rich pase sa… Chak kou l pran, gen yon bagay ki sot nan bouch li. Li pa gen kay, li pa gen fanmi, li pa gen bon zanmi, epi chak fwa l kòmanse ap pran rasin yon kote, abitye ak moun, li oblije bay teren an blanch. Paske l se Elkotcho, l ap toujou konsa. Li soufri chak jou paske l konsa, men li satisfè, li fyè, li byennere…

Sa k enterese l nan ti pitit sa a, se pye l ak cheve l… Se vre, li byen kanpe, li bèl, bon bagay! Men se pa pou sa l kanpe. Elkotcho pa ka pa kanpe lè yon bagay enterese l, kèlkeswa sa k rive a, li kanpe pou l wè sa k pral pase. Li pa ka fè lòt jan… de je l! Kòman yon kretyen vivan fè gen je sa yo? Epitou, li wè yo toujou fèmen. Gade jan po je l kouche! Yon liy antre soti tankou yon gwo pwendentèwogasyon ki kouche sou vant.

M pa kapab ankò, se sa m santi nan plim je m, men m ap kontinye wout la jiskaske sa fini. Malgre tout bagay.

Je m ap danse san rete : « n ap goumen pou n pa gade lavi…m vle, m pa vle… m pa konnen… »

Arebò je l tou ble, ble revòlt, ble dekourajman, ble reziyasyon, kwen je ki gen tout koulè ble sou latè a di : « m ap benyen nan ble… »

Kanta pou glas je a menm, li sanble ap woule san rete anba po je a ki, limenm, pa klere ankò, men li bay on eklèsi, yon fènwa ki bay koulè lò, nuit ak solèy…Sousi l se tankou yon travè. Li pa gen dwa fè sousi l. Sousi l klere ! Nan yon bat je, san pran souf, li disparèt piti piti nan kwen je l… Fi sa a pa ka gen tèt zwazo ni kè demwazèl avèk gwo pye sa a. Pa gen dout sou sa, se yon fanm tout bon, oubyen se yon moun ki gen tout kalite pou l yon fanm tout bon… Lè l leve po je l, boul je yo tankou de woz, de bon woz, on jan chifonnen, on jan fennen, men woz klere, byen won, ak flè, yon kè nwa, byen toufi ap briye anba plim je l k ap reyone, ou ta di yon O majiskil sou chabon san bout ak sousi orizontal… Se lè sa a li travèse lari a. Limenm Elkotcho, li pa t ka sipòte woz ki nan je sa yo . Li oblije fè bak!

Sou twotwa anfas la pa t gen detay ankò, men ou gen enpresyon gen yon bagay toujou. Branch sa a byen fèt pou l kenbe woz yo. Yon bèl ti bouke flè ap balanse anba move van chak swa, gwo van fènwa nan bòdèl yo, yon ti pye bwa tou piti, tèt di, dezespere nan goumen, ret kanpe nan mitan wòch dezole bòdèl la. Kòman woz sa yo fè pou yo ret woz?...Li pati l ale paske taksi a, yon taksi chaje sòlda meriken antre nan ri a. Pa gen dout, li file l ale. Li pa t vle yo wè l nan men nèg sa yo. Poukisa l pa t vle?... Lè l kouri a, li fè yo panse l te gen rapò avè l, yon lyen avèk li... Sa a parèt etranj!... Limenm, li ret kanpe la san fè yon pa, li ba yo gade l, li pa fè yon jès, apre sa l sove lè moman an rive pou l livre l tankou yon maryonèt bay sòlda an chalè sa yo!

Elkotcho chache nan memwa l, li pa jwenn anyen ki sanble ak sa l wè a... Li pase anpil nan lavi l, - pou di verite. Youn rete nan tèt li pou souri l, yon lòt pou frechè l, yon lòt ankò pou jan l maton nan kabann, men sa pa pran tan, souri, frechè, talan, pèdi tout valè pou li epi, chak tan, li kite kòd la lonje, lonje jiskaske l kase... Se pa lonbray ankenn femèl k ap vin chavire lòlòj li, fè l sonje manman ki te konn abiye ak bèl wòb wouj?... Sè l yo?...Se pa vre ditou! Ki kote bagay sa a kache nan tèt li, nan pèsonalite l, nan sa l wè nan rèv ak nan reyalite oubyen nan panse l?... Poukisa pye sa yo, bèt vivan, prèske dekole nan rès kò a, fè tèt li vire konsa? Se yon chòk bagay ki pase a? Poukisa koulè je l te briye konsa, li rete la nan panse m, l ap lemante m konsa?... Se tankou lè lontan, li te fè yon rèv, apre sa l bliye l epi reyalite a fè l tounen nan rèv la ankò. Li bay imaj la yon kò ki pa vle di anyen, ki pèdi, repèdi epi malgre tout sa l fè, rèv la pa janm reyalize...De bèt byen vivan, pye sa yo, de flè maji, je l wòz... Li sove pou evite limenm, ELkotcho, pa wè l nan wòl malis bouzen l ap fè nan mitan boukan... Li nan konplo a. Li di wi... poukisa l di wi a menm?

Elkotcho kale janm li nan bawo tabourè a, li apiye l do nan ba a, li bwase dèyè l pou l byen chita epi kobi do l pou l ka kache pwoblèm li gen nan rèl do a, tou pre de zo zepòl li yo. Li mete koudponyèt li sou fè a.

Li kòmande yon wonmkoka. Apre sa l mete nen l nan vè a l ap gade ti boul k ap monte desann nan bwason an ki gen on koulè woujat. L ap bwè ti gòje pa ti gòje pandan l ap niche ti moso glas yo. « Gade on chalè jodi dimanch la! Koumanman!... »

❖

Tout moun nan sal la rele byen fò :

« Laninya!...

- Laninya Estrelita!...

Peta ap monte nan syèl la pa grap, bri trafik nan Avni a ap vin pi fò epi tanbou a fè on ti sispann bat lòt bò a. Laninya parèt. Tout moun ap rele l anmezi l ap antre sou galri a. Kote Elkotcho ye nan ba a, li pa t ka wè l. Li pa vire. Fòk li ta di moun k ap rele l yo yon pawòl. L ap pran san l. Gwo glas ki layite l nan tout mi ba a gen yon eklè ap soti ladan l. Elkotcho voye je l li wè limyè de twa koup k ap danse nan sal la. Maryo, patwon an, leve tèt li, li wè Elkotcho k ap gade, li tonbe ri :

« Laninya Estrelita!... gade on fanm!... Li fè tèt tout gason pati!... »

Elkotcho souke tèt li tankou yon bon nèg. Menm kote a, li ranje kò l, li mete l prè pou tout sikonstans. L ap souri nan mouchtach ak patwon an. Li ranje zepòl li epi l bese tèt li sou vè a.

Twa minit pa pase ou tande on talon kikit k ap tikow tikow, byen deside ap vini. Elkotcho fikse je l sou glas la. Li antre.

« Aa!... Laninya!... Laninya Estrelita!... » Anverite, li fè tout gason pèdi tèt yo, li ka menm fè yo mache ajenou! Li rete souriyan, epi l voye je l nan direksyon ba a, l ap gade nèg k ap kontanple l. Li rete kanpe la l ap souri… Li pote menm soulye talon wo ak pantalon nwa a, byen sere ki montre tout fòm kò l. Sou tèt dèyè l gen yon riban krèm ki fèt ak twal swa k ap balanse. Sa ki sèvi l kòsaj la se yon ti mayo manch raz wouj, san soutyen, tout tete l parèt. Elkotcho a se yon bon frè *delakot*! Li sonje plim sousi nwa yo, je klere, nen ti bebe, bèl aparans bouch li, tout fòm figi l ak yon machwè on jan alonje ou pa ka fin konprann : yon ze byen plen, san yon ti pli, byen bèl. Imaj Laninya pase tankou yon kout eklè.

« Laninya … »

L ap layite kò l, de janm ak de pye, de bò bouba l ap souke, on ti jan lage sou jenou l, adwat epi agoch, l ap ponpe sou plas, li kole de talon pye l ansanm ou ta di yon milèt k ap tire pye. Yon gwo bri kontantman blayi nan sal la.

« Laninya!... Laninya Estrelita!... »

Yon nonm ak yon mayo polo byen chita sou li, an bon flannè avanse sou Estrelita. Se Felisyen, yon moun tout moun konnen, ki di l ap travay nan endistri, k ap fè moun konprann li se bon jènjan kiben, tout fi tonbe pou li, li gen kòb pase tout nèg nan katye a. Yon gwo boujwa k ap bay fanm lajan.

… jan nou wè m nan…

Se pa konsa m ye…

Wonm ba a lanse, li pete epi l balanse. Laninya lage yon dans, dechennen, kabre, sansyèl, monte desann, jete ranmase, ale vini, byen ge, pa yo lejè tankou boutèy plastik sou vag lanmè karayib.

❖

Kote l chita sou galri a, Laninya ap gade men nèg ki apiye sou tab nan ba a. Li leve men l epi l bese avèk *guarracha* a. Li pa menm wè si Laninya ap gade l. Pat men l tankou pye gwo krab k ap kouri al kache nan twou lè gwo lapli pral tonbe. Pla men l sanble ensansib, di, ge epi solid. Konsa, si l tape w se p ap kaka kòk! Lè kòlè l monte l, ou p ap menm bezwen chache w ap jwenn. Nèg ki mari l la dwe se yon nèg dou, bon moun… Ti dwèt men goch li sanble rèd, li pa bouje menm jan ak lòt yo. Zo dwèt li yo boudonnen ou ta di moun ki jwe foutbòl ak men. Danse ak yon nèg ki gen men sa a se pa bagay jwèt. Jan l ap vire men l la, montre li pa mèt nan sa l ap fè a, men li gen kadans ak mouvman an nan nanm li. Li pa al chache anyen, li egzekite pa yo avèk ladrès, mete sou sa, ou ta di se yon timoun, men li kenbe ekilib li, li byen kontwole sa l ap fè a. Avèk men sa a, jan l parèt masif la, nèg sa a pa gen pwoblèm pou l danse, se yon don l genyen pou l kreye san rete. Li pa dwe kondui kavalyè a men fè l yon ti pouse tou dousman, fè l santi l lejè tankou fèy k ap fe laplanch nan lanmè ki pa gen gwo vag. Li pa bay tan pou reziste, pou reflechi, pou sove, tèlman l ap karese l, miyonnen l, balanse l pou fè l jui piti piti lajwa fizik de kò ki kole ansanm. Tout limenm patisipe nan mouvman yo : janm, ren, lestomak, zepòl , ponyèt… Pandan l ap danse, li dwe chache kote ki pi sansib nan kò a, pou l manyen l dousman, pase men l anlè anlè, antre anba zè l li, kache kò l, glise anba karès pou fè l reve je klè… bliye lanfè, panse ak paradi pou toutan gen tan. Sa fè lontan, li pa panse ak bagay konsa. Li menm ki prèske pèdi tout sansasyon! Sa k pase Laninya la a? Sa k pran w la? Poukisa bagay ki pase depi lontan, li fin bliye ap tounen nan tèt li? Sa k pase? Poukisa?... Kisa k ap pase nan kalbas tèt ou? Poukisa nèg sa a pa sanble ak lòt yo?

« Aha ! aa!... epi apre sa, ou pa kouche avè l?... »

Laninya pete ri, li lage yon gouyad, li touye je l, li frape vè a pou l fè kim yo soti epi l kase vè a dèyè tèt li… Deyò a, peta fè kenken, se bow bow. Prèske pa gen machin nan lari.

« …Kisa! Bagay sa a pa posib! Li te vyèj?... Li byen pran w nan pèlen… Mwen menm tou, m konn sekrè a!... Avèk yon ti sèl amanyak, anpil pasyans, m ka fè m tounen vyèj pou yon sware pou yon gwo soulye, egare, sòt tankou w! »

Laninya vire tèt li pou l ri. Ou wè bèl jansiv li yo, dan l yo blan, klere tankou lalin. Li mete de men l sou tèt li pou nèg k ap gade a ka wè pakèt plim ki anba bra l. Men gen yon nèg ki vin pwofite pase men sou kwis li, li pase l yon tabòk, li di l :

« Pa manyen m! »

Menm kote a, li zipe pantalon l ki te rete ouvè sou kote. Nonm nan rete la. L ap voye je gade. Sa sa vle di… Wi, li oblije fè viwonn tab la, - pa vre?- pou l ka bay chak moun on goute nan Estrelita a… Non! Pa kounya a! Se pa lè pou l ap fè bagatèl!... Laninya ap bwè kou sou kou. Li bezwen sou, pou l pa konn prèske anyen!... Non, pandan w nan ba a ou pa dwe wè l… Eske l ap ka rive diferansye men goch li ak men dwat li yon jou. Laninya kobi do l, li pouse tete l devan tout je k ap gade l yo. Si yo te konnen l pa santi anyen lè l ap fè bagay!... Li reponn tout sa yo di san manke youn. Li fè mesye yo zyedou, li gade epi l ale. Sa dekouraje mesye yo.

Li leve l ale sou tab kote sòlda meriken yo chita a. Li chita sou jenou youn ladan yo ki gen yon pòch sigarèt nan tèt dwèt li, Laninya pran youn, li mande l dife epi l bo l jenòm ki te ba l brikè a sou tèt bouch :

« Mèsi Koko! »

Koko a se yon sòlda meriken ki plen tach wouj sou po l, li sanble fèk fini lekòl... Nan ba a, ou pa ka pa wè l... Depi l parèt, li lage de ou twa blag li konnen an ameriken... Non! Li p ap fè bagay kounya a!

« Non, m di nou !... pa kounya a!... oo! Oumenm ak yon lòt, ki diferans?... M pa ka pran tout lame ameriken an met nan kabann mwen yon sèl kou!... Epi, fòk m pran yon poz... M regrèt sa pou ou cheri doudou!... Ban m yon bwason, nonm dous!... »

Li kase bwason an dèyè tèt li, li kite tab li te ye a, l al ateri sou yon lòt. Se moun li konnen nèt ki chita sou tab sa a, Ayisyen parèy li.

« Laninya! w ap vin chita bò kote nou?... Kisa w ap pran?...

- yon vè kewozèn avèk yon tranch sitwon, ti doudou!... Oumenm sa a! Ou pa konn sa pou w bwè ankò, Laninya?.... »

Li chita, l ap kwaze dekwaze pye l, men l fè malis li alèz, li chita byen saj, li bay ba a do. La a, ou ta ka wè l byen. Li bese wva l, l ap pale tankou moun ki fatige... Li kwochi kò l, li pouse men k ap manyen pwent tete l, li voye nan bwa men k ap eseye pase men sou vant li, k ap bay ti tap bò dèyè l...

« Al chache yon kote n chita! M fatige, m di nou! Si m koute nou, m a mouri! Si n pa vle ret trankil m ap vire do m!... »

Non, pandan w nan ba ou pa fouti tande l...Poukisa nèg sa a ap gade l konsa nan glas la? Kisa l ap ckache konsa? Koumanman, gade koze!...

41

men, nèg sa a pa pè moun; jamè... Men jan l fè a se pa yon envitasyon, men ou ta di yo nan konnivans ansanm, youn ap sipòte lòt, youn konn sekrè lòt.

Pòf!... Nou menm gason nou toujou ap vante tèt nou, epi, nan kabann, aprè de vye gouyad, nou fini! Nou ka o!...

An pasan, nou pa wè byè sa a gen yon gou dwòl? Maryo ap bay moun byè melanje kounya a?...Mezanmi si l tande m!...Pa w la bon?... M pran l, mande yon lòt!... »

Epi Laninya voye vè l la al tonbe sou pil zèb yo ki monte menm wotè ak balistrad galri a...

Wi, li kòmanse sou... tou piti, men sa ap vini... L ap bwè. Li chanje tab epi l al chita nan mitan yon gwoup sòlda meriken, yon pil jenn gason. Nou kontan wè vedèt ba a vin chita sou bò tab nou an. Tout lame meriken an konnen Laninya se fanm ki pi sansasyonèl sou fontyè a depi lontan, li depase tout lòt fanm nan zòn nan, epi l sanble ap kenbe kòn nan pou yon bon bout tan ankò... Laninya pa vle fè bagay kounya a, pawòl la gaye nan tout kwen, Laninya fatige. Sòlda meriken yo oblije konfòme yo menm jan ak tout kliyan. Yo pa manyen Laninya, yo gade l tankou se lè y ap gade *Lily Marlène* oubyen *Mae West* nan televizyon... yo pale, yo gazouye kèlke mo espanyòl oubyen kreyòl avèk kè kontan. Lè yo pa sou, yo pa move nèg, tout bagay O. K ... Laninya kwaze pye l epi l ap pran pòz move fanm li... Kote l chita a ou ka wè l byen nan ba a. Epi si l mete men l sou zepòl li konsa, nèg la ap wè se li menm vre san manti. Laninya bay ba a do epi l chita byen saj, l ap bay min, monte sousi l, bat plim je l, griyen dan l... Sa k ap pran l la a?... Poukisa kè l ap bat fò konsa? Poukisa l mete men l sou zepòl li? Pou gason ka wè l?...Kòman fè men sa a, aparans inosan, timoun, timid, ti fi sa a rete la malgre tout woule l woule?... Li pa konnen!... Poukisa tout kesyon sa yo?... Bagay la senp. Li konsa paske se Laninya. Se pou sa yo te ba l non *la niña,* sa vle di timoun, ti jèn fi, ti pitit fi k ap voye flè, k ap briye, koumanman... Li toujou ap chanje, gen lè l klè, sonb, kontan, toumante epi ge tankou zetwal... Men poukisa ou toujou rete yon timoun, Laninya Estrelita nan bon tan tankou nan move tan, malgre alkòl, move nuit, move rèv, pa dòmi, reziyasyon san rete ak tout lòt bagay, dezespwa lavi bouzennay, malgre tout sa? Wi, poukisa?... W ap fè m labab!... Laninya ap ri men l chaje pwoblèm, li lonje men l sou zepòl li, li lage l bay tankou yon ti fi saj k ap prezante poupe l. Li lage l bay jantiman nan je mesye a k ap fè l pè, k ap kouri dèyè l, k ap fè l pè tankou remò pa t janm konnen. Laninya lonje men l bay nonm sa a, li pa t ap janm pwoche bò kote l pou anyen sou latè. Se sa k Laninya a! Jès sa a, se tout Laninya a sa.

Elkotcho sou dizyèm wonmkoka l. Elkotcho bwè lè l anvi. Li gen lontan l pa bwè. Lè l pa bwè, se san rezon, paske lide l pa di l. Gen de lè yo ofri l li pa pran paske sa pa fè l plezi. Ou te mèt fè sa w vle, li p ap bwè. Gen de lè tou, li bwè jan lide l di l, li bwè jouk li sou. Men sa pa rive souvan, fòk nou di sa. Yon jou pa pi di pase yon lòt pou Elkotcho, se sa k fè se lè l vle li bwè pou l sou. Lè l sou tout bon, je Elkotcho soti, wouj, men li pa mechan pou sa. Men tou, nan moman sa a fòk ou pa twò anmède l. Si w anmède l ou ka jwenn ak zo grann ou. Premyè fwa a l ap di w :

« Rete! »

Senkyèm fwa a, l ap di w :

«Retire w devan m nan!»

Dizyèm fwa a, li kontante l ba w kout je. Apre dizyèm kou sa a, ou p ap gen tan di anyen. Gen de lè, li pa fè anyen, men san w pa panse, pou anyen li pete lòbèy, li kraze brize. Elkotcho pa janm regrèt sa l fè, sou ou pa sou, se menm amou. Li pa nan bay kleren responsab sa l fè. Li toujou gen kontwòl sa l ap fè menm si l sou kou loko. Men lè konsa, l al dousman nan tout sa l ap fè : pale, mache, gade, al pise. Men lè pou l voye kou, se nan yon bat je.

Konsa w ka di, Elkotcho konn bwè, renmen bwè, menm lè l pa fè sa toutan. Ou ka pè pou mouri lè Elkotcho ap frape. Gen de lè, nan batèm yon timoun yon zanmi konsa, Elkotcho pran yon demi vè. Men gen lòt lè, nan yon nòs, li ka bwè on sèt kou epi l rete. Nan yon vèy, lè l sot travay, nan yon premyè kominyon, li ka bwè yon trèz kou epi l rete. Ou ka wè l bwè jiska ven kou epi l rete; epi lòt fwa, li bwè san rete. Elkotcho bwè sa l vle lè l vle eksepte avan l al traval ak lè l ap travay. Elkotcho kwè tout jou se menm.

L apiye koudponyèt li sou kontwa « Sansasyon ba » a, Elkotcho sou dizyèm vè wonmkoka l. Li pa konn si l va sispann bwè. Sa a, li pa janm konnen l. L ap di tèt li, sa pou piti de ou twa mwa depi l pa fè bagay, - fanm se bon bagay! Li pa kwè l anvi fè bagay pase sa jodi a, li pa pral chache ankenn vye fanm. Pou kounya, Elkotcho nan nyaj, l ap repase vye souvni l yo, l ap chache nan simityè kè l, li kontan l anvi toujou. Li la paske lide l di l. Jodi a li gen ase lajan nan pòch li pou l fè sa l vle. Kòb li touche a pa anpil, men li pa manje anpil, li pa dòmi anpil, li pa al nan bouzen toutan. L abiye byen pwòp men li pa depanse anpil kòb nan rad. Men anverite, Elkotcho gen yon defo, yon gwo defo: li renmen li... Li li nenpòt bagay, anyè telefòn oubyen yon woman, li renmen li tout bagay, men li pi renmen li liv ki difisil pou konprann. Nan ka sa a, li ka li yo dis fwa youn dèyè lòt jiskaske l konprann sa sa vle di, menm si se bagay filozofi. Li li yo paske l aprann nan aktivite sendikal ak politik yon travayè konsyan dwe li ak edike tèt li, men sitou paske l sa enève l lè l ap li yon bagay li pa ka konprann oubyen pa ka fè. Elkotcho kòmanse onzyèm wonmkoka l.

Elkotcho kontan paske jodi a se dimanch. Li te anvi antre nan bòdèl sa a al chache fanm, li antre. L ap kenbe toujou, li pa sou, li bwè epi l pa santi anyen. Nan glas ba a, premye figi li wè se Laninya Estrelita, jis nan pwent galri a. Li konn kòman l rele : Laninya Estrelita.

« Estrelita?... Estrelita?...se pa bon non l!... »

Poukisa?... Sèlman paske Elkotcho konnen. Yo rele l Elkotcho se vre, eske Elkotcho se bon non l pou sa? Non!... Alòs?... Elkotcho te wè zepòl Estrelita an premye nan glas la, zepòl dwat li. Li leve zepòl li yon fason dwòl, ou ta di li frèt. Venn sou zepòl li byen dwat men zo devan an on jan pa fin kòrèk nèt, salyè l on jan plonje. Li ap kache l, li se Laninya, sa vle di, li gen yon kote timoun nan li, se sa k fè tout moun renmen l. Li te renmen jwe anpil lè l te piti. Li toujou renmen jwe. Li jwe zepòl li kousikousa, men tout lòt jès li yo byen fèt, san fot epi yo di li konn sou tèt dwèt li kesyon file gason an, kesyon renmen an, li konn jan pou l fè yo reve. Elkotcho pa tande l pale, li ta renmen tande l, men li pase tout tan l ap tande li pa tande anyen. Li sanble ap touye tèt li ap ri menm jan lè l bliye kò l anba pye palmis la. Tout moun sanble pran plezi nan lajwa l la, men pa gen moun ki konnen se pa yon bon jan jwa. Pa gen moun ki konnen l... Elkotcho pa wè l ankò. Li kache, li pa ka wè anyen nan glas la. Men nan vè l la, Elkotcho wè yon zepòl timoun k ap monte epi k ap jwe.

Laninya ka dèyè nèt sou galri a avèk sòlda meriken yo. Lè yon sòlda meriken poukont li, Elkotcho ka pale. Pou li, yon sòlda meriken se yon kolon, se yon etranje, men se yon moun tou. Tout moun soufri, tout moun renmen nan vi yo. Men lè twa, kat, dis, ven sòlda meriken reyini, yo sispann moun yo tounen kolon, etranje. Lè yo anfas moun nwa, tankou jan yo di l, depi yo an gwoup, yo vin pi mal pase bèt. Yon moun nwa, yon nèg karayib pou moun sa yo, se yon makak, makak ki abiye, men se makak... Laninya pa t dwe renmen blan meriken, pi mal toujou lòt bouzen yo...Laninya ap pase sot sou yon tab al sou yon lòt, l ap fè travay li. Malere renmen bèl travay, travay byen fèt. Lè y ap travay, yo pa ka pa met tout kè yo nan sa y ap fè a, menm si patwon pa kenbe yo di. Yon bouzen se yon pwoletè, li soti nan pèp la epi apre sa li retounen, sa k pi mal la, pou l al mouri grangou nan yon kwen. Yon bouzen fè travay li ak konsyans malere, moun ki renmen travay byen, menm lè fyèl li ap pete... Eske bouzen yo pa ka gen fason pa yo pou yo fè grèv. Y ap fè pyès! Sa t ap bèl anpil yon sendika konsa, yo ta gen yon salè minimòn garanti ak yon retrèt lè yo granmoun!... Laninya ap pase sou tout tab, l ap fwote kò l sou sòlda yo, li kite yo karese l, li lwe tèt li pou l ka manje, menm jan ak travayè yo. Li menm, li travay ak figi l, ak je l, ak bouch li, bouda l, koko l, eske se de bagay diferan vre? Nan tan pa nou, bouzennay la se yon zafè de degre... Gen moun ki ret manèv tout vi yo, eske se fòt yo?... Gen fi ki fè vi yo ap fè bouzen, yo di se fòt yo... kit se manèv, ki se bouzen, Elkotcho panse se fòt yo. Eske se paske l vin sa l ye a ak fòs ponyèt li, anba mizè, li pa dòmi, l ap goumen tankou moun fou kont tèt li, kont lavi, kont patwon, kont vakabon, kont lach, kont ipokrit ak konplis. Li pa renmen anyen mare pye l, li pa nan rans, men sa k fè l konsa ? Eske se pa yon kout chans?...

Nan lotri lavi a, lavi malere yo, Elkotcho te jwe bon nimewo a... Chans pou li, manman l se te pitit yon Ayisyen ak yon kibèn, li te pase tout vi l tankou yon fanm djanm... Li te mare se vre, on tijan lage kò l sou bondye bon, men l te gen de gwo kalite : pèseverans ak bonte. Li te tèlman bon moun li te egare. Se kote l Elkotcho pran. Si l vin sa l ye jodi a se paske l se pitit dam sa a, li eritye yon kapital bonte plis yon kapital pèseverans : yon bon grenn... Avèk sa, Elkotcho ka patisipe nan malè ak tray tout moun, li se pitit manman l nan tout sans menm si l panse l diferan. Tout moun sòt pa menm, gen ki fè tout vi yo ap travay ak moun, gen polisye, gen espyon, gen tchoul sipòtan, gen sa, menm si yo onèt men ki lach, gen vakabon, gen blagè, gen kakakleren, gen bouzen…Laninya li menm, djòb li se bay blan meriken patinen l, se travay li sa, boul chans li. Petèt, nan yon lòt epòk li ka vin fizisyen, atomis, Laninya!...Yon moun ka fè nenpòt bagay, fè nenpòt zak. Men avan w jije l, fòk ou te konnen sa l gen nan san l, nan trip li, nan fwesi l, nan kè l, nan anfans li. Sa p ap anpeche w voye chen anraje nan kaj li… Tout sa w ap fè nan lavi, nan yon sans ou ka di se travay w ap travay pou vè manje w, fòk yon moun pa janm bliye sa lè l ap reflechi sou lavi lèzòm sou latè. Nou viv, nou mouri epi pa gen jwèt nan sa!

Sa k pi rèd, se lè w pase tout vi w p ap fè anyen! Elkotcho, limenm li pa janm santi l anmède… Laninya ap pase sot sou yon tab al sou yon lòt, Elkotcho pa wè epi l pa rive tande vwa l, men li fè diferans ant moun ki wè l, ki gade l, ki pale avè l oubyen ki vle karese l. Li konnen kounya kisa Laninya ap fè. Li touye tèt li nan kleren apre sa l al bay kliyan yo cho. Poukisa l bwè pou l sou?... Wi se vre, li pa vle Maryo kouri dèyè l ap di l sa pou l fè. Patwon an se travay li sa, fòse moun yo bwè, men poukisa l bwè jouk li sou?... Lè Elkotcho gad vizaj Maryo byen, li wè l pa gen pwoblèm ak jan Laninya ap debouye l la, men talè konsa l p ap gen chwa, se pral larelèv, l ap oblije al dòmi ak sòlda meriken yo… Elkotcho sou douzyèm vè l. Si l ta rive tande vwa Laninya sèlman li ta konn poukisa l ap enivre tèt li nan bwè konsa a. Li t ap aprann anpil bagay sou li, sou lavi l, sou pèsonalite l, sèlman avèk son vwa l… Men li fè tout sa l kapab, li pa ka rive tande Laninya, anyen menm!...

« patwon, yon lòt wonmkoka!...»

Yon lòbèy pete sou galri a. Yon nonm vin nan ba avèk plato l. Li rakonte... yon fi chavire yon vè nan figi yon sòlda meriken epi apre sa li kraze l nan tèt li. Kounya l ap griyen dan l pandan l ap danse rigodon. Deyò a, peta fè mikalaw. Malgre sòlda a pa ta dwe fè l twòp. Li pa t dwe foure fouchèt nan dèyè l, ni bal kout pwen nan vant, li pa t menm ba l kalòt. De twa tan pase tout bagay kalme. Byen lwen w tande bri rara k ap gonfle...de nèg tonbe trennen yon moun fou k ap rele epi goumen ak li. Yon ti lòbèy anplis, pa plis. Yon machin fèk sot kanpe devan lakou a, yon pakèt sòlda meriken desann... Maryo souke tèt li. Li bese tèt li pou l salye Elkotcho. Nouvo kliyan sa a, se moun pa l, tout moun ka wè sa.

« ... sa pa anyen, se yon milatrès... Sa fè senk jou li pa fè krizdenè l la. Sa te dwe rive... Se pa li ki pi move fanm nan bwat la, ou mèt kwè m, ale! Li fè travay li byen... tout moun sezi wè jan l kenbe kò l byen! Se sèten li nan trant uit akonpli, malgre sa li byen kanpe, gade on gengenn! Sa k ap bay milatrès la pwoblèm se laperèz. Li pè vyeyès la anpil. Milatrès sa pa t janm nan panse ak demen ni nan sere lajan, li te viv tankou prensès. Li bay tout sa l genyen, li pa chwazi moun pou l bay, li bay tout moun sa pa deranje l... Epi li konn damou, se yon move bagay!... Li gen yon ti pwason ki fè l al lage kò l nan bwadchèn nan san reflechi... Sa fè kenzan m konnen l, milatrès sa toujou nan premye ran. Sa se yon mirak! M pa janm wè yon fi ki gen pi bèl tete pase l, pou tèt bouda a menm, se ede pote! Tout moun pèdi bon sans yo. Lè l ap mache, ou ta di se yon rèn k ap danse !... L ap kenbe konsa pou yon bon bout tan ankò. Mwen bouke di l sa, pa gen anyen ki fèt, li pè! Li pa jalou, li toujou kenbe zanmi l yo, se yon bon moun, men m kwè l p ap ka sipòte wè Laninya vin menm bagay avè l epi ap konpòte l tankou rèn lakou a...Malgre sa Laninya renmen l anpil, li pwoteje l, li karese l tankou yon sè… depi kèk tan, chak twa ou kat jou, depi milatrès la sou, laperèz pran l… perèz granmoun nan… Li tonbe kriz, kriz nèsèch, men sa pa dire lontan. Lòt medam yo mechan lè y ap rele l moun fou, *la loca* paske l ap tonbe kriz toutan. Men sa pa dire lontan, w a wè!... Nan senk minit l ap pran yon beny epi tèt li ap vin klè… Apre sa, l ap met bèl wòb li sou li epi l tounen nan sal la tankou yon rèn… Pi fò nan kliyan bezwen kouche avè l… Se yon milatrès tout bon!... »

Maryo plise je l jiskake l fèmen. Elkotcho fè Maryo pè, men li fè bon moun avè l. Sanble gen kèk bagay k ap pase nan tèt Maryo, Milatrès la sanble nan koze a tou… Maryo ouvè je l:

«Yon lòt wonmkoka, grannèg? Se mwen k ap peye… Fè m plezi, aksepte… »

Elkotcho trenke avèk patwon an… Se si Maryo te fè yon kout ouvriye nan vi l, ou santi sa. Men sèlman, li pa t nan meyè ouvriye yo. Depi sou figi l ou wè l pa sanble yon nèg ki konn trimen ni swe, men li te ouvriye, sa a pa gen dout… Sanble l te gen nan lotri…oubyen l te konn fè siveye rapòte pou patwon oubyen pou lapolis…Men Maryo pa sanble yon move gason pou sa, Elkotcho ak salopèt li sou li, alòske Maryo pran ka l tankou moun ak kravat, li pale avè l avèk senpati. Depi sou vwa Maryo, ou ka wè prezans Elkotcho fè l sonje yon pakèt bagay, kouvri kè l ak souvni yo, souvni lontan, lontan, bon ti souvni dous, soup, amè tou, kèlkeswa sa k kouvri l yo. Laninya ap pwomennen sot sou yon tab al sou yon lòt nan mitan sòlda meriken yo, men l ap avanse nan ba a… Laninya pa ka renmen sòlda meriken… Si Elkotcho pa konn papa l se paske sòlda meriken te touye l ak zam aprè lagè endepandans Kiba kont Espay. Papa Elkotcho se te patizan *Marti*. Men lè fo liberatè meriken ki te vini pou ede Kiben mete Espanyòl yo deyò soti pou rete nan plas ansyen mèt yo epi fè Kiba tounen koloni pa yo, geriryòs yo chanje fizi yo zepòl, yo vire kont Meriken. Elkotcho pa wè ni tande vwa Laninya kounya a, men l konnen l ap touye tèt li nan bwè… Poukisa l ap bwè konsa?… Laninya Estrelita… kisa nan Laninya ki atire Elkotcho konsa?

Laninya voup li parèt nan glas ba a. Elkotcho wè do l, yon do koube tankou kou kana. Laninya cho, li eksite. Li te konsa anvan menm li te kòmanse fè bouzen… Li eksite tankou ti femèl chwal bon ras ki nan savann! Nenpòt ti bri fèl sispèk, yon ti van ki leve ke wòb li, yon tèt ki souke, kou ak krenyen chwal ki kanpe anba kout zepon…Moun sa yo ekstraòdinè! Gwo kou piti, anyen yo fè pa òdinè; y ap fè fèwè, etone moun, yo fou, y ap fè gwo bagay, bagay moun pa janm wè, sa wi! Sa k konnen! Moun frajil, yon jou yo kontan, yon jou yo tris. Enstabilite se makfabrik moun ki gen gwo pèsonalite, tout lavi ki sou latè, tout bagay moun ka wè, bèl istwa, gwo kreyasyon oubyen dekouvèt. Tout sa moun ap fè, nan kèlkeswa domèn nan se konsa sa toujou ye. Tout gwo bagay lèzòm ap fè sou latè gen pou wè ak kapasite yo gen pou rive kontwole lespri bèt moun pa menm wè ki anndan yo k ap fòse yo aji. Kidonk, reyisit yo makònen ak libète yo genyen pou yo dirije animalite yo nan yon sans rentab epi fonksyonab…

Se sò Laninya Estrelita, plake sou yon kabann, lajounen kou nannwit, pandan plizyè zè anba mizè fo lanmou, rityèl konyen san kè kontan ki pa janm fini…Laninya gen yon ti bras tou piti, yon mouvman chat. Pou fè santi w menm lè w fatige, fòk ti jès ou yo soti nan nanm ou tout bon vre, ti jès ou konsève anndan w, nan rezèv tandrès ou pa janm itilize! Tandrès ap kouri sou do Laninya tankou sous dlo ki p ap janm seche, avèk yon frison san sans. Se yon tandrès karesan k ap jwe mizik nan tout kòd kolòn vètebral ou, yon tandrès san kalkil, rivyè san anbouchi, san fen, yon ravin tandrès moun pa itilize ki pa kite pou move tan ak jou difisi l bwè l ni seche l. Tandrès la sot nan yon ren vid, sou tèt yon riban swa krèm, li desann, li monte, li gaye anba biskèt li tankou lajwa ki blayi nan kè. Tandrès la fatige, li rive jis nan zo do w, de ti zèl k ap devlope anba po w, klere tankou siwo myèl, makònen menm jan ak fil kwochè wouj. Tandrès la trennen, l fòse monte jis li rive nan zo salyè a, apre sa, toudenkou, li glise desann sot sou zepòl dwat, ak on ti jès tou piti Laninya remonte l al bò zòrèy li tou dousman. Sou zepòl goch la ki on jan desann, zo do a tounen repozwa soufrans, dezespwa, ak yon gwo très cheve ble vide desann rive sou koupyon l... Laninya Estrelita, Laninya, kisa ki sekrè w? Ki bò ou sere mistè w?... Kou w se kou yon fanm tout bon, ekspè nan fè teyat ak lanmou, li chita sou zepò l ou tankou yon estati an tè yo enstale sou bwa, men do w, limenm, li dous.

« Patwon, w ap bwè avèk mwen?... »

Maryo trenke avèk Elkotcho.

Pandan l ap karese kou a ak je l nan tout longè l, Elkotcho vin wè l te gen rezon antre nan ba sa a. Pa gen dout nan sa, gen yon bagay ki lye l, ki relye oubyen k ap toujou ralye l ak fanm sa a. Kisa?... kamyonèt yo sot sou Pòtay al Kafou youn dèyè lòt ap gwonde. Ti mesye yo pa janm sispann pete peta... kou sa pa gen pase l. Laninya ka fè sa l vle ak kou l... Lè w byen gade, se ak kou l Laninya pale ak Elkotcho!

« M konnen w la, gason!... »

Wi. Se avè l l ap pale avèk kou sa a l panche pou l bwè a. Li sanble ap chache pou l sou, men li pa kapab... Cheve l prèt pou kase kou l, yo lage sou zepòl li, kouvri tout dèyè kou l ou ta di se on vwal, gen yon ti siy ki kache anba cheve yo tankou ti zèb anba forè. Cheve yo ap danse tankou fèy bwa k ap bay kalinda anba van. Laninya ap depale bay Elkotcho ak kou l.

Li mande « sa w ap fè la a, gason? »

E oumenm, Laninya, poukisa w pa parèt tèt ou? Poukisa w ap eseye enivre tèt ou nan tafya konsa? Elkotcho konnen byen se avè l l ap pale ak kou l. Lavi l se toujou gwo espektak peta, foli, kout tanbou ak kouskouri…Toudenkou yon men glise desann tou dousman sou zepòl goch Laninya Estrelita, li voup li vole, li detire, li pran dwèt men yo li voltije l lòt bò. Zo dwèt yo kwaze, yo monte youn sou lòt tou dousman.

« M se on bouzen pa lòt bagay, ou wè sa?... Yon senp ti bouzen k ap fè biznis li… M pa plenyen, m pa nan byen, m pa revòlte, m reziye m epi, m pa vle touye tèt mwen nan reflechi…M se bouzen, ou se mekanisyen, se lavi. Se vre m fatige, m prèt pou mouri, men sa, se chak jou menmman parèyman.

M chita epi m ap bwè. Ou gen on jan w pale ki pa menm jan ak tout moun men sa pa fè m ni cho ni frèt… M ap bwè paske w anmède m, ou jennen m, ou anpeche m respire!... m se on ti bouzen ki sou pik li, banm lapè m!... »L ap jwe ak dwèt li yo tankou timoun ki tris; li sanble yo fè yon sèl, li griyen yo, li woule yo, li koube yo, li detire yo. Dwèt yo fen, long, plen, tèt yo gwo bouda yo fen, sa di!

« M se yon moun fini, ou konprann?... Yon bouzen, chak jou ki pase m vin pi pa moun. M pa gen anyen pou m wè avè w, ou fè m pè, kite m trankil m di w!... »

Li ouvè pla men l byen laj, li mete l byen dwat sou zepòl goch li. Pla men l byen fèt, li byen kare :

« Chak jou l ap bat laponyèt, li pa ka fouti rete, ou konprann?... Pla men sa a pa kapab ankò, li fini, li pa janm sispann limen l nan fè pakèt vye jès ki bay kè plen. Ki moun ou ye, oumenm, nèg?... »

52

Se vre, jan l parèt la, pla men sa a se yon pla men bouzen. Ponyèt la gen mouvman ladann, yon mouvman sèk, vilgè, vye bagay!...tout vye metye degradan an parèt, li kouvri tout kò a. Menm ti dwèt fen, long byen dwat li yo pa sanble ak dwèt timoun tris vre. Yo kouvri avèk vye bagay, li vèni zong yo on jan mal, yon kanaval dwèt, yon kanaval fo timoun tris... Malgre sa... gen on ti rès inosans kanmèm nan dwèt sa yo. Se timoun yo ye, timoun ki gen vis, timoun blaze, timoun pèdi, devègonde, timoun mizè, men timoun.

Dayè, sa pa tèlman parèt. Poukisa menm, patipri, jijman tèt rèd Elkotcho ak tout move lide glise fasil konsa nan kè moun?...

Twa medam ap gade sal la. Yo fin redi travay nan *Lupanar* a ki ba yo yon ti kras sou kòb konyen yo fè a. Kounya a yo pral tonbe danse epi plede bwè. Sòlda meriken yo ap charabya, fòse pale lang medam yo epi y ap rele yo paske yo sot redi anba yo pou satisfè tout anvi yo pou granmesi. Maryo ap vire tounen nan ba a. Yon lòt gwoup medam vin ranplase yo, se tou pa yo pou yo vin kouche...Ann ale, Likrès, ann ale Fènand, ann ale Lousmariya, ann ale Laninya Estrelita, jwèt pou nou kounya a... Menm kote a, tout dwèt Laninya pran tranble.

> « Poukisa w rete la oumenm, gason?... Fòk m al kouche sou do... m pa fouti leve sou chèz la, se ou k fè sa... ou anpeche m leve! Al fè wout ou!... »

Lousmariya ak Likrès leve, y ale. Yon gwo sòlda wouj kenbe yo. Li fèmen yo anba zèl li tankou yon makak, li ranmase bouba yo chak avèk pil gwo dwèt li yo, l ap rale pwèl bò fant janm yo. Li vle pran yo toulède anmenm tan... Laninya leve men l epi l desann li ankòlè.

« ... Lè a rive, ou konprann nèg? M pa ka rete ankò. Fòk m ale... Al fè wout mwen sinon m a fè on malè sou ou!... »

Maryo kole je l la sou Laninya ki toujou ret chita. Yon bolewo koulè flanm, dezespwa ak koulè soulèy ap anime sal la :

        M pa ka wè w ap kriye!

        M pa ka wè w ap sououfrii!...

        Paske m renmen w twòp…

Maryo mare min li epi l fikse je l sou Laninya… Elkotcho leve tou dousman. Li peye.

Elkotcho ap mache pye trennen sou galri a. Laninya Estrelita blayi pla men l sou zepòl li. Elkotcho panche kò l, li pase bò kot Laninya a.

« hey! Oumenm nèg!... gade yon tras kè ki nan men m, li koupe an dis mòso, sa vle di m pa ka nan anyen avè w... gade tèt tras la, li tou piti, tou kwochi; m pa ka fè anyen avèk tèt mwen, m pa ka reflechi, m pa ka chwazi, m pa ka fè anyen, se moun k ap fè m sèlman... Hey, gason! Gade ankò avan w ale!... Gade tras chans mwen. Li pa di anyen ankò pou kounya a, li disparèt nan mitan kous la... Alòs, ou wè… gade tout tras lavi a, m pral gen yon gwo maladi nan ane k ap vini yo. Pa gen anyen ki di m ap chape… ou wè, nou pa ka nan anyen ansanm, ni yè, ni jodi a, ni demen… Babay, gason! Rann mwen on sèvis, al fè wout ou!... »

Laninya rale poudriye l, li pase yon kouch poud sou nen l epi l ap gade nan glas la, lonbray Elkotcho ki prale. Li fè tankou l ap poudre, men se zepòl li yo k ap balanse tankou fèy bwa l ap gade. L ap gade san rete talon pye sa a ki pa ka menm touche tè…Adye, nèg!... Laninya mèt kontinye gade nan poudriye a nèt ale, men nèg la ale, l ale nèt, li disparèt!...

Laninya voup li leve, li souke tèt li, kè l kontan, je l klere, li pete on sèl ekla ri, li ri san pran souf. Li souke tèt li byen fò. Tout ri a sonnen rive jis nan tou wòch yo. Li kontinye souke tèt li, tout cheve l gaye vide sou do l, gaye sou zepòl li, vide desann sou tout tete l rive menm sou vant li. Laninya gen yon vizay tilezany ki fè tout nèg tonbe nan pye l. Pil cheve l yo fè l sanble yon lyon, lè l ri, ou ta di se yon tig, li ri, li vin tou wouj, li gouye tout kò l, prèt pou vole. Ri a eklate, l eksploze, gaye tout kote tankou yon koulè wouj, vèt, ble yo vide sou dra blan. Laninya vole byen wo epi l tonbe menm kote a o ton de la mizik. Laninya tonbe sou de jenou l, li lonje kò l atè a. Li tòde ren l menm kote a li fè vant li bat menm jan ak son mizik la k ap pete tenpan moun, li rale souf li, li gonfle lè a nan vant li… yon grenn tanbou koupe chante a. Vant Laninya parèt on jan dwòl, won, mou tankou blad k ap pèdi van. Lè Laninya lage gouyad sa yo, lonje tou long atè a, kliyan yo tèlman kontan, yo pèdi tèt yo.

« Mache, Laninya!... Ninya Estrelita, boule!... Laninya mete pou nou! Laninya! Boule! Estrelita, sèk!...

Kout tanbou sonnen menm jan ak peta. Tanbou a kanpe sèk epi l rekòmanse, anba ti vant Laninya ap monte desann sou menm kadans ak kout tanbou yo, kaw katakaw kaw.

Mizik la kanpe sèk, kout tanbou pati tankou peta. Laninya pa janm sispanm lage gouyad, balanse tankou drapo van ap pote. Mizik la rekòmanse. Laninya vire gouyad la, li brase, li kanpe voup apre sa l rekòmanse vire, gouye dousman, apre sa l fè l vin pi vit, pi vit toujou, jis pou bay tèt vire.

« Laninya ap limen dife!

- Eya! Laninya! Trè byen!

- Laninya! Sèk!... mete pou nou! Sèk!...

- Estrelita! O.k.!... »

Mizik la kanpe ankò. Lanninya kanpe tou. Li pran souf, li drese kò l, men l toujou ret sou jenou l, apre sa li fè jès li abitye fè lè demon an monte l : li ranmase tout dwèt li yo tankou grif, li gaye cheve l, l anraje, li foure zong li anba yo epi l grate po tèt li ak vizaj li lwen, lwen. Li ri. Cheve l yo ap vole gaye nan tout direksyon apre sa yo vide tonbe sou ranch li. Li vire l gade tout moun nan sal la ki kanpe k ap gade san di yon mo.

« Ay m anvi fè lanmou!... »

Tout sòlda meriken yo kouri sou li epi yo antoure l.

❖

Kout klaksòn fè kenken nan fènwa a. Yo sispan pete peta, men tanbou rara... kontinye ap frape. Detanzantan, on taksi diferan parèt nan Sansasyon ba a k ap briye ak limyè. Sòlda meriken fè makòn, se vwa yo sèlman w tande nan sal la.

"Youpi!"

Plak la ap woule yon *sentimental journey*. Sou kontwa a, sou tabourè wo yo, yon douzèn kliyan ap ponpe wonm ak glas pile, soda, koka oubyen *canada dry*. Moun ki abitye yo pèdi nan mitan sòlda meriken yo. Elkotcho, li menm, li la ak bèl wayabèl blan l ak yon pantalon mov atire sou woz. Midi sa a, lè l fin kite bòdèl la, li t al manje nan yon ti restoran sou Boulva vèv yo, apre sa li mache. Li vole monte nan yon kamyonèt ki pral Leyogàn. Li pa t vle suiv rara, li rete nan wout zòn Mawotyè. Li pran yon bon beny nan rivyè a apre sa li kouche li fè yon ti dòmi sou galèt yo. Lè l tounen Pòtoprens, l al kay moun ki lwe l chanm nan, li fè on kout lekti. Yon liv difisil. Yon sitwayen ak yon non dwòl, yo rele : *Unamuno* epi ki ekri bagay dwòl. Li pa konprann anyen. Li vire liv la li tounen l konbyen fwa pou l ka rive konprann sa mouche a vle di. Li reli powèm *Nicolas Guillen* te ekri *pou* sòlda yo. Sa a se yon bon powèm, bon bagay, vivan tankou lavi moun senp. Elkotcho renmen bagay sa yo. Yon jou *Jesus Menendez* di l yon travayè konsyan dwe li. Depi lè sa a, Elkotcho toujou li. Li renmen li, men jou swa sa a, li di tèt li :

« m pral nan sinema! »

Li abiye l, li mete yon wayabèl blanch byen pase sou li. Siya sa a se yon vye lougawou, jouda pase l pa genyen, men nan pase rad, li se mèt. Se li ki te pase wayabèl Elkotcho a. Elkotcho te mal pou chwazi ant pantalon kaki ak mov la. Pou l pa anmède tèt li twòp, li vire l al bwose soulye l epi lè l tounen, li sèlman pase men l, li tonbe sou pantalon mov la. Ala bèl koulè se mov! Yon koulè ki bay sou woz ak ble menm jan ak kè lèzòm...

Poukisa l pa t al Paramout? Y ap pase yon seri ki rele : *la Calavera* li ta renmen wè suit la. Yon fim ki bay frison. Sanble sa pa twò enterese l. Elkotcho chita sou kontwa *Sansasyon ba* a, nan menm plas li te chita maten an. Li pa bat je l sou glas la. Maryo, patwon an, mare figi l ak yon pansman sou do nen l. L ap pale, rakonte istwa vanyan gason l:

«... menm kote m parèt pou m separe yo... sòlda meriken an pouse m yon dirèk sou do nen ak yon fo pwen anba men l. Li fann zèl nen m... se wè pou w ta wè sa! M pa menm tann m ouvè yo ak kout pwen... non mesye! pa gen sa kay Maryo!... se kont pou yo ta vin ranmase yo ak kiyè!...»

Maryo pran kliyan yo pou sèvi l temwen, li montre yo nen an epi l ap gade ak on raj sòlda ki pandye anfas li a. Fon Elkotcho plat, fon pou kout tèt … epi pou bay kout tèt, Elkotcho bay anpil, anpil kout tèt nan vi l. Se sa ki pwen fèb li. Yon jou konsa, li fatige, san l pa reflechi, li fè yon bagay grav. Fò w kwè sa ap manje konsyans li. Pwovèb la di : « makak sou pa janm dòmi devan pòt chen ki pa zanmi l. » Bay kout tèt Elkotcho yo pa janm atenn lonè travayè l, enben, li pa fou pase sa, mesye! Li pa janm alèz ak sòlda meriken. Depi l wè yo, kat pli nan fon l. Men, li dwòl pou w pa vle wè yon moun epi pou w rete bò kote yo. Li te ka vire do l, l ale… Li pa ale. Li rete la, l ap siveye pòt sal la.

Detanzantan, Maryo voye je gade Elkotcho. Kisa l vle di menm zwazo sa a? Li byen janti, men poukisa l rete konsa nan ba a san l pa bwè ni file medam yo? Mòd kliyan konsa, ki pa vin chache konble bezwen yo oubyen rèv yo nan bòdèl, toujou gen yon lide dèyè tèt yo. M swete pa gen goumen! Maryo ap gade anba anba pil gwo bibit Elkotcho… *Lousmariya* parèt li chita nan ba a. *Lousmariya* se yon bèl fanm kafewolè. Li ka mezire on bon en mèt swasannkenz (1m75), men longè pyèl ak de bèl zye chire, yon fanm ki fèt pou lanmou. *Lousmariya* pa nan reflechi, li santi, li viv, se yon bèl animal ki renmen wonfle epi jwi nèt ale. L ap kopye sou *Lawoubya*. Li di Elkotcho : « peye yon byè pou mwen, matcho! »

Li grate bò koul ak zong li yo ki file tankou moso boutèy.

« pa manyen m, bouzen! »

OO! Sa a limenm, li p ap jennen fout ou yon baf non! Se nèg sa yo li renmen! Yon matcho! Yo pa nan vire lang yo pou yo pale. Yo di sa yo santi a jan l ye a epi yo pa pè chay… Se yon nèg konsa l ap chache pou tchoula l. Menm si se detanzantan li fè on ti bagay, l ap bon… *Lousmariya* pa gen chans, depi de zan yon devenn kòde koule nan pwèl li. Poutan se yon fanm ki konn sa l ap fè. Li pa mal, li bèl, li fè travay li byen, men bagay yo pa byen vini menm pou li fwa sa a. Li fè sa l kapab : li mete pakèt bijou atire sou lò, li chaje meday nan chèn li, li fè nevèn nan pye Mari Madlèn, l al konsilte kay madan Pintèl, l al wè mayetizè, gangan, anyen pa fèt. Giyon an pa vle ale. *Lousmariya* se yon bourik. Li ta byen renmen jwenn yon baf anba pat Elkotcho. Li p ap bay vag. L ap kole la, apre yon ti tan l ap kole bouch li nan kou l pou fè yon ti souse. Petèt apre sa li ka dakò pou l vin tchoula l?... Li on ti jan djòlè, *Lousmariya*. Li pa gen nèg depi de zan. Giyon an nan kòl… l ap fwote kò l sou Elkotcho…

« fout mwen lapè, femèl!...»

Elkotcho akaryat, li panche tèt li sou wonmkoka a …

Lousmariya di Elkotcho : « banm yon sigarèt! »

Li pa reponn. Moun k ap fè blag di si w pa vle bay *Lousmariya* lajan, li di fò w peye kou a. Si w fè rebèl, li di w ba l yon sigarèt. Si w pa reponn demann nan toujou, li mande w ki lè l fè!... Li anmède w jiskaske w reziye w ba l sa l ap chache a: yon baf… *Lousmariya* se yon bèt… Li fwote kuis li yo youn sou lòt epi l ap repete : « Sa fè l dous! » Si l koute tèt li, li ka al kouche bay nenpòt sòlda meriken ki la a, men li pa vle bay plezi kounya a, li vle se yo ki pou ba li. Depi de zan, li pa gen nèg ki pou tchoula l. Giyon an. *Lousmariya* karese dwèt Elkotcho ki sou tab ba a. Maryo pete ri, manigans rale vini sa fè l bay gòj li van. Elkotcho leve tèt li, li gade Maryo, li ri, li wose zepòl li epi l bay *Lousmariya* vag. Li mèt kontinye si l vle. Limenm, sa p ap fè l ni cho ni frèt… *Lousmariya* koupe Elkotcho koutje. Lè l nan eta sa a, li pa bon menm, *Lousmariya* a mechan. Li ka mòde, eseye grife je w. Maryo rale kò l tou dousman. *Lousmariya* se yon bèt. Nou enjis! Se *Lousmariya nou* kòmanse ap rele *la loca*, moun fou! Anfen! Se lavi!... yon bon jou, giyon an va ale epi

Lousmariya va tounen sou pik li ankò nan mache medam yo. Petèt li ka vin youn nan rèn fontyè a, paske li jèn toujou. Lavi a se yon boul, se vire l ap vire... *Lousmariya* pa merite move sò sa a. L ap sispann move talè konsa... *Lousmariya* wè se tan l ap pèdi ak Elkotcho, se yon vye koryas. Li leve l a l tante chans li yon lòt kote. Menm kote a Elkotcho leve tèt li epi l fikse je l nan glas la.

Yon sòlda meriken pase nan pòt dèyè l antre nan sal la. L ap boutonnen chemiz li san l pa jennen. Elkotcho fikse je l la sou pòt la. Dansè tonbe ap lage pa nan sal la. Sòlda meriken yo ap bay medam yo ti tap sou kuis yo epi eksite koup ki separe yo, yo voye men ak pye yo kòmsi yo ta vle voye yo ale :

Hé barberry bop

Maryo ofri Elkotcho bwè. Li sou pale, men Elkotcho pa anvi koze. Maryo ka fouye epi met tripotay li a nan pòch li, pa gen moun ki pi tètdi pase Elkotcho lè l sou sa. Li toujou kite je l fikse sou glas la, men li tankou moun ki nan lalin. L ap siwote, mete ti bout glas sou lang li, li niche wonmkoka a, apre sa l kite ti glas la fonn anba lang li, gòj li freee. Pòt la ouvè tou dousman.

Li mete yon wòb deben ki fèt ak twal eponj sou li. Li pye atè. Laninya sanble nan yon move rèv. L ap mache je gran ouvè, tou egare, figil fennen. L ap travèse sal la tankou moun dòmi nan je, lè l rive sou galri a, li chita sou yon tab, anfas ba a, de bra balan...

❖

«Al di Laninya fòk l al abiye l... li pa dwe ret la a... Kliyan yo pa renmen sa... »

Franswa, rete, l gade Maryo pandan kèk segonn. Li di:

«Al di l sa ou menm, patwon!... Poukisa se mwen menm ou vle voye?... Ou pa wè figi Laninya?... »

Maryo wose zepòl li, li bese tèt li, li bare fon l. L al nan kalkilatris la epi, tou dousman, avèk yon dwèt, li tape sou touch yo pou l fè kalkil pou kliyan ki prale yo. Machin nan fè tak tak tak... Se bon lè pou sa rive! Pandan yon pakèt kliyan anvayi ba a!... Kounya, pyès moun pa ka pale ak Laninya, fòk nou kite l trankil ... Poukisa l fè sa jodi a?... Konbyen sòlda meriken ki pase sou vant li jodi a? Poukisa menm li fè sa? Depi inè apre midi, li ret nan chanm nan li pa janm soti epi men kounya a li nevè diswa... Kalkilatris la bloke, Maryo dekole touch yo epi l plise je l... li pa gen anyen pou l di, Laninya te fè travay li, men poukisa li rete konsa a? Li fè lanmou pou l mouri! Limenm ki toujou prèt pou l revandike epi li pa bay kliyan regle anyen pou li!... Laninya pa janm gen nèg. Tout moun ki konnen l byen konnen lanmou pa enterese l. Li pa renmen pèsonn. Li fè lanmou pou lajan, epi lajan an limenm, li sere l se vre men li pa bay sa twòp enpòtans... li pa enposib pou l santi l tris, pou l chagren. Poukisa pou l ta chagren? Men anfen, poukisa l fè sa.

Laninya blayi kòl sou tab la, l ap respire, l ap gade men li pa wè anyen, li mouri... Elkotcho menm, ret kloure nan ba a. Depi lè Laninya antre a, li kenbe menm vè a nan men l. Li mete vè a anba manton l, li pwoche l bò bouch li, men li pa kage l. Li plante la, li pa ka leve... Se premye fwa, Elkotcho konsa nan vi l. Lè w gade figi l, ou wè l tèrib. Menm sòlda meriken yo pè gade l. Moun ki pase bò kote l yo, fè on kout je tou piti apre sa yo ale. Figi Laninya bay kè plen. Tout pli yo nan figi l depi maten, men gen yon bagay ki pi di pase lanmò nan figi sa a. Bouch li tou ouvè epi fant dan l yo klere tankou mouch ki nan vyann santi. Bouch sa a ap sivoke moun, sa plis pase kadav. Kwen bouch li pa pandye..., po bouch li pa pann, li pa gen pli, ni grimas, ni souri, men bouch sa a rete bèkèkè. Se sa vrèmanvre ki Laninya a, lè w

gade nan nanm li, se sa l tounen… epi yo di nanm pa janm mouri!...
Laninya rive nan pwen pou l demanti pawòl sa a : li pa ni renmen, ni
rayi pèsonn, men l ret la, de je kale, anyen pa enterese l, se premye fwa
m wè yon bagay konsa. Laninya pa gen dèyè, li pa gen devan, li pa gen
istwa, li pa gen avni, li twouve l nan moman ki pi di nan lavi l; pou li, se
kòmsi tan an te ret kanpe, ondirè li pa t menm ap mache. Laninya ret
pandye egal ego ak lonbray li. Li ret kloure nan panse ak sa l kwè, l ap
naje… Laninya pa menm gen chans mouri, mouri pa ase pou li, mouri
se pou moun byennere. Bouch li pran tranble tou piti, men po bouch
li se limon, yon pakèt pay wouj, yon ti filangèt vyann… Elkotcho konn
bouch lèzòm byen… bouch lèzòm se premye pati nan kò ki pèmèt
moun panse, se avè l yo pale. Bouch lèzòm se mirak paske se limenm ki
mare ansam tout moun k ap bat dlo pou fè bè nan lavi. Gen tout kalite
bouch… Elkotcho ap repase nan tèt li tout kalite bouch li konnnen.
Li pran san l pou l konpare yo ak pa Laninya. Pa gen youn ki kadre!...
bouch sa pa gen lòt tankou l sou latè. Elkotcho depèsuade kounya li te
konnen oubyen li gen pou l konnen menm bouch vivan an, nan plede
mache lajounen kou lannuit nan mitan tout kalite moun, nan je klè
oubyen nan rèv.

Koub manton sa a, tete machwè l ak tanp li, se sa k manke nan mistè
Laninya Estrelita a. Gen pou piti dis koub k ap goumen pou yo parèt
nan vizaj li. Li pa moun paske nèg yo ka sèlman peye epi yo gen pouvwa
pou yo manyen l jan yo vle, men pa gen moun ki rive fè pòtrè vizaj li
ak vrè wondè Laninya. Menm jan moun pa ka wè l ak je, men an te
mèt jan l ye, li p ap ka rive fè l epi montre l jan l ye a…Elkotcho kenbe
vè l nan mitan pla men epi je l pa janm kite glas la. L ap konpare sa l
wè a ak sa l santi… ou te ka pran vizaj Laninya pou pòtrè lougawou,
pou foto lasent vyèj oubyen pou montre inosans timoun piti. Gen dis
lòt visaj ou ka jwenn ankò, youn ki ka desine zwazoderèv, you lòt ou

ka mete nan mas moun k ap sibi siplis, sa a se tankou ze di ki nan move konsyans nou, sa limenm se zetwal lavi a ak dènyè lans sa a, sa k ap balanse san rete, balanswa dagradasyon nou chak jou bondye mete : lanmò… Sanzatann, Elkotcho kanpe. Li panse gen nan men l pati ki manke nan vrè vizaj sa a nan vè l sere anba men l prèt pou kraze, menm kote a li sove. Li vole epi l al poze sou manton, tete machwè, tanp Laninya Estrelita!... Sa l ye la a, ki blag sa yo? Sanble w tounen chen anraje? Se sa k te rete a!. Ou pase tout kalite mizè, grangou, swaf, solitid, prizon, egzil, goumen, w ale nan ziltik, ou dòmi menm kote ak lanmò, se sèlman foli w rete pou w atake! Ou li liv ki pa fèt pou ou, twò fò pou sèvèl ou. Se sa, w ap deraye !... Elkotcho souke tèt li tankou bourik ki pa vle pot chay….

« Patwon?... w ap bwè avè m?... »

Elkotcho reponn patwon an ak bout pawòl paske se miwa a ki enterese l, je l pa janm sot sou li… lè w byen panse, sèvèl moun se yon balon, pou m pi dirèk yon balon foutbòl ameriken k ap pase sot nan men yon ekip al nan men yon lòt. Youn pran l, li kouri. Lòt la pase, li rache l nan men l, l ale avè l. Epi, nan batay towo bèf, tout moun ap bay mato, chak moun parye sou tèt on lòt! Ou wè sa m vle di w la!... se « se konsa ou travay nan basen radoub?... mekanisyen se yon bon metye!...»

Maryo plise je epi l kage tèt li dèyè. Ou wè se yon ouvriye, pa gen dout nan sa… petèt si l te rive mekanisyen, li pa t ap fè siveye rapòte, ni endikatè lapolis epi l pa ta pral fè jeran bòdèl! Maryo plise je… l ap reflechi ak tèt li, lè l te gen ventan, jenn gason ap limen dife e e!... trantan, twa pli nan fon an… karantan, degoutans ak fatig… Elkotcho niche bouch li, li pale ak Maryo, men li pa janm retire je l sou Laninya. Li wè tete machwè l byen bonbe ou ta di blad ou wè nan sonj, drapo pirat ki kwaze, lanp k ap klere chimè nou, lagratèl nan dlo ki klere tankou limyè nan bòdèl… Li wè tout wonn zòrèy li, nen l, ti vwal radi k ap goumen anba bote Laninya Estrelita k ap depafini :moun ki gen lèp, lougawou, pòtrè lavyèj, ti fi, sotrèl, boul kim savon, ti pay, kim, vomi lavi, tout sa yon sèl kou!

« Epi yo peye byen, basen radoub?... »

Elkotcho pa reponn, paske l santi yon bagay etranj ap danse nan tèt li. Imaj k ap vole, kwaze, dekwaze, yo monte youn sou lòt epi yo desann nan memwa li. Li pa ka sonje tout bon vre, vizaj Laninya Estrelita ap pase devan l epi, li rete la, l ap vire nan panse l. Yon bouch monte sot nan yon twou fon epi l pran plas anwo nèt, nen l parèt apre sa epi l antre nan mitan, de antèn venisyen kote chimè ap boule vin chita nan plas tete machwè l… plim sousi l nwa tankou chabon, de woz chita nan mitan plim je l. Woz yo fre klere nan de je ki fèk ap fleri, yo antre youn nan lòt... Nan yon bat je, moun ki t ap neye remonte sot anba dlo. Pandan l ap parèt, pòtre a disparèt, tout bagay vole, sot nan bouch, je, yon pakèt liy marinen epi disparèt nan mitan mawon, safran, tout kalite jòn, tout siwo myèl nan vizaj karayib… dènye kout vag yo fòme yon sèk epi yo disparèt nèt sou lak la… Nan glas Elkotcho ap gade a li wè sèlman yon vye mask lòt moun pa janm ka rive wè, se li sèl ki ka sipòte l. Machwè Laninya Estrelita nan Sensasyon ba parèt byen klè, anmenm tan li sanble ak rèv tou…

❖

Lafimen, etensèl, rido sonm ap pase devan je Laninya. Laninya egare, pè, san nanm men li wè… Li wè machwè Elkotcho nan glas la. Yon machwè prèske won, won, byen gra, pwès, koulè mawon… Laninya kole je l la, li pèdi, paralize. Li fikse je l sou nèg la… manton l won, fèm, li pa brannen, plim je yo rete kanpe rèd, gen youn nan plim je yo ki tèlman rèd menm razwa p ap fè l pè. Se sa, li gen vi, se lavi…

Anba po bouch anba a, jis nan mitan an, yon ti boukèt plim on jan ble pouse. Boukèt plim nan antoure ak de liy ki fè tete machwè yo byen parèt. Bouch li mov, pa twò gwo, on jan pwès, retouse, bonbe, ak yon ti mouchtach kout sou li epi byen founi ak fil de fè babele. Mouchtach sa ka lajè yon santimèt, tout menm longè, sou kote yo kare. Mouchtach la kouvri tout po bouch li, yo dwat, yo monte apre sa yo fè on ti koube, li disparèt nan longè on santimèt pou l reparèt epi l redesann sou lòt bò bouch la. Nen l won, klere, avanse, zèl kare, li monte al kontre de zo sou do sousi l yo. Sousi a chaje ak plim, yo rèd menm jan ak plim je yo.

Je l nan twou, li antoure ak yon pati klere, gwo, won, takte ak san, kouvri ak de gwo popyè plise. Fon l ba, twa gwo pli pase antravè. Cheve nan tèt li kout men yo klere, yo wotè dèyè zòrèy li, toufe epi raz. Kràn tèt li plat, menm lè cheve yo fè yon wonn nan tèt li. Zòrèy li kout, laj, pwès, kole. Laninya Estrelita la, l ap gade nèg la. Li kouvri nèt ak lafimen. Li pè men l wè nan mitan lafimen an, ti kal dife ak nyaj lafimen an ki vegle je l. Imaj sa a kole nan tèt li. Ankenn panse pa rive desine l, li pa tande anyen, li pa santi l men l distenge vizaj sa a. Li dekonekte, men li parèt byen klere nan fènwa ki fè on sèl ak tout lòt bagay.. Laninya santi kè l ap bat nan tèt li, batman an parèt nan tanp li k ap bay sakad: pap, pap, pap... Nan zòrèy li, gen yon bri ki fè l soud, ki prèske fè l pa wè anyen sèlman vizaj nèg la. Bouch Laninya sèch, li amè, swe ki sot nan fon l desann fikat haso gòj di nVenum.nan kò l pran dife epi yo mouri menm kote a. Laninya egare, li blanch kou koton men je

Men kounya a yon lòt fas parèt anfas sa l wè a!... yon machwè tou piti men se menm fòm tèt la ki parèt, tete machwè a pi piti, li pa gen mouchtach… lòt fas la disparèt, yon lòt ranplase l. Manton an plise, tete machwè yo fennen, blayi, cheve l ap tonbe, y ap blanch… Bondye papa! Gad kijan mouche a granmoun! Men l rajeni byen vit, li pèdi tete machwè a, bèl rega, bouch li ap souri… Kiyès sa a?... De foto ap jwe ak imaj reyèl. Pase ak lavni ap danse avèk prezan. Laninya egare nèt, li pèdi konsyans li. Figi l ap jwe marèl, men Laninya rete je kale, li pa konprann anyen. Li leve, li kenbe balistrad la, l avanse… Li desann mach pewon an. Tout moun ap gade l ak wòbdeben an sou li. Laninya ap mache tankou moun ki bwè kleren pye atè… Maryo rale souf li.

❖

Yon ti tan apre, yon zen pete nan lakou a, kriye melanje ak jouman, vwa chen k ap jape melanje ak kout twonpèt. Gason yo, kèk sòlda meriken, tout medam yo leve kanpe. Tout bri yo fè on sèl, ou pa ka diferansye jap chen ak bri moun. Radyo a lage on chante kiben tout volim, vwa *Celia Cruz* retanti tankou loray epi tout moun pantan… Yon gason tounen… Maryo kale je l sou li.

« se Laninya ou Lousmariya… Yo te rankontre nan lakou a. Lous sanble te pouse Laninya. Epi Laninya fonse sou li tankou chen anraje. Yo t ap woule sou seramik la lè n rive. Laninya frape tèt Lous sou tèt on wòch epi Lous limenm ap wè si l ka mòde l… Laninya te ka touye Lousmariya si n pa t vin rive bon lè. San ap koule nan bouch ak nan kou Lous, rad li chire men pa gen anyen grav…. Laninya al nan basen an epi l pa janm soti… Li sanble ap benyen kounya a… »

Lousmariya parèt, l ap kriye, wòb li chire frany frany, li san souf. De gason ak kèk medam akonpanye l, yo soutni l. Yo pase nan pòt dèyè y al nan chanm yo… Elkotcho toujou chita nan ba l ap bwè…Men Laninya tounen, cheve l tou mouye, lage sou do l ak sou tout fontenn li. Li monte mach yo byen vit men l toujou ap balanse… Pyès moun pa di anyen. Laninya travèse galri a, pou l al nan ba a. Li bese, l glise kò l dèyè kontwa a. Maryo pa gade l, li kouche tèt li sou machinakalkile a, k ap fè tak, tak, tak. Sèvè yo menm fè kòmsi yo pa wè Laninya. Elkotcho, limenm, gade l li pa brannen. Kou l chaje ak mak, mak grafonyen, mak blese, mak kout pwen... Li pap, li pran yon boutèy kleren, li kole nan bouch li, epi l kase l dèyè tèt li... li bwè mwatye! Li chache nan tiwa a epi l rale yon gwo siga. Li mòde l, li kase yon bout jete. Laninya pase men l, l ap chache alimèt sou kontwa a. Maryo ak sèvè yo fè kòmsi yo pa wè anyen...

Elkotcho rale brikè l, li limen l epi l lonje l bay Laninya... li limen siga a. Je Laninya tonbe nan je Elkotcho. Youn gade lòt epi yo pase men nan figi yo. Laninya gade kou Elkotcho k ap balanse. Elkotcho pèdi nan je Laninya... Laninya vire dèyè ba a. L al pase jis nan dènye pòt la... Maryo pouse yon soupi. Medam nan sal yo anraje, yo vire, yo tounen, yo monte, yo sote, yo panche, jenou yo prèske bo tè, yo souke zepòl yo epi yo fè tete yo souke. Lè sòlda yo wè medam yo, yo pa konn sou ki pye pou yo danse dans chante Celia Cruz la.

> Gede zareye, oye! Oye!oye!
>
> Gede zareye, oye! Oye!oye!
>
> Gede zareye...

Elkotcho panche tèt li sou wonmkoka a. L ap gade ti boul yo k ap monte epi pete nan kwen vè a. Demen, travay ap kòmanse a sizè. Yon gadkòt ret la nan fon bato a. L ap priye pou wachman yo pa vin anmède l.

Dezyèm Mansyon

Santi/pran sant

Eske latè gen fòs pou rale desann tout sa ki anlè
Eske fòs atè ka bay fòs anlè pwoblèm

« ......mmmm... »

Laninya Estrelita detire kò l tout longè, li leve de men l anlè, li kwaze yo sou tèt li, tout anba zesèl li parèt, bibit gonfle, pwen mare, bouch gonfle, de bò machwè l detire... Li ouvè yon je l, li gade pòtre lavyèj Mari a k ap gade l nan mi a. Li touye yon je l, li grate vant li menm kote a li ouvè lòt je a k ap deplise, li ouvè je a epi l kite l ale jis nan revèy la k ap fè tak tak sou ti tab la.

« Woy!... onzè sone!... »

Laninya voup, li dwese kò l, li met pye l atè, li detire kò l apre sa l foure dwèt nan cheve l rive jis nan po tèt li. Chanm nan fènwa paske gen de gwo rido ki bare pòt jalouzi yo ki te deja gen twòp travès bwa. Laninya leve, li gade nan kat kwen chanm nan, li di :

« Bon!... »

L ale nan pòt jalouzi yo, li voup li pran rido yo epi l mete travès bwa yo kanpe. Limyè gaye. La l nan lòt pòt la li fè menm jès la. Solèy blayi nan chanm nan. Laninya voye je l gade eta chanm nan :

« Bon! ... »

L al tou pre glas la, li vire tou won, pye l yo rete menm plas, li gade l tout longè, li gade l amwatye. Li pase men karese hanch li, monte nan kòt li yo, li ranmase tete l ak pla men l epi l lage voup... Non yo pa vide.

Yo on tijan panche, ti pwent yo on jan antre on santimèt konsa... Li pwoche pi pre glas la epi l egzamine tout kò l byen...

« Bon!... »

Laninya foure yon wòbdechanm li sou li, pantouf nan pye, li pran yon foula, li woule cheve l fè on boul epi l pase foula a mare l. Li pran yon bale, li tonbe chante :

...dezespwaaa...

Li kontinye fredone apre sa l tonbe soufle byen fò! Li soufle byen ou ta di yon gason... Laninya pase bale a ak tout fòs li, li ramase tout bagay ki te gaye, li mete yo nan plas yo. Li sou san l jodi a, yon kè kontan san parèy, depaman ak jan l konn ye!... anpil fwa, pi souvan, sa pa fasil pou l reprann li, l ale dousman, on jou bon, on jou mal : on pye, on dan, on pye, on dan... se tankou w t ap monte yon eskalye byen dwat.

Yè maten, lè l fin benyen, li te panse tout bagay fini, jounen an t ap bon, tout bagay t ap rekòmanse, lavi t ap triyonfe sou chagren ak labim. Se sa w panse! Tout bagay kwoke menm kote a. Se yon jounen masuife! Si l pa t pete tèt li nan mi a yè, si l pa t koupe venn li ak jilèt oubyen bwè pwazon rat, konnen l p ap janm touye tèt li. Moun se bèt ki ka pase mizè! Men pa gen moun ki ka di yo te konn wè l pase yon jounen anmalmakak nèt. Se vre, moman yo konn di pou li, gwo kriz konn pran l, men li toujou jwenn yon fason pou l chanje sa, pou l pase plis tan byen. Poukisa l chanje a menm?... Aa! Dimanch ramo sa a, li p ap janm bliye l!

Pandan uit jou li te fè nan depresyon an, chanm nan gentan plen pousyè! Aprè kout bale sa a, kay la on jan pwòp. Kounya a, li rete pou l ranje tout bagay nan amwa a epi lave rad ki sal yo. Li pa gen on grenn ba pwòp. L ap tou lave de ou twa kilòt... sa fè plis pase dis jou li pa met rad sou li, li mete sèlman yon wòb, paske l pa ka sipòte ni kilòt ni soutyen sou li. Lè l nan moman sa yo, li pa sipòte anyen ki fèt ak kiyana sou po l, se tankou se yon kouran ki konekte sou kò l, kò l boule l, pike tankou si l te kouche sou yon matla klou djagit! Apremidi a, pakèt sòlda meriken yo ap vin anvayi ba a, yo pral rive talè tankou foumi ki pran sant siwo… Fòk li mete l anfòm. Sa w vle ankò, se sezon an sa! Nan de ou twa jou, sòlda yo ap tounen lakay yo… Lè w byen gade, lè l fè kriz sa yo, li pa janm fatige nan kabann; se yon machin! Kisa l jwenn kòm polis yè, san konte sa l pran nan pòch moun ki pa wè klè! Pou sezon sa, fòk li pran mezi l kapab. Se pri libète sa, epi limenm, Laninya, li gen plis chans pase lòt pou l libere l… yo menm di :

« Laninya?... Kòman? Ou pa konn li retire kò l?... Wi, machè, li rive fè sa, li kite biznis la!...Li gen boutik li kounya a!...

Lè yon bouzen rive kite fontyè sa a… Yo pa anpil, fi ki rive bliye katye a, menm lè yo rive fè yon bon ti kòb. Se yon krim òganize!... Sa k pati yo, toujou tounen, apre yon bon ti tan pou yo vin ouvè ba pa yo oubyen bòdèl pa yo : pou eksplwate pwòp zanmi yo. Lè w pase plizyè ane sou fontyè, pa gen kote ki bon pou ou, ou santi w annuiye. Ou pa janm rive bliye ansyen kamarad yo. Ou pa ka rive fè zanmi vre avèk moun ki pa konn lavi sa a. Fontyè a manke w, bri, kri, yoyo di, tripotay, malè, koulè ak tout zak bandi yo. Yon lòt kote, apre anpil ane nan lavi travay nannuit, pasaj nannuit ak lajounen vin gen yon lòt sans. Lè sa twòp pou ou, ou soti pou de bagay : jwenn yon nèg fètefouni pou okipe w oubyen pran yon tchoul sipòtan epi travay ba l tout sa l bezwen. Li menm Laninya, li pa t janm gen tchoul sipòtan. Li p ap janm genyen! Sa k pi rèd nan fontyè a se tchoul sipòtan k ap pran pòz yo se moun. Men se pwofitè yo ye. Se yon seri de nèg, menm si yo te kapab yo pa t ap gen kouraj fè bouzen. Metye sa a t ap twò di pou yo. Tchoul sipòtan an se yon pa itil, yon anyenfè, yon voryen, se yon fatra moun. Laninya pa t ap janm annafè ak yo!... Poukisa pou l ta gen youn?... Pou fè bagay? ... Bichi! Pou sa bagay sa a fè l! Pou gen yon frè kamarad?... Si se te gason tout bon, wi. Se sèten, li konnen byen pase tout lòt moun kisa ki yon bouzen, sa l konn fè, kè l; men yon tchoul sipòtan se yon nèg ki renmen tèt li sèlman. Ki moun ki t ap pran tchoul sipòtan pou zanmi? Pyès moun! Tchoul sipòtan an, se pa fent l ap fè, se yon maryonèt, se yon pòtre moun... Gen de lè medam yo panse tchoul sipòtan se yon mèt, epi si yo ret ak yo se pa paske yo pè yo bat yo, se senpleman paske yo pa vle pou yo rete pou kont yo nan lè verite a, lè vye cheve yo fin blanch... men se vre, sa ki deside al viv ak yon tchoulsipòtan, se jwèt frè ak sè y ap fè. Yo di tèt yo :

« Felisyen, se nonm mwen... sa fè dizan depi m konnen l. Li te chofè taksi, men kounya a m pa vle l travay... Ba a ap byen mache. Poukisa pou Felisyen ta al travay?... » Sa pèmèt yo di yo gen yon nèg. Men, lè w byen gade, bouzen yo, nan pwen sa a, pa diferan ak lòt fanm ki marye epi mari yo ap okipe yo, metrès mesye marye boujwa yo. Vyèy fanm, dam, bon fanm ou bouzen, yo tout se prèske ti chen mare nan pye gason. Gason an di :

« kouche!.... »

Yo kouche.

Li di :

« Leve pye w !»

- Avanse!

- Niche!

Epi medam yo obeyi ak kè kontan! Se sèl moun fou ak egare ki panse yo ka soti anba lwa pezantè sosya l sa a! Chak moun ap jwe wòl pa yo nan komedi boujwa yo kreye a. Wi, nan tan pa nou, ki pa yon tan :

« hey Mari, kouche la ban mwen »? Sa k te panse yo te pi lib pase tout moun, premye yo, libelibè, tout sa pa anyen! Dayè, depi yo jwenn manje pou yo manje san yo pa depanse, anpil nan yo santi yo byennere paske yo se chyen yon nèg yo panse ki se pou yo... Alòske pa gen moun ki gen moun vre. Lè lè verite a rive, lè figi kòmanse fè pli, lè cheve blan parèt tout bon, si yo pa gen gwo mwayen, bouzen ki pa ka travay ankò toujou pèdi tchoul sipòtan yo t ap redi travay okipe a. Li mache pòs li al dèyè yon jenn fanm, yon fanm rich, yon fanm souriyant siman. Wi, sa a fasil, men kiyès ki ka gen souri sou lèv jis nan dènye jou yon lavi di konsa, kiyès ki kapab?... Non! Laninya Estrelita pa t ap janm gen tchoul sipòtan, jamè! Ni nèg ni mèt... Alòs, konsa l ap rete jis sa fini?...

« Kiyès ki konnen!... »

Kiyès ki ka konnen?... Laninya fè yon dènye koudèy sou pòtre lavyèj Mari a... Limenm, li konnen...

« O vyèj Mari!... voye je sou Ninya Estrelita. »

Maten an, Laninya pa gen ankenn pwoblèm, li sèlman ap pale ak sa ki konnen an... sa bon pou wè! Se premye fwa depi l sou latè, li reflechi ak lavni. Se vre li ranmase pakèt balèn li yo menm jan ak tout lòt medam yo, pandan l ap di :

« ... Nan dis ou kenzan ankò, epi... »

Epi kisa?... Anyen pa janm vin nan tèt li ak nan je l apre « epi sa? »... Laninya, nan ka sa a, se kontrè nèt lòt medam yo. Li prèske bliye tout sa l te viv avan l te kòmanse fè bouzen. Anyen pa ret nan tèt li, anyen pa monte nan memwa l. Li pa janm santi doulè sa a k ap manje kè tout medam yo : bezwen pou l rakonte lavi l bay kliyan yo, ap plenyen. Li pa janm plenyen pou sa l pase, Laninya; li antere tout bagay nèt : anfans, adolesans. Kòman l fè pou l bliye yo, li pa konn anyen... Sa dwòl anpil!

Pou premye fwa nan vi l, li panse ak yon lòt bagay, li panse ak demen, pa jodi.

« O lavyèj Mari! Nan men kiyès ou lage pitit ou yo!... »

Li ta dwe fè anpil lajan. Lajan, se sa w bezwen, se pa gason!... Li pral fè sa lòt medam yo pa janm fè, li pral vwayaje pou l fè tèt li plezi... Men wi! Vwayaje... se pa yon move bagay. Poukisa l pa t janm panse ak sa jiskounya. Sa ap bon pou Laninya... Li pral nan peyi ki lwen yo, gade sa l pa t janm konn wè, koute mizik li pa t konn tande, fè konesans ak lòt abitid, lòt koutim... yon jou, yon nèg - se pa yon vòlò non – te rakonte devan n gen yon peyi ki lwen anpil, kote, pou moun yo di bonjou, yo frape vant yo ansanm!... li pral an Chin... yo dwòl wi tching tchen tchong sa yo! Li pral ka Arab yo tou, l ap koze avèk medam k ap viv yo 300 ansanm nan yon kay ak yon mari... Se pa jwèt non. Yo p ap pete ren yo fasil, matlòt sa yo. Sa t ap bon anpil pou Laninya!... Men wi, l ap retounen kèk fwa nan fwontyè a pou vin wè ansyen zanmi l yo. L ap di yo :

« machè, m sot nan peyi *Papous* yo!... Lousmariya p ap kwè!... Men li p ap blaze l, se vye zanmi l!... Men fòk li gen anpil lajan pou l fè tout bagay sa yo, anpil, anpil lajan... L ap jwenn sa l vle a... de ou twa jou yon kote, epi oups! Male!... Se sa l bezwen, pou l menm jan ak zwazo...

Bondye papa! Li bliye zwazo yo!... Li pete kouri, li ouvè pòt jalouzi yo epi l pran kaj la met nan chanm nan...

« Kwou... kwo... kwou!... bèl ti zwazo m yo!... » yo pa gen tan soufri twòp, gen kèk grenn toujou nan kaj la, men yo swaf... Bondye papa! Yo swaf!... Laninya ouvè kaj la epi de ti zwazo chape, yo fè viwonn chanm nan ki te fèmen men byen klere ak solèy... zwazo yo ouvè zèl yo... yo te swaf vre... yo tout monte sou kivèt la y ap bwè...tout dlo nou, bèl ti bèt!... plouf! Ble a vole l al poze sou tèt kabann an kuiv la... Zrr!... jòn nan menm dekole l al ateri sou oratwa Vyèj Mari a.

« Pa al la ti doudou! La a se kay lagrand Vyèj Mari, ou pa wè sa? » Laninya ap kouri dèyè zwazo yo nan chanm nan. Li bat men, sote, gwonde, menase, rele, ri, ponpe avan l rive kenbe zwazo yo... Li kenbe ble a nan men dwat epi jòn nan nan men goch. Yo ba l anpil kout bèk nan dwèt.

« Lapè! Pa fè mechanchte, mèkòkòt! » Laninya kache zwazo yo byen anba tete l. Waw ! Y ap tranble nan pla men l! Se tankou yon frison lavi k ap monte desann, gonfle, fredone, detire pou l tounen swa, lèn, koton, plim, nuaj, lè, rèv!... Bri zwazo yo plen chanm nan... Jòn nan pi karesan, pi enteresan pase ble a... jòn nan sanble se yon mal... Eske gen mal zwazo?... Laninya pete ri!

« Bon!... »

Li remete zwazo yo nan kaj la epi l kwoke l sou tèt lavabo a. Konsa y ap jwenn frechè...

Li santi l byen fre epi l sou san l maten an. Se ekstraòdinè! Li santi l rilaks, byen poze, pa gen kras fatig, kè l kontan. Ala moun dwòl! Ala l gen vi nan li! Se pa jwèt! Maten an, li santi l tankou yon balon!... Gen lè l tonbe atè plat, li woule, ti balon an santi mouri, l al nan fon labim, kote k pi tris la. Li pèdi, li sonbre? Non! Mirak! Yon ti kout van... balon an leve, li monte, monte al nan tèt syèl ble... Laninya Estrelita toujou remonte ak pwòp fòs li ki pa janm febli menm jan ak fòs ki fè sezon chanje... yo se de fòs ki pa menm, cho ak frèt ki, menm lè y ap goumen, mete ansanm jan yo kapab pou fè sezon yo. Poukisa nou panse gen kat sezon?... Se cho ak frèt k ap chanje! Poukisa ta gen douz mwa, pa trèz oubyen katòz? Katòz mwa linè ki dekonponze an de lakansyèl ak sèt koulè, sèt koulè mwa yo k ap fè viwonn de pòl cho ak frèt? Poukisa ta gen vennkatrè nan yon jounen? Poukisa se pa trèz, katòzè, de fwa setè ki òganize an sèt moman ak sèt koulè diferan, arebò de pòl yo, limyè ak kontrè l fènwa, jou ak kontrè l nannuit?... Tout sa, se lavi! Yon sèl lavi divize an de, avèk yon pakèt lòt ti pati enpòtan, avèk de koulè, sèt koulè ki chanje, ki bay tout kalite reflè, ki vin pi fonse oubyen pi pal... Gen de lè Laninya Estrelita tonbe nan fon tou a, nan mitan tout sa k pa bon, gen lòt fwa, li rete nan mitan lavi ak lanmò, l ap flote ant viv ak mouri, li pran tout koulè, bèl, lèd... Finalman, li rive jwenn dènye bout lavi a, byen ge, kè kontan tankou jodi a. Karaktè Laninya ka gen sèt koulè diferan, bon ou movè. Laninya pa renmen pèsonn, li pa renmen anyen, li pa rayi pèsonn ni anyen, men l konnen lanmou ak rayi egziste epi nan chak bò gen sèt koulè santiman... Eske Laninya ap janm renmen oubyen rayi yon moun, yon jou, pou pi piti?... Laninya se yon moun senp, onèt, inosan, li kwè nan sa l pa konnen, nan fòs mistik, nan lespri ki anlè ak nan van, nan zonbi k ap fè moun pè, li panse moun ka fè l mal, li konnen la Vyèj Mari toujou la ap gade l. Laninya gen yon braslè nan bra l ki gen sèt chif annò pandye ladan l : 1, 2, 3, 7, 9, 13... Laninya kwè nan boul chans. Eske se yon bagay ki dwòl pase sa? Poukisa pa gen yon nimewo majik ki te ka divize sòm tout reyalite ki genyen?... boul chans la ka gen yon rapò avèk lwa fondamantal lemonn, mouvman ki fè tout bagay ki egziste rasanble epi divize.?...

Pou kounya a, Laninya nan pi bon moman nan lavi l. L ap chante, ranje amwa, talè konsa l pral plonje nan basen pou l benyen, apre sa, met rad sou li, apre, byen serye, san fache, li pral akonpli travay bouzen l. Mesye yo renmen l, li kouche sou do pou l fè lanmou lè l fin chavire pòtre Lavyèj Mari a. Li gade plafon an fiks lè l ap fè sa epi si lide l di l li ka fè malis li jui, nonmen non tout sen, fè bri pou l ka fè kliyan an kontan epi fè l vide tout pòch li bay... Men, gen yon bagay ki chanje nan egzistans Laninya Estrelita. Sa rive tèlman vit li pa menm konn ki lè, ni kòman ni poukisa. Limenm ki pa gen ni pase ni fiti, kounya a li gen yon rèv. L ap tann pou l tounen yon zwazo pou l vole al nan tout peyi. Men eske se sa Laninya vle? Pale non, Lavyèj oumenm ki konn tout bagay epi se nan ou l kwè.

❖

Maten an, sa pa fin twò bon pou Elkotcho. Sa pa tounen won menm. Dayè, li rive anreta nan travay, sa k pa janm rive l. Gadyen an pale fò, Elkotcho pale fò tou epi l fè lòbèy menm lè l gen tò. Elkotcho deja pa renmen gadyen an epi maten an, bagay yo pa bon pou li. « Rafayèl goutyerès, te mande gadyen an, eske sa pran inè pou rive nan travay!... Apre sa, w a vin rakonte istwa sendika bay nèg yo. Blan an, ou konnen, li pa kontan... Ou pa bezwen bat kò w, l ap konn tout bagay!... Epi m bouke wè w k ap fè wondonmon epi ap pran pòz lwijanboje sou chantye a. Si w pa ka fè menm jan ak tout moun epi fèmen djòl ou, ou mèt sèlman vire do w!... Se mwen ki gadyen isit la, ou tande m?... »

Elkotcho gade gadyen an li pa di anyen, apre sa li eksploze :

Vin la pou wè kiyès ki gen djòl?... Ann ale, avanse vin radote devan m nan si w gen grenn ! M ba w defi fè yon pa, mwen k di w sa!... kanta pou blan meriken w nan, ou mèt vin avè l pou m di nou de twa mo... Oumenm, w ap mache ranse ak djòl ou sou chantye a, denonse moun, men mwen, m ap fè motè m yo travay, epi yo vire byen! Kiyès nan nou de a yo ka ranplase pi fasil? Kisa patwon w yo ka repwoche motè m yo? Rès la pa regade m! Epi si w pa kontan, avanse djòl ou si w vle konnen kiyès ki Elkotcho! Masisi!... »

Gadyen an vire tou won l ale. Li pa pral di patwon an anyen kounya. Premyèman, paske patwon an konnen Elkotcho travay byen, li satisfè.

Dezyèmman, paske avèk yon sitwayen tankou Elkotcho, ou pa janm konnen. Se pa yon inosan, li ka fè nenpòt bagay depi w anmède l : li ka pete de je, rache tout dan w! Anfen, gadyen an konnen Elkotcho pa rankinye. Talè konsa, kou kòlè l fin bese, Elkotcho ap mache sou li, devan tout moun, pou l mande l poukisa l te vin chache l kont?. Se yon nèg dwòl Elkotcho, li ka menm ofri gadyen an, devan je tout moun, pou l al pran de kou avè l, masisi, lach, tripotay, sa l te ye a.... Elkotcho konn kòman pou l boule ak nèg yo, menm siveye rapòte yo. Si gen yon batay, yon grèv ouvriye, gadyen an konnen Elkotcho p ap manke l, si l kontre avè l; men gadyen an konnen tou Elkotcho konsidere tout moun menm jan... Lè manman gadyen an te malad, Elkotcho te degaje l kou mèt janjak pou l te jwenn lajan ba li, menm lè l konnen se yon siveye rapòte. Elkotcho te fè syèl desann sou tè pou ede malikonn nan sove manman l. Tout bagay sa yo fè gadyen an wont, sa bouche bouch li, menm lè li se yon sanzave, sa pouse l reflechi. Si Elkotcho rive fòme sendika a, blan an p ap kontan epi sa ap jennen ti magouy gadyen an. Menm lè sa, Elkotcho dwe pridan paske yo konsidere l tankou etranje nan peyi a, li se Kiben men li pa ka tounen Kiba kounya akoz zafè politik. Men tou, Federasyon Travayè Ayisyen (FTA=FTH) se pa yon ti bagay piti epi si pa gen yon bon pretèks, ni gadyen an ni blan an p ap ka fè yo voye Elkotcho tounen. Dayè, menm lè gouvènman an pa fin dakò ak mouvman ouvriye yo, li pa gen chwa negosye ak yo, menm lè sa ba l tètfèmal... nan biwo travay la, F.T.H. ak mouvman ouvriye a rive mete kèk moun serye ki fè sa yo kapab. Lè w byen gade, prezidan Estime pa yon move moun, se yon patriyòt. O wi, li gen feblès li, gen bagay li pa rive konprann, politik li yo pa toujou bon, men ti bonnonm mèg sa a avèk gwo je l yo gen bon lide pou peyi a, fòk nou rekonèt sa... Nan lavi a, gen bagay ki pa menm! Se domaj, nèg yo pa rive konprann sa!... Mouvman ouvriye a rive di mo pa l la jiskaprezan, men malgre sa Elkotcho dwe pran prekosyon, pa fè brital, paske se etranje l ye epi yo ka mete l deyò nan peyi a. Si Elkotcho ret lontan nan chantye a, se sèten ap gen yon sendika. Gadyen an konn sa, men Elkotcho mete l nan pwoblèm. Li pa janm ko rankontre yon moun konsa.

Sa pa ale byen pou Elkotcho maten an. Pandan l ap vire tounen yon motè dyezèl, li kase sèl grenn bon kle anglè li te genyen an. Yon zanmi prete l pa l la, men li p ap ka rete konsa lontan. Elkotcho pa vle bay gadyen an ankenn pretèks nan al mande l yon lòt kle jodi a...Fòk li pran prekosyon si l vle reyalize sa l ap prepare depi lontan an. Li konnen gadyen an ap veye nenpòt fo pa li fè, menm jan tou li konnen Elkotcho p ap rate l si l bare avè l nan yon batay ouvriye! Sa w vle! Se lalwa aksyon ouvriye a epi Elkotcho t aprann mizik, depi l ap plede vwayaje a, li konn danse!... Si bagay yo al mal pou Elkotcho maten an, si l rive an reta nan travay la, si l pale mal ak gadyen an, si l kase kle anglè a, se paske l gen yon ti papye nan pòch kare salòpèt li a k ap boule kè l... Yo di Elkotcho fèt ak sab ak lacho, li ka sipòte nenpòt kou san l pa bite, men moun k ap di sa, se sou po y ap gade. Lè w ret sou balkon ap gade ak je w, ou pa wè twò lwen... Bagay yo pa bon pou Elkotcho maten an. Li gen vantfèmal. Men, se pa de twa ti kou l te pran yè swa a ki fè sa, se yon bagay pi serye. Se pa yon vantfèmal jwèt. Li gen pwoblèm nan janm li yo tou, li pa santi yo, se kòmsi yo koupe. Lestomak li ap boule tankou se yon fè cho tou wouj ki kole ladann, gòj li sere, yon pakèt bri nan zòrèy li tankou desen myèl, men l pa gen dlo nan je l. Sa a dwòl!... Tout sa pou yon bout papye k ap boule kè l nan pòch salòpèt li!

O! se sèlman kèk mo grifonnen ki ladann. Li kòmanse konsa : « *Manzanillo*, 22 de enero 1948... »

Papye a vwayaje pandan twa mwa ap chache mèt li. Men sa ki ekri sou anvlòp la : Señor *Guttierez y Faria*... Se Elkotcho yo rele konsa. Elkotcho pa t konn anyen men sa pase depi twa mwa... Li pa konn anyen... Li pa gen yon gout dlo nan je l, men papye a ap boule kè l... Wi se sa menm! Yo chire l! Elkotcho aprann sa nan mitan semèn sent la! Ou konprann sa fè yon gwo kou!... *Jesus* mouri, asasine *Manzanilla*, 22 janvye 1948... Sa enposib?... Elkotcho ta renmen sa, men se vre : yo asasine *Jesus Menendez*... kiyès sa a, *Jesus Menendez*?... Si se te sèlman yon gwo nèg politik ak yon gwo sendikalis, Elkotcho t ap regrèt li se sèten, men *Jesus Menendez* se pa t sa sèlman. Se te yon moun tou senp, yon moun toutbon, Elkotcho te la lè l t ap fè mirak nan plèn Kiba, pandan milye travayè t ap kouri dèyè l ap kriye :

« *Jesus!... Jesus!...* »

Se pa sa ki bay Elkotcho pwoblèm. Anvan tout bagay, *Jesus Menendez* se te yon bon frè pou Elkotcho, yon amitye san parèy, yon nèg di epi dou ki apprann li tout sa l konnen. Se *Jesus* ki montre Elkotcho renmen, ki fè l santi lè kè moun ap bat, ki montre l ri, montre l goumen, montre l leve tèt li, montre l soufri, montre l etidye, montre l depase tèt li, montre l kwè, montre l viv epi patisipe nan tout sa k gen lavi. *Jesus Menendez* pa t fòme Elkotcho, li t aprann li wè tèt li jan l ye a. Se gwo bagay pou w rive wè w jan w ye! Ou ka byen pa kwè nan anpil bagay, ou ka pa al legliz, pa konn anyen, pa konn kòman pou di on priyè, men sa fè yon gwo kou lè w aprann yo touye *Jesus* nan mitan gwo semèn sent, epi li mouri toutbon vre... Bagay yo pa bon pou Elkotcho maten an.

pandan Elkotcho foure tèt li nan motè dyezèl la, l ap eseye fè l wonfle, yon nèg nan chantye a vin kote l :

« hey! Elkotcho?...

- ....

- Hey! Elkotcho, tande!...

- Kisa? Sa k genyen? Sa w vle ankò?... An, se ou, Okside?... Alòs?...

- Sèke, Elkotcho...

- Kisa?... rakonte ban m!... di m non frenk! Se travay m ap travay! Pale tonnè!...

- Elkotcho, ti gason m nan, li fèt...

- fèt?... fèt wi w di?... bravo!... Ti gason ou ti fi?

- yon gason... »

Okside bay yon ri jòn, li kontan...

« Bravo nèg!... men ou pa ka tann yon lòt moman pou w vin di m sa?...   alòs ou peye sa!

- ... se pa sa... sa vle di... wi si w vle, m peye pou sa, men m te vin ofri w parenn...

- Parenn? Pou al legliz?...

- Sa a ap ba w pwoblèm?...

- Kouman pou sa ta ban m pwoblèm nan, depi pè a pa mete m deyò?... ou t ap toujou mennen l legliz kanmèm, alòs... men m pa konn di priyè epi m p ap fè siydelakwa...

- Se jan w vle...

- ... ...

- M dakò, men ak yon sèl kondisyon...

- Yon kondisyon...

- Wi, m aksepte si se mwen k ap ba l non m vle... si se pa sa al batize l yon lòt kote, chwazi on lòt parenn!...

- Si se pou sa!

- Ou konnen ki non m vle ba li?

- Ki non w ap ba li, Elkotcho?

- Se pa yon non w tande isi... l ap rele *Jesus*...

- *Jesus*

- Egzateman! *Jesus*!... se kondisyon m sa!

- *Jesus?* Se kòmsi w te rele l Bondye? Men w pa reflechi Elkotcho!... w ap pase timoun nan nan jwèt... ou pa panse sa pou tout bon, Elkotcho? Se yon blag?...

- Yo rele w Okside pa vre, poukisa li pa ta ka rele J*esus?* *Jesus*!... si se pa sa, m pa parenn!

- *Jesus* pou tout bon?

- *Jesus!*

- Si w pa t yon bon nèg tout bon, Elkotcho...

- Wi ou non? *Jesus?*...

- Anfen, wi... m ap eksplike madanm mwen sa...

- M dakò, wi, Elkotcho, men...

- Kounya a ou ka di madanm ou se mwen ki parenn. Pa bliye non, *Jesus!*...epi w ka di zanmi yo antanke parenn m ap peye yon vwayaj pou yo... »

- Okside gade Elkotcho ak yon je dwòl... Si Elkotcho pa t rann li sèvis sa a, gwo sèvis sa a... paske pa gen lajan ki ka peye sa, se sèlman si yo vin konpè tout bon vre, konpè pou lavi... *Jesus!* Kòm non pou yon timoun! Se yon foli! Kisa Fifin pral panse?...

Anfen! Okside di zanmi yo Elkotcho sou wout pou l vin fou... ou pa wè sa! An Ayiti yo pa rele gason Jezi. Gen fi ki rele Jezila, gen nèg ki rele Dyedone, Dyejis, Dyelòm, men pa Jezi... Kiben sa yo, yo menm! Yo toujou ap fè twòp pou yo!... Finalman, piske l vle se konsa pou l rele... ou pa janm konnen, sa fè on jan orijinal, epi sa ka pote chans pou ti gason an tou.

A midi, Elkotcho pa al manje jan l toujou fè l kay madan *Puñez* ak lòt zanmi basen radoub yo. Li kòmanse ap reprann li, men li poko konprann kòman yo fè asasine *Jesus Menendez!*... Anfen! Lavi, se lavi! Li pral gen yon fiyèl k ap pote non *Jesus*. Epi l ap fè l travay nòmalman jan zanmi l t ap swete sa. Elkotcho se yon nonm total, yon vrè pitit pèp kiben ak fratènite karayib la, yon nèg ki jwenn direksyon l paske l gen bon kè, li viv ak sa l genyen selon lalwa lavi a... Elkotcho rete yon kamyonèt, li monte l, men l desann avan l rive pòtay leyogàn, bò lekòl menajè Matisan an. Li voye je l byen lwen sou lanmè a. Li pile yon tè cho, plen solèy, yon zile ki plis pase yon zile, yon zile nan Karayib la, yon zile sè Kiba l la ki plen sik...Kiba ak Ayiti, flè ak trezò zile yo... sou tan *José Marti* ak *Maceo*, se isit anpil milye gason te vin rale souf, panse maling yo pou yo tann dènye gwo batay pou libere Kiba. Amerik Latin nan, Panamerikanism nan, libète ak egalite te fè premye zam yo sou tè ayisyen an, se la a li te devlope apre sa l gaye tankou desen myèl sot nan Nò al nan Sid. Ven lòt repiblik pran nesans. Nèg ayisyen sa yo pa nan jwèt! Se yon bann anraje! Yo jwenn mwayen y al goumen nan *Savannah* pou endepandans Nò-ameriken, pou blan meriken!... Depi plis pase sansenkantan moun nan peyi sa a ap pati kite peyi yo pa milye pou al ede lòt pèp nan Amerik latin batay. Yo al goumen jis nan *Missolonghi* an *Grèce*! Se nan ti bout tè sa a, kote limenm, Elkotcho, met pye l kounya a, jeneral meksiken *Mina*, *Miranda* oubyen *Bolivar* te met pye yo la tou pandan yo t ap pwomennen... L ap mache sou tras yo menm lè van alize efase l nan sab yo... moun isit yo se frè l. Moun ki ge avèk je ki briye sou gwo koulè, ki gen kè mizisyen, tèt k ap viv selon kadans, sans k ap devlope nan lanmou, kò ki plonje tout longè nan dans san rete... Pwoblèm isit ak pwoblèm lòt bò se menm, se menm abitid yo, kouraj yo se menm. Travayè pwovens *Oriente* yo mete ansanm ak mizisyen kiben pou pouse mizik kiben an... Wi, isit la se lakay li, li menm gen kèk gout san tè sa a ap koule nan venn li, men jodi a, li santi l manke yon bagay...

Ou pa ka repwoche yon nèg ki gen yon vilaj, yon kwen kay, pa vre? Men l konnen gen yon jou k ap rive Federasyon karayib la ap pran nesans. Moun ki divinò, gen tan wè sa nan rèv. Yon federasyon nèg lib menm ras, menm san, menm kè, ki gen menm istwa, ki te sibi esklavaj, ki te goumen menm kote... Liberasyon an ap fin fèt lè nou mete tout fòs nou ansanm, tout moun ansanm san diferans k ap mete divizyon. Lè sa a, limenm, Elkotcho, pitit Karayib, se sa l ye avan tout bagay, yon zile tou plat, avèk pakèt kann byen vèt, wouj, koulè ajan ak mawon koulè tabak; sa manke l kèk fwa. Isi a gen twòp mòn! Ki lè Elkotcho ap ka al di *Habana, Camaguey ou Cienfuegos* bonjou lè l vle? Ki lè l ap ka al chache tras san zanmi l *Jesus* anba tè *Manzanillo*?... Sa a di pou kwè, Elkotcho sonje peyi l?

Elkotcho chita nan Sansasyon ba a men nanm li pa la, l ap panse ak tout sa k te pase lontan. Premyèman, pale yo pa menm : Kiben yo pale vit tankou rafal lapli sou do tòl... Koulè yo, bri yo pa menm, van pa vante menm jan, lè a pa menm, sant yo, gou yo pa menm... si yo aprann Elkotcho sonje peyi l, zanmi yo t ap sezi, yo t ap pase l nan betiz, yo t ap pouse do l, yo t ap pran plezi avè l kont yo. Nan ka sa yo, yon bourad, yon blag, se sa ki pi bon, sa fè w santi w byen, sa chase lapenn ak tristès. Se konsa moun fèt, epi travayè pa renmen chita ap plenyen. Lavi travayè di anpil, ou dwe aprann sere dan w, ri nan tout sikonstans. Yo pa t ap ka fè lòt jan?... Jodi a, Elkotcho chita nan Sansasyon ba a, li prèske tonbe. Li sonje peyi l... Elkotcho?... Wi se sa! Elkotcho se menm ak tout travayè. Li lage de bra balan, figi l ale, nen l ap tranpe nan wonmkoka a... Yo rele wonmkoka, « *Cuba-libre* » nan peyi l... Jodi a, tout moun ka wè l, bagay yo pa bon pou Elkotcho. Depi w gade l ou wè sa, li pa kache anyen. Elkotcho pa ka pa montre sa l ap

viv. Li la, li pa la, li gen yon bout papye nan pòch salòpèt li a k ap boule kè l... Yo touye *Jesus*!... Li aprann sa nan plen semèn sent, sa fè yon gwo kou!... Yon frè ki te kenbe men w sou chemen lavi di ouvriye... Yon nèg ki te bon zanmi w avan tout bagay... Yon nonm ki te retire nan panse w ak nan kè w tout sa k te bloke w, ki te aprann ou tout nèg dwe limenm, vrè, san melanje ak yon modèl ideyal... Se sa k te *Jesus Menendez*, yon nèg ki fèt ak dlo ak mayi moulen, *Jesus* sa t ap fè mirak nan plèn Kiba... Maryo rete nan ba a l ap gade Elkotcho... Kiyès nèg sa a? Sa k nan vant li? Sa l ap chache?...

Laninya Estrelita pral benyen... Li byen kontan, li santi l byen maten an. Maryo gen tan wè sa... zafè l ap byen mache jodi a!... Maryo voye lamen bay Laninya dan griyen. Laninya reponn li menm jan an. Laninya avanse, l ap gade. Maryo di Laninya:

« Alòs jèn fi, ou gen yon bagay pou di m?... »

Laninya souke tèt li pou di l wi epi l ale pou l ouvè bouch li, men yon gason parèt ankouran :

« Patwon!... gen yon ofisye polis sou galri a!... Li vle pale avè w, patwon...»

Maryo mare min li epi l kouri... kisa ki vin anmède l la ankò? Ki istwa sa a? kisa yo pral di l la ankò?

"Tanm mwen madmwazèl, m pral wè ki ofisye sa a?"

❖

Laninya vire dèyè nèg la k al lage kò l nan ba a... Ou ta di se nan yon rèv li ye. Li sanble pa wè sa... Li gen yon odè dwòl k ap sot sou li, pou byen di kat odè : gwo luil, swe, tabak, tristès. Nèg la gen lè pa wè l... Laninya anvayi ak sant la, li respire, li bwè odè k ap sot sou nèg la ki lage kò l devan kontwa a. Laninya santi l sou. Li pran sant nonm nan, li respire byen fò. Se sa! Li lejè tankou yon zwazo maten an!

Dabò, odè moun sa a kite yon gwo enpresyon, se odè yon moun ki viv anpil bagay, ki trennen mizè l tout kote l pase, ki kite sant li dèyè. Chak kote l pase li pran abitid epi Elkotcho chaje ak abitid. Se vre, nan sezon sa a, tout moun ap degaje odè. Avèk chalè a ki kòmanse, se yon pafen on jan lou, yon sant pwès, ki melanje ak tout kalite lòt sant ki nan lè a, sa k ap sot anba tè, odè swe mòn yo ak lanmè a k ap boule, k ap gwonde, k ap sale, resale, yode, klore, soude... Nan mitan tout bagay sa yo, Laninya rete pi pèsonèl, poukont li. Men sant zaboka ak bannann, manje maten ap degaje, sant wowoli ki nan kasav k ap tranpe nan kafe cho lè maten... nèg sa sanble gouman, li renmen lavi, li dou. Li renmen lavi anpil, li patisipe nan tout sa bondye kreye pou l viv... Fòk ou chache, reve, odè a pou w jwenn li, li sot nan nen Laninya Estrelita... Nèg la pa sanble manje anpil, li manje sa l jwenn, li pa nan chwazi. Li pa menm gen aransò anndan pen l, pa gen tomat, pa gen kachiman, pa gen kowosòl, pa gen jòn ze, pa gen zabriko, pa gen sapoti...Petèt l ap panse ak gou si nan akasan san sik li konn bwè chak maten...Tout bagay sa yo fè Laninya panse ak nonm sa lè l fèk leve, pòz li ak gete l. Se sa yo ba li oubyen sa l jwenn, san kapris, san egzijans, epi san kòlè. Li wè l k ap bay ti kout dan, jan l ap moulen bouch li ak yon ti souri nan kwen bouch li petèt. Sant bannann, wowoli, akasan ak zaboka a monte... Ou ka santi w byen si w ap viv ak yon nèg ki gen odè sa a... Laninya chase vre panse sa a nan tè li, li redi, kabre kò l...

Odè tabak sa a!... Se... men se... Kiba?... Men wi, Kiba... Laninya lese l ale, li kite odè flè zile yo ap karese l... A! tabak sa a, se tout nanm pèp kiben an... Li pa fimen siga, li senp, kole, fò, siga pa nan abitid li... On lè konsa petèt...Wi, li pran sant yon bagay li te prèske, prèske bliye. Men yon nonm k ap fimen yon *delicados* kiben... Pou w fimen tabak nwa sa a, fò, kole sa a, fòk ou se vrè Kiben, otantik, renmen Kiba nan tout sans paske w konn tout fondalnatal li, tout ti kachèt, fòk ou fèt, grandi, jwe, konn tout lafimen k ap soti nan van zile a... Nèg sa a, se pa atache l atache ak tè sa a sèlman, li viv li, li renmen l avèk jalouzi, ak patizànri... Se pa fasil pou w jwenn Kiben nan laj li k ap fimen *delicados*; jounen jodi, se tabak wouj k ap fè firè. Moun ki te konn abitwe fimen *delicados* pa moun konsa, konsa, k ap suiv lamòd, k ap chache gou pasi, pala, se moun ki fidèl anpil, moun ki gen tradisyon, ki p ap gade sou moun, yo ka chanje, men yo kwè nan sa yo kwè menm si yo konnen gen lòt, menm si yo konnen sa yo konnen an gen menm valè ak yon lòt. Se nèg ki kwè ak tout fòs yo, ki pa pè moun. Se premye fwa depi anpil ane nuit la disparèt. Laninya ap rewè vizaj ak lonbray, lonbray granmoun kiben, kiben jouk nan mwèl zo, k ap fimen nan mitan solèy jou dimanch tabak Kiba kolonyal sa a. Li rewè ansyen *Havane*, twotwa ki fèt ak brik ki te sot nan ansyen vil la, bèlantre yo fè bò lanmè a, vye wòch, bò lanmè a ki plen kay, anbouchi, resif, vye fò, *Castillo Moro* sèl fin manje, wouy, kalkè ak zèb, vye kanno l yo... Epi ti ri tou jis bò vye batiman ministè edikasyon nasyonal la, kote mesye yo konn ap jwe echèk nan lari a, ap pale de rèv yo, reflechi sou sakrifis, gwo kou, bèl konbinezon ak gwo kalkil, kalkil lavi a ak kalkil jwèt la, tout vlope nan yon ti sigarèt ki dwe limen toutan... *delicados yo*... kiyès nonm enkoni sa a, kiyès ki devan Laninya a? Se sèten se yon nonm limyè, ki gen fòs kouraj, ki poze epi ki fidèl! Sa fè lontan li pa t rankontre yon moun konsa nan zòn Sansasyon ba a. Li te prèske bliye egzistans jan de moun sa yo!... Se pou sa li kenbe la toujou?...

Ayiti!... gade kijan l byen adapte l ak tè sa a!... sa pa parèt nan wonm l ap siwote kounya a... Wonm, wonm Ayiti pa menm jan ak tout wonm. Tout nèg ki konn Karayib la tout bon vre, konnen, moun ki poko bwè wonm dayiti pa konn chalè, ti gou dous, pike, amè, kapasite pou fè w reve, tout sekrè lavi ki gen nan wonm sa a. Moun k ap bwè wonm ak dlo pa konn filing sa yo. Kèlkeswa sa w mete nan wonm nan denatire l... *Bacardi* ki sot Kiba, palemwadsa! *Cidra* dominiken, lòt kleren ki fèt ak kann jamayiken, matinikè, pòtoriken, elt.; se bon bagay, men wonm dayiti a se lespri peyi rèn *Anakawona, Tousen Louvèti ak Desalin*... Menm lespri ayisyen Laninya wè bò kot nèg la, se pa odè wonm, se yon bagay ki pi senp, ki pi chanpèt, fòlklorik prèske! Nèg sa a fofile fon nan sekrè tè sa a! Sa k fè Ayiti nan mitan toubiyon san fen sa a, se bon odè kleren tranpe, bwa kochon, zo devan, sitwonèl ak labsent ki sot nan mòn, k ap degaje nan kleren fre... sa a se kanpe w bwè l, pòch ou plen pistach griye ak yon ti siga tou piti pou senk santim, tranpe nan kleren tou. Se sèl Ayisyen toutbon, pitit kay pèp la epi ki jouke nan tè natal la ki bwè kleren sa yo. Alòske Elkotcho bwè kleren melanje! Nan chache koulè, sèt koulè lakansyèl lavi a ak sans yo, Laninya, limenm tou konn bwè kleren nan moman afè l pa bon pou peze kè l... Nèg sa a pa yon kaka kleren, li pa degaje odè ki pou endispoze w, odè vye chosèt santi mayas, chalè bwasonyè ki pèd konsyans. Li pran san l pou l chache epi konprann tè kote l ap viv la. Ala nèg gen don renmen! Ayiti parèt nan sant pistach k ap degaje nan pòch li yo...pouffff! ou soufle ti pay ki sou grenn yo lè w fin woule l anba dwèt ou, anpe sant kache ret la on bon bout tan... Ayiti se sant griyo kochon melanje ak pikliz, bon piman ak bannann peze, patat fri. Ayiti jwe tou nan chalè k ap sot nan mayi moulen kole ak pwa, akasan, kasav epi mabi glase... Laninya se youn nan bouke flè fratènèl yo l ap karese, bò kot enkoni a ki rete tou dousman, san fè bri.

Sa k ap soti nan cheve l konsa, sa a se yon lòt bagay. Sa soti pi lwen, nan peyi Laninya pa konnen men li sonje odè, sant kò pakèt ak anpil nèg ki te konn ap petri l yo. Sa a, se *Amérique centrale, se Panama, Honduras, Costa-Rica... Amérique centrale...*Nan mitan gwo kanal kote tout bato sou latè pase. Nan *Amérique centrale*, san endijèn yo tou pare, cheve yo, malgre melanj, kanpe dwat, rèd epi y ap tonbe nan je moun k ap travay nan van ki sot nan Karayib oubyen nan Pasifik; nan ka sa a, anpil moun oblije mete pomad nan tèt yo pou fè yo ret nan plas yo. Youn gade sou lòt, moun yo pran habitid epi mès la gaye nan tout rejyon an. Prèske tout moun penyen avèk on bagay konsa... Laninya ap repase nan lespri l lavi sa a li te konn tande moun ap pale. Kote sa a, tout nèg nan *Amérique centrale* ak *Amérique latine* melanje ansanm, Venezwelyen, Meksiken, Chilyen, Jamayiken, Pòtoriken, Gwatemaltèk, Kolonbyen, yo tout nèt, nou pa ka fin site. Ayisyen yo tou anpil... Nan zòn sa a, pomad briyantin nan gen yon sant mwèl bèf, womaren ak lavand... Nèg sa a te vwayaje, li te viv lavi di moun ki pati al nan *Amérique centrale* al chache travay ak pen kotidyen. Li te oblije fè tout kalite travay... Ala yon bèl eksperyans li te fè nan kesyon pafen pou cheve! Se yon nonm di, maton ki devann nan!... Petèt menm... Wi, li rive jwenn yon sant odè petwòl, yon pwent, nan pakèt odè k ap degaje sot sou nèg ki apiye nan mi ba a k ap reve je klè. Yo di moun ki t ap travay nan izin petwòl yo pa t janm ka rive retire sant la sou yo, pandan tout vi yo, yo te toujou gen sant benzèn. Li kole sou yo tankou yon karapas. Laninya gen prèv la avèk Venezwelyen li rankontre kòm kliyan pou chase nostalji, dezespwa ak solitid nan kabann li kòm bouzen k ap tyoule doulè moun... Nèg sa a ka te travay nan peyi Venezwela. Sinon se metye mekanisyen an ki fè l gen sant sa a. Non. Anfen... kanmèm, odè sa pa frèch, men rasi, lejè... Aprè tout bagay, petèt! *Venezwela* ou *Meksik*. *Meksik* se prèske sèten paske w pa ka wè sa lòt jan, se tankou yon sant papay... Moun *Meksik* renmen papay anpil, yo manje l nan tout repa, nan desè, nan salad fwi, nan kòktèl... Wi, li te rete Meksik, se prèske sèten, paske l renmen papay. Dayè, ou pran sant piman dous nan tout manje meksiken. Meksiken natif natal. Petèt ou ka wè tras ti zile ki fòme ke kap Karayib la nan odè k ap sot sou yo tou ki kole l ak kontinan meridyonal la : *Aruba, Guadeloupe, Sainte Lucie, Trinidad* ak lòt yo. Ti zile *Hollande* yo tou. Kote sa a, tè a dezè epi se kèk pye bwa ki pouse sou li : kokoye se youn ladan yo… A, wi! Nèg sa fè limon tout kote, li gen lontan l ap vire nan tout Amerik la. Sa l ap chache? Ki montay li bezwen deplase? Poukisa l ap kouri, ki djab ki dèyè l, nan ki batay li ye? Odè sa a ki rete tache sou kò l pou lavi anbome kè Laninya maten an. Kiyès nèg sa ki kole sou li tankou leman an? Se nan van k ap sot sou rivaj yo sekrè a ye.

Sant luil lou a rete nan tou nen Laninya. A, wi! Moun sa yo goumen anpil pou yo viv, y ap sal men yo y ap chante, yo kouche atè anba motè k ap lage luil sou yo, vye luil pwès, sal, santi fò… Pou yo viv, fòk yo fè lanmou ak machin nan, glise anba l, fwote kò yo ladann, foure vant yo anba vant machin nan, marye ak machin nan, karese tout pyès yo. Tiyo dechapman k ap voye dlo nan figi yo, batri k ap pise asid sou bra yo, batri k ap voye dechay grès pwès, nwa; kondansatè ak chodyè k ap lage gaz, voye vapè, gout dlo cho… Dwèt angoudi, fann, fisire l yo goudone nan luil motè jiska lamò. Odè batay pou lavi, odè batay pou mouvman mekanisyen k ap plenyen nan zòrèy moun toutan, odè moun k ap chache pouvwa ak glwa, odè batay pou limanite depi toutan an monte anba nen Laninya Estrelita tankou yon fanfa k ap chante viktwa ki fè tout moun chavire tèt anba… tout lanmou gen de fas, lanvè ak landwat. Fas espirityèl, patisipasyon ak fas fizik, fè bagay. Lanmou, tout lanmou bay posiblite pou fè bouzen. Se menm bagay ak santiman ki degaje nan odè sa a. Laninya resi santi odè swe moun, - menm swe k ap chante nan labib la! – epi sant sa a fin bay nen l traka. Li plonje l toudenkou nan limenm, nan yon pwen nan egzistans byen fon kote l pa t janm panse l t ap rive, nan pèsonalite l ki fin pèdi nan pwostitisyon… Swe pou mizè, swe pou timoun grangou ki fè pil nan yon kay, swe pou maladi k ap viwonnen, swe pou kay koule ak soulye chire, swe pou rache yon souri nan vizaj ki fin ale! Enkoni sa a ki vin lage kòl nan ba a gen sant lavi a menm, odè chante mach limanite pou yon lavi pa twò dezespere, pa twò lèd, pi diy, odè jezikri nan mès lamantasyon yo! Men sèlman, odè ki pi santi nan nen ti bouzen an, se odè tristès sa a ak dekourajman ki parèt sou Elkotcho jodi a. Ou konnen, odè pwenti sa a, odè amè sa a, odè envizib sa a k ap koupe zantray moun tris? Odè sa a menm jan ak sant chen pran lè moun pral mouri nan yon katye, odè sa a ki fè yo rele tout nannuit, odè sa a, se pa odè lanmò k ap vini men odè kò moun k ap degaje chagren ak orevwa san fen. Laninya wè se odè sa a k ap sot sou Elkotcho. Gade on soufrans!... yon frè?... Li te ka papa l tou ?...

« Hey! Nèg?... w ap dòmi?... »

Maryo tounen sou kontwa a. Elkotcho voup li kanpe epil wè Laninya devan l nan, fas pou fas, ap gade l dwat nan je. Li konprann kounya a sa ki t ap toumante nen l konsa pandan tout tan l fè chita nan ba a, pèdi nan panse l. Ki lè l fè la a?... Woy! Travay mwen!

« Patwon! Vit! Sa fè konbyen?... »

Li pa menm tann repons, li voye yon biyè sou kès la epi l ale . Men, menm kote l deplase a, Laninya ki te avanse prèt pou kole avè l, fè l on koudèy, li gade l byen pou l fè l pèdi tèt li...

❖

« Hey! Elkotcho!... Hey! Elkotcho!... »

Epi n ap bay tèt nou de kalòt. Klak!

« Hey! Elkotcho!... »

Men gen lè nou pral endispoze tout bon epi nou p ap reveye. Men sa Elkotcho t ap di lè l te chita nan Sansasyon ba a, pwen mare, revòlte kont move lanmò k ap trape, chavire nou atè... Epi li pa t menm panse ak bon zanmi l, gwo *Jesus Menendez,* ki tonbe anba bal yon kapitèn enkonsyan, yo voye nan plèn *Manzanillo!* Kisa nou ye menm! « Yon ti bagay tou piti epi tout bagay vire mov, yon ti bagay zuit epi tout bagay eklate epi tounnen woz... » se sa yon granmoun meksiken te di l nan yon ba *Oaxaca* ki chaje koulè kote moun al bwè koktèl. Batri yo chaje, li fonksyone nan tout ti zile *Chantepec,* se poutèt sa moun nan rejyon an toujou tankou moun k ap reve je klè. Yo reve lè y ap mache, yo reve lè y ap ri, yo reve lè y ap travay. Grangou pa fè yo pè, y ap reve... Tout sa, se batri yo! Gade on kout pwen li resevwa maten an nan lèt la! Se yon kout kanno!

Nan rèv li Elkotcho souflete tèt li, on bèl souflèt, men sa pa t reveye l pou sa. *Jesus* mouri, lavi, se kaka chen, bèl kou l bèl, li gen sant chen mouri!

Se byen sa! Dayè nou pran sant chen mouri a tout kote nou pase nan lavi a. Nou pran sant li sitou nan Sansasyon ba a, bòdèl ki bay kèplen, Sansasyon ba kote li mete pye l yon lòt fwa ankò. Sant ou pran anvan an se pa sant santi, non, se yon sant pafen, se yon sant degize tankou nuit nwèl oubyen yon lè anbome avèk pafen bon mache, men sa santi!... Se tankou yon ti boutèy yo plen ak swe senkant moun. Byen souke l avan w ouvri l!... Yon bon echantiyon odè reyèl lavi a!... Ou pran sant moun ki pa janm gen tan pou benyen paske yo pa ka sispann fè bagay, sèl sa yo renmen nan vi yo, se anba tivant! Chen! Se egzateman odè kapitèn ki te touye *Jesus Menendez* la nan plèn *Manzanillo.* Sant sa a, menm bèt k ap woule nan tè pa genyen l. Kaka kochon pi klè; pou prèv, gen moun ki okipe kochon yo avèk lanmou... wi... Se yon sant dezenfektan maling. Sa a sot sou yon nèg pridan, yon nèg ki asezonnen kò yo ak pwodui chimik anvan epi apre yo fin danse. Hop! Epi mizik la... Sa a pa sot lòt kote, se yon sòlda meriken k ap degaje odè kòryas sa a ki gen sant majolèn pouri, se vre se sant cheve sòlda meriken yo! Sant chiklèt mantole! Poukisa yo rete nan ba sa a? Dabò, paske yo pa gen kouraj pou yo leve, yo sou, delala, ansuit paske lavi a santi tout kote. Tout moun gen sant, soti nan mouch pou rive sou moun, youn ap manje lòt. Yè, yo pa t wè si Sansasyon ba a santi konsa. Menm tabourè yo santi, tout fant plak fè yo, kòf kontwa a, mi, planche, menm lè a santi... Men sant li pran an se pa yon odè ki la lontan, se yon odè fre, se yon odè vivan... L ap bat, l ap bouje, l ap mache, li pete tout pòt, gaye nan tout kwen. Sa santi bouzen, bouzen ki pase nuit ap fè bagay, ki pran giyon tout kalite gason mete sou kò l, touye tèt, san espwa tout nannuit... Kolangèt!... *Jesus*, yo touye l ak bal... La a santi mayas, sant nèg ki gen fodan, sant nèg k ap kondi kamyon tout lasent jounen, nèg ki sot pran masay nan krèm, youn ki pran medikaman l avan l vini, la a gen sant moun ki sot manje konkonm ak lay, timoun ki sot fè laviwonn koukou, jenn ti lapen ki met pomad sou moustach li! La a gen sant pawasyen ki pa salye sensakreman, kretyen ki pase nan sakristi, jako ki te manje pwason tou mouri, pistolè ki gen rim sèvo, komedyen ki met soulye nèf, nèg ki sot retire konplè nan digo, vye makak ki tranpe venn li nan dlo souf, granmoun ak maling ki pa vle geri... La a gen sant moun, moun vini, pèleren, abitan, moun de pye... la a santi! Sa santi monseyè !... Monseyè?... Egzateman, monseyè! Yon mond kote yo ka touye Jezi pa ka pa santi monseyè! Lanmèd, tout moun pa menm, se chak senkantan lanati fè yon sèl *Shakespeare*, on sèl *Mozart*, yon *Beethoven*, yon *Goya*, yon *Napoléon*, yon *Marx*, yon *Pasteur ou yon Einstein*, pa plis! Se ekwasyon lavi a sa! Nou poko jwenn solisyon an... Nan santan, se ap on ti pwoblèm pou timoun sètifika :

« ... Nan yon ti peyi tankou Kiba, konbyen ane lanati ap pran pou l pwodui yon *Jesus Menendez?*... »

Yon ti pwoblèm pou polisye kounya k ap fè brevè lapolis :

« ... konbyen segonn yo bezwen tout bon pou touye yon *Jesus Menendez?*... »

Kolangèt!... Elkotcho pa janm wè si bòdèl la te santi konsa. Men pou bòdèl, Sansasyon ba a chanpyon! Manolitas sa yo santi! Li rayi manolitas! Kò manolitas yo ap pase, men se ka nanm yo k ap anbome bòdèl la konsa. Oubyen pa! Manolitas sa yo pa gen nanm, yo pa moun ankò. Nanm yo pèdi nan twou san fon!... Lanmmèd pou manolitas!

Nan monte desann yo, nan tèt cho yo, nan di betiz, Elkotcho tande yon vwa li konnen pi byen pase tout lòt vwa nan zòrèy li. Nan fè sòt li, li kraze nich li :

« se sa m pa ka tolere lakay ou a Elkotcho... Ou reponn nèg la mal... Se yon nèg pou w pè, ou tande m, - kiyès ki di se pa sa?- Men li te pale avè w byen saj. Eske w konnen!... se sa m pa renmen ak ou, Elkotcho, kòlè w twò pre... Lè w an kòlè menm tèt ou ou bliye, ou pa Elkotcho ankò, ou tounen yon nonm, yon sekretè, yon nimewo òganizasyon an...Kòlè a bon se si w ka kontwole l pou w ka jis nan sa w ap fè... Maten an, avan grèv la, se ou ki pou te eksplike m sa k ap pase nan kè vakabon sa a, men depi goumen mare, babay! Elkotcho, se sèlman responsab ak sekretè a ki rete nan ou...Sekretè a ak Elkotcho pa dwe diferan, sa dwe fè yon sèl moun!... Ou pa dwe konsa! Rete oumenm!... »

Se sa vwa *Jesus Menendez* ap di nan zòrèy Elkotcho, epi se te *Matanzas*, apre rankont kote yo te tire sou travayè sik yo!...

« ... O! zanmi pa m!... ou pa mouri vre, paske ou ka pale avè m ankò?... kiyès k ap toujou kwè apre mirak sa a, Jezi tout bon yo pa ka mouri? Limenm ki te met gason sou li paske tout moun gen on pouvwa bondye nan yo, sèl yomenm... Gen moun ki p ap janm mouri nèt, men y ap ret vivan, lavi yo ap pase sot nan yon jenerasyon al nan yon lòt. Konsa moun pa janm mouri, menm jan ak lavi… »

Kòlè Elkotcho a pase nèt. Se yon ti kras enkyetid melanje ak tristès ki ret la, ki pa prale avan kèk jou… Elkotcho konnen pi bèl diskou w ka fè sou tonm yon nèg tout bon se yon kout ri, yon flèv kout ri byen ge, san jennen, san doulè epi san djòlè. Peyizan nan plèn kildesak pote mò yo sou do yo al nan simetyè ak dans epi chante :

> M di kriye pa leve lanmò!
>
> Si kriye te leve lanmò,
>
> Hounsi kanzo yo t ap mouri leve!…

M di kriye pa leve lanmò! Si kriye te leve lanmò, nou tout, yomenm, jenn vyèy inisye, nou ta ka lonje kò n pou l drese… Wi, Elkotcho gen de bagay ou dwe aprann nan men peyizan iletre sa yo, se imanite, kilti. Imanite, kilti, w ap jwenn yon sèl fason nan poèm *Ruben Drio*, nan esè *José Marti*, lakay *Marx, Tom Payne, Toussaint Louverture, Staline Jefferson* ou *Lincoln*. Jeni yo pa fè imanite ak kilti, Elkotcho, yo jwenn li nan kreyasyon tout moun, nan lavi pèp la, menm si yo transfòme l pou l bay yon valè ekstraòdinè. Pèp la se sèl mèt nan kesyon panse ak renmen. Elkotcho, menm si jeni yo gen anpil konesans, yo gen limit yo, limit tan yo, limit edikasyon yo, feblès nan sa yo aprann nan listwa, prejije ki mennen nan chire pit, ki fè moun bliye nou tout se frè sou latè.

Elkotcho, se pa oumenm, se pa yo menm pou kont yo pou nou bay responsab, men chak grenn moun… Chak moun gen yon ti bèt anndan l, poukisa n ap chache yon moun responsab?… Oumenm tou, ou gen bagay ou pa t renmen lakay *Jesus*, sa pa gen dout ladann, men ou te renmen l, ou renmen l malgre feblès li yo. Fòk on moun entelijan anpil pou l pa bliye kalite yon moun lè l ap pale de defo l… Fòk nou fò pou n rekonèt fèblès nou, nou tout, pou n kapab lite kont vye defo nou. Fòk nou rebati kè moun, Elkotcho, toutan, jodi a sa pi enpòtan pase toutan... Se sa nou bezwen, fòk nou repete l nan zòrèy tout moun san pèdi tan. Malgre tout pwogrè ki gen kounya a, anpil pwogrè, pwogrè yo ale vit, twò vit pou kè moun jodi ki rete menm yo te ye yè... Fòk ou suiv sa ki devan lè w ap mache dèyè. Pa fè louanj pou moun k ap mennen, men pa ba yo madichon, bay chak moun sa yo merite. Chak moun pote sa yo kapab, pran sa ki byen kay chak moun, Elkotcho... Pran sant bouzen sa a, zanmi, epi di nou sa ki bon ki kache ladann...

Elkotcho pa desann sot nan nwaj li fasil. Se pa konsa on moun ka rebati kè l. Chat pran nan dlo cho, li wè dlo frèt li kouri. Nan vi l li tande tout kalite vwa... Sa w ka fè, Elkotcho se konsa l ye, yon juiferan ventyèm syèk, yon dyaman byen prepare, yon ti gason, yon timoun Karayib.

Revòlt ak kolè yo tonbe, se rèv tris ki ranplase yo, Elkotcho rale souf li epi tout odè l respire a vin nan tèt li... Arebò ba a, nan mitan sant bouzen, sant chen mouri, gen tout kalite lòt odè k ap flote... Sant balèn Laninya Estrelita sot limen nan pye lasent Vyèj. Grès balèn nan kole nan pla men l. Sant plim zwazo boule ki ret nan mitan dwèt Laninya. Li pran plezi nan simen grenn wowoli pase nan fant dwèt li bay ti zwazo nan kalòj la : li pran plezi toutbon ak ti grenn yo nan pla men l. Te gen tou sant mak yo te fè nan kou l pandan nuit la. Sant sa a tris, odè a tris, san rete... Se te tou ti zezwal lapè l li jwenn, se te odè souf, sik, mantole, li poze... Bondye! Tout sa arebò ba yon ti bòdèl! Se sa, on pil ak pakèt odè mal bèt anfe, chen mouri, men tou, nan mitan bouke flè tèrib sa a, grès balèn, pwèl ponmen ki bay filing, grenn wowoli pike k ap ri, mak amè, tris, k ap monte, k ap di nan kè moun gen divès kalite bagay ladann. Nanm medam yo pouri, se vre, men l ap fleri epi bay moun pwoblèm tou. Yo pa vanm nanm yo nan bouzen, jan w gen kouraj di l la, Elkotcho. Pa gen on sèl verite, toujou gen plizyè koulè, genyen ki pi fonse pase lòt. Yon vwa rache l nan somèy je klè a.

« hey, nèg ! w ap dòmi?... »

Elkotcho vole kanpe sou de pye l pou l pa anreta nan travay la. Kou l deplase, li konprann se pa t kote l te ye a ki santi. Laninya te rete kole avè l pandan tout tan l te fè nan ba a. Se te limenm! Laninya Estrelita, se tout sa, tout sant chen mouri, men tou yon dènye pafen vapmenni, presye, sanzespwa. Se poutèt sa li te fè l yon ti kout je onèt, diy, entim, timid, efreyan, twoub petèt, men respektab epi chaje ak rekonesans.

❖

Li kòmanse ap fènwa tou dousman, yon ti frechè kòmanse parèt. Seren ap tonbe epi solèy la ap chavire dèyè mòn pou l al jete kò l nan lanmè. Van alize mwa mas gaye tout kote epi tout moun kontan. Apre midi a te di pou bouzen nan Sansasyon ba a. Yo te oblije bwè, danse epi fè bagay san rete. Men, sòlda meriken yo kòmanse pèdi chalè yo. Depi kèk jou y ap fè bèk atè, non sèlman lajan yo fini, men tou yo kòmanse fatige, yo pito chache pastan ki pi poze, pase koze moun fou sa yo. Y ap repran lanmè a demen swa, yo te vle achte kèlke souvni pou pote lakay yo : estati ki fèt ak bwa kajou, soulye talon kikit pou ti zanmi yo, valiz ki fèt ak pit pou manman yo, kolye, kokiyaj pou ti sè. Pou tèt pa yo, y ap pote ale souvni pwomnad yo fè sou cheval oubyen foto yo fè avèk yon ti moun nwa nan bra yo. Se konsa yo ye, sòlda meriken sa yo, menm lè yo kaka kleren, banbochè, rasis, dejwe, bouzen epi mechan; men yo konn fè kèk bon jès, jwe ak timoun epi reve. Sa a, se on ti degi nan sa pèp Ameriken ka fè.

Laninya chita kole sere ak yon gwo nonm mal bati wouj, plen tach sou po l. Se yon ofisye maren ki te nan ekip entèvansyon amiral *Caperton* lè Etazini te vin okipe Ayiti an 1915. Li te rete nan peyi a plis pase kenzan, konsa li pa mal nan kreyòl. Li pale ak on vwa anwe, trennen ki fè moun ri, ki enève moun tou. Se yon veteran nan lame ameriken depi jeneral *Vandegrift*. Nèg la tonbe pale san rete:

« ... Nan epòk sa a, li te tankou yon ti fi. Li te sove lavi m nan batay machatè a... M te mennen l Pòtoprens avèk mwen, apre sa m pati... Ankenn nouvèl... Depi m rive, m pa janm sispann chache l tout kote m pase... M mande, m chache, m pale... anyen...

- Ou te renmen nègès sa a vre?...

- aoo? Non!... Se pa yon nègès! Se yon nwa, wi... Li nwa, trè nwa, men se pa yon nègès!... Ou konprann?... Non?... M konn nègès yo.

- Sa w ap rakonte konsa a?... Yon Ayisyèn trè nwa ki pa yon nègès? Ou pa on jan fou, non?...

- Li pa yon nègès... se pa yon nègès, m di w!... Li nwa anpil, Mirasya, men se pa yon nègès!... se nan *South-Carolina* m soti, m konn nègès, mwen di w... Si w te konnen sa l te fè pou mwen!... se pa sere sèlman li te sere m, sa gen plis pase kenzan... sa pa ka yon nègès, Mirasya! Ou konprann?...

- Oumenm, bèl gason, ou damou, se sa! Petèt san w pa konnen!...

- Non!

- Alòs, poukisa w ap chache l apre plis pase kenzan?...

- ...

- Epi si w te kapab mennen l Kawolindisid, ou t ap fè sa?...

- Non!... Li nwa anpil mwen di w! Yo t ap pran l pou yon nègès!...

- E li pa yon nègès?

- Non!

- Men ou renmen l?

- Wi... M pa janm rankontre yon lòt fanm konsa!... Mirasya... Se pa yon fanm òdinè... ou konprann?

- Epi ou pa renmen nwa?...

- Non!

- Epi w gen kouraj vin di m sa, mwen, Laninya!... Ou pa gade m ak je? M pa konn sa k kenbe m ki fè m pa fout ou on pè kalòt!... M ap sèmante w mesye sa a patisipe nan touye nwa deja tankou w di ?...

- M se moun South-Carolina... Nou pa ka renmen nou, noumenm nwa... men... men limenm, li pa nwa vre... m konn moun nwa...

- Men eske n fou nèt, nou menm blan!... Yon ban moun fou, se sa nou ye!... Ou pa renmen l men plis pase kenzan apre, ou toujou ap reve l, epi ou pa ka mennen l lakay ou! Li nwa anpil, men li pa yon nègès! Kisa w gen kalbas tèt ou menm?...

- Se pa yon fanm òdinè, Mirasya... Fòk mwen jwenn li... Ede m... Ede m chache l epi... M ap ba w yon pake lajan...

- Ou konn sa k pase, w ap ban m lapè m tande!... Al chache yon pè pou fè konfesyon w nan, al nan lapolis, ale w vouzan, pa konte sou Laninya pou sèvi w detektif, epi, ou anmède m avèk istwa w la! Ou fè tete m fè m mal... Ban m on sigarèt pito, bèl gason!... »

Laninya distrè. Li ret la l ap gade pewon an. Gen on bagay ki di l nèg la ap tounen aswè a... Kè l ap sote, l ap voye je l tout kote ap siveye. Talè li pral nan chanm nan avèk sòlda l la, epi sa ap fè l pa wè nèg la... Wè l, wè l sèlman fè tèt li vire. Se natirèl, li renmen wè l. Li gen dwa sa, non?... Nèg sa a fè l sispèk, se sa menm... Li kwè l ap vin aswè a kanmenm. Li pa gen dwa pa wè l... Laninya leve...

« Tann mwen la, chouchou... M pral benyen....

- Aooo?... w ap vini? Se vre!... m ap vini?...

- Ou konn sa k pase blan, Laninya pa renmen moun anmède l non! M deside al benyen, pa gen moun ki ka anpeche m ale, ni oumenm ni ankenn lòt moun...W ap gen tout tan w pou w bougonnen!... M pa renmen moun ban m presyon! Pa manyen m!... Epi... ret trankil. M ap vini tande chouchou!... »

Laninya vole, li travèse sal la pou l al pran bagay pou l benyen...

❖

Laninya met rad sou li. Li mete wòb swa mawon l sou li, yon wòb san manch, san kilòt, sa fè l tankou yon boutèy koka. Li pran cheve l, li fè on chiyon epi l pase yon bèl ponpon wouj li te pike kay yon meksiken li te rankontre. Li pran on bèl woz li t achte semèn pase mete sou hanch dwat li. Aswè a li pa met talon, li pran sandal dore *Lawoubya* a. *Lawoubya* gen menm pye avè l... oups! Yon kout kreyon nwa nan sousi l, se sa sèlman, li p ap makiye... Li kite po myèl fonse l la ap klere tankou yon bèl ti lalin klè. Li vle pou koulè woz ki nan je l yo parèt aswè a, byen fre, li vle pwofite ti van labrindiswa a ki fè l byen anpil. Pwent nen l klere, bèl, swa, bouch li bay on koulè on jan mov natirèl. Se sa l vle. Li ta vle l parèt toutouni aswè, pwòp, san anyen, san poud, san pafen ni fa. Li vle parèt yon vrè Ninya... Men èske l ka yon vrè

Ninya toujou? Kè l ap bat aswè a ... Laninya, ou kòmanse granmoun, kò w ap lage. Li souri nan kè l... Kounya a, li konnen on pakèt bagay sou nonm nan. Se kòmsi l te ekri nan yon ti kanè... Dabò, se yon nèg ki vwayaje anpil, menm si l pa konn poukisa, li pwomennen nan tout Lamerik santral la. Yon nèg djanm ki fè tout kalite travay, ki soufri, ki goumen, ki renmen travay li ak lit popilè anpil, anpil, yon pitit Karayib. Li byen adapte l ak Ayiti, se menm jan ak Laninya ki antre anndan nannan pèp la. Malgresa, li rete yon vrè Kiben tou, yon natif natal... Li renmen Kiba jiskaske l pèdi tèt li, li toujou kenbe tout mès yo, l ap mouri pou li... Sa a dwòl... Kounya li se mekanisyen. Se nan goumen l ap viv, travay li a di, men li renmen l, li met tout nanm li ladann, tout rèv li... Depi w wè l, ou wè se on moun ki kwè nan tèt li, ki konn sa l ap fè, ki dirèk... figi l parèt inosan, men l gen volonte, pasyone, yon moun ki gen kouraj, ki wè klè, ki poze epi fidèl... Jan l fè men l la, montre l se yon moun san pwoblèm, fran, fratènèl, on tijan malen, anmèdan petèt... Li ka renmen danse, li konn danse, se sèten, byen danse, san traka, avèk souplès, men li ka chanje pa l jan l vle, fè moun ri, sezi, kontan. Li pa gen gou difisil, men l gouman, saj, inosan, li patisipe nan tout sa k ap fèt... De vizaj enkoni parèt devan l an menm tan. Youn jèn, youn granmoun... Sa a dwòl anpil! Kisa k ap pase nan tèt li!... Li konnen li se yon moun ki konn viv ak moun, avèk fòs li, eksperyans li, kouraj li, entelijans li, tandrès ak fratènite. Sa a se panse moun fou men li pa ka retire l nan tèt li.... Antouka, jodi a li soufri anpil, li resevwa yon move nouvèl, yon bagay grav. Yon moun ki mouri petèt?...

Poukisa l ap siveye nèg sa a konsa? Ki kote l soti ak don tripòt sa a? Ki dyab ki nan tèt li. Se pa Laninya Estrelita, yon bouzen ki te vle rete poukont li, san zanmi, san lanmou, san pèsonn jiska lamò? Pa gen moun ki te ka pwomèt li anyen? Kisa ki enterese l kay mesye sa a?

Kibò nan nanm li ki kache anvi konnen sa a? Bagay sa a nouvo, anvan sa, anyen pa t enterese l... Sa a pa senp... Yon nuaj pase sou lajwa l. Li konnen nèg la pral vini talè konsa, pa gen manti nan sa. L ap kontan wè l, l ap anvi al kote l... Li pè nèg sa a!... Wi, li pè, li pè pou li, li pè pou tèt li. Jis jounen jodi a, lavi l te senp, san pwoblèm, èske l pa pral chache yon bagay pou konplike ti lavi l la!... Petèt se sèlman yon anvi fè bagay, on anvi, on grangou, on tètfèmal?... Men, li pa t konn santi anyen, li te tankou yon mò, tout sans li te mouri, mouri nèt?... Se pa lòt bagay, se yon anvi fè bagay... Selon kondisyon pa l, fòk nèg la pran l tousuit!... L ap di l sa, men anvan sa, l ap di l li pa bezwen lajan l. Si se pa sa, li p ap santi l alèz. Fòk nèg sa a ta pran l senk fwa, dis fwa, youn dèyè lòt si posib, pou l santi l satisfè vre. Kou l fin genyen l, l ap tounen menm Laninya Estrelita a, menm ti bouzen manfouben, egoyis, chich epi renmen enterè, menm jan li te ye anvan an. Se bouzen l ye, yon fi k ap bay kò l pou jwenn lajan pou l vejete jiskaske l mouri. Pou limenm, se sèl lajan ki konte, tout rès yo se boulchet!... men nan ka sa a, li p ap pran lajan...

« O manman Mari! Delivre Laninya w la non!... »

Si nèg la refize kouche avè l?... Pa janm gen nèg ki gen kè refize Laninya Estrelita, li gen tout sa l vle. Li fou pou l ta panse y ap meprize l!... Men si, malgre tout sa, nonm sa a, se t ap premye moun ki t ap refize Laninya Estrelita?... Depi yo pase bò kote l, de je l fèmen... Limenm, Laninya, li p ap repouse l. A midi a, li te pran tan l pou l gade l. Si l refize, li p ap janm ka retire sa nan panse l, sa a ap toujou rete nan tèt li ap ba l pwoblèm... E si l fin kouche avè l, li pa ka bliye l? Si, menmsi l pa satisfè, li ta toujou enterese l?... Gen danje nan fè bagay ak nèg sa a! Li pa ta dwe kouche ak enkoni etranj sa a!...

« O manman Mari! Ede ti Ninya w la non!... Kisa pou m fè, ti manman cheri?... »

E si pandan l ap fè lanmou ak nèg la sans li yo reveye?... Bagay sa ap travèse lespri l tankou yon kout ponya. Li kanpe devan glas la l ap penyen tèt li. Wi, sans li yo retounen nan bra nonm nan?... L ap tranble, kè l ap bat fò, tete l fremi... Li voup li lage cheve l epi l kouri al devan oratwa vyèj Mari a.

Pandan l ap limen balèn nan pye lavyèj la, dwèt li boule. Li kalme l. Yon ti souri parèt sou lèv li. Malgre tout bagay, jodi a li bon, li pa panse anyen mal, li pa tris. L ap respire byen poze. Poukisa l ap chache toumante tèt li? Cheve l yo lonje, yo tonbe jis sou mis dèyè l kounya a. Cheve se pi gwo byen l te ka genyen... Li pase ponpon wouj la nan très cheve l sot depi anwo rive jis anba epi l lage l sou zepòl goch li. L ap wete mete kòdonèt la, li fè l fè yon lozanj. Se konsa Meksikèn yo fè. Li te wè sa sou yon foto. Li mare ponpon wouj la nan cheve a epi l ap gade l nan glas la. Li pran de men l li ranje wòb swa ki sou li a sou hanch li. Se bon. Li byen kanpe nan wòb plake a. Li byen ranje woz la sou hanch li epi l gade l on dezyèm fwa nan glas. Li souri.

Kè l ap bat byen fò. Se bon. Li pran kreyon nwa e oups! Li pase yon trè nan sousi l... Li nwasi toulede... Byen! Li vire, li tounen devan glas la. Tout fòm kò l parèt nan wòb la. Kòd nwa takte wouj ki mare cheve l la ap balanse sou hanch li. Sandal dore *Lawoubya* byen chita nan pye l. Li kanpe devan glas la, li gade tout kò l, li pran tout pòz : kanpe sou pye dwat, pye goch, sou pwent pye... Kò l fre! Li byen benyen. Li santi l byen aswè a, pwòp, swa, lib, san poud, san makiyaj, san pafen, sèlman li byen kanpe nan wòb swa a, yon vrè Ninya. Kè l ap bat fò, men l ap souri. Li pran direksyon pòt la byen deside.

❖

Lè Laninya antre nan ba a, tout tab ranpli, Sansasyon ba a plen kou ze. Yon mizik bolewo ap woule tou dousman. Vwa *Miguelito Valdez* ap monte desann :

> *... Epi m di w, madam,*
>
> *Eske w vle vin danse avè m?...*
>
> *Ak bèl ti kò sa a*
>
> *Eske w ka pase l sou pasyon m...*
>
> *Bouch ou santi pafen chanpay*
>
> *Kite l ouvri pou l di m pa konn kisa...*

Bouch Laninya ret gran ouvè, l ap soufle tou dousman nan fant dan l... Nèg la nan ba a, li bay fas li nan sal la epi l ap gade l k ap vini...

« Laninya! Vin isi!...

- Laninya Estrelita! »

Li pouse admiratè k ap vin sou li ak men l, Laninya al tou dwat nan ba a. Li bay on ti mach poze ak sandal talon plat la. Kè l bat pi fò. Li pa gade ni agoch ni adwat, li mache tankou yon bato ki jwenn bon van, k ap navige nannuit kou lajounen, li mache tou dwat al nan direksyon nèg la, ki chita nan ba a, k ap gade l k ap avanse. L abiye byen fre menm jan ak avanyè swa, wayabèl blan ak pantalon mov. Laninya gade Elkotcho fiks, men lè l rive devan l nèt, je l bat ... Li tòde kò l tou piti, li vire epi l apiye nan kontwa bò kot Elkotcho a.

Li deplase san pwoblèm epi l al poste l adwat nonm nan. Li bite. Li tounen agoch, li fè wiwonn, bouch fèmen ak dèyè l ap tranble. Li pèdi tèt li nèt, li pa ka chita. Li la l ap gade nèg la k ap depoze nan yon wayabèl... Menm kote a, sant nonm nan anvayi l. Li pa ka pale ankò, souf li koupe, l ap respire sant kò nèg la san l pa vle. Tout sant travay la, tout sant santi fò disparèt sot nan kò a. Li te pran tan l pou l benyen... Se yon gwo sant k ap leve lestomak Laninya Estrelita, yon sant ki sot anba zesèl, kou ak grenn, petèt. Sant deodoran ap pete nen l. Odè a fè l panse ak yon bagay ki fè l pè epi k ap dechire janm li. Fòk l apiye nan kontwa a... Li di nan kè l l ap respire odè nonm li!... Nèg li a la... Li pran sant li. Se byen sa. Yon melanj zèb fwote, sant madanmichèl nan ete, fèy malagèt boule oubyen flè papiyon lasenjan van ap pote san rete. Sa gen gou pitach mawon, grenn timoun griye nan bèl sezon pou yo manje ak boukèt nen towo, griye epi tranpe nan sòs piman... Gòj Laninya sèch, sere, tete l kanpe, krèk li ap bat nan kilòt li. Sans li yo gen anpil ane yo pa pran kouran, yo reveye!

Poutan se yon senp pawòl li vin di mesye a :

« vini!... M vle w!... m vle w pran m tout nuit la, men demen ou pa bezwen tounen... Ou pa dwe janm tounen... Vin jwenn mwen! Sa dwe fèt kounya a!

Men li rete pi anboube, pi anpetre nan silans li epi kounya li pa ka menm pale. Menm jan ak yon bèt k ap tire sou kòd, l ap vire arebò pikèt ki kenbe l la, li pran sant li, bwè san rete odè bouk kabrik la, li rale l nan nen l, niche l, mòde l, li cho, li frèt. Li voup li panche epi l pran sant flè solèy ki sou boutonyè l la. Sa a se yon bagay tèrib... Li wè yon gwo jaden flè solèy parèt devan l, yon gwo, gwo jaden, koulè jòn melanje ak vèt. Pafen flè yo anraje... yo tèlman antre nan nanm li, li pete kouri, bouskile tout moun ki t ap danse nan sal la. Dlo plen je l, li kouri je fèmen tankou chen ki gen raj, sourit ki wè rat, moun ki pè moun.

❖

Kou Laninya parèt, Elkotcho te gen tan santi yon bagay ap sot sou li. Anba on chagren kalm, silansye, kontwole epi fyè, te gen yon pakèt solèy k ap briye anba on pakèt nwaj gri. Laninya te pèdi tout sant ki pa rete, se sèl sant pa l ki te rete. Li tèlman sezi, li tranble, li pa twò tris, li fè on ti boul repliye sou limenm, li tounen yon ti grenn ki kache anndan boutèy.

Se te yon odè lèt frèch, on ti jan asid, mikte, odè lavi jenn gason, ou kouche nan jaden zèb sou do, figi w prèske bo tè pou w tire yon manman kabrit, epi w fè lèt la koule dirèkteman nan bouch ou Pandan ti kabrit ap rele bèèè, ap bay kout tèt, kout pye, lèt ap degoute bò bouch, koule rive jis nan tou nen w... Se te sa menm, yon vapè poetik ki fè tout kalite flè, ekstrè foumi fou wouj ak van madansara granmaten fou ap chante nan fèy vèt. Ala bèl li te bèl, Laninya. Li pa mete anyen sou li, li swa, klere nan wòb plake li avèk très cheve l lage sou do l, flè wouj li, sousi nwa l ak woz klere sou do je l!... Li te joumou, kalbas kouran, ti konkonm, pwa koni, boujon militon, tout kalte legim melanje ki te konn nan mache *Oriente* lè l te piti...

Oriente!... Elkotcho rete on segonn ak panse sa a nan tèt li... *Oriente*, li kole la... *Oriente*. Apre sa, tou piti, mo a soti nan panse l menm jan l te antre a. Elkotcho ret la l ap pran sant odè k ap sot anba bra Laninya. Laninya pa konn sa pou l fè, l ap tranble tankou moun ki frèt, ki pè epi ki fèb, li pa janm sispann fè viwonn li. Elkotcho rive dekouvri pi gwo sekrè ki nan kè Laninya. Sant bouk kabrit la se te yon melanj kanèl, anetwale ak fèy tibonm, pwav moulen; piman zwazo, po zoranj si, miskad. Tout sa tranpe nan yon ansan entimite kache, yon sant koko mouye, fre, on bon ponyen pwèl savonnen ak dechay kole. Limenm tou, li santi chalè a! Alòs li sove...

❖

Laninya kouri antre nan chanm Lawoubya a. Li kanpe dwat devan kabann nan, yon moman, Lawoubya kouche toutouni sou kabann nan, byen serye tankou gwo bouzen eklere, kò l byen bèl, byen jèn anba on dra blan, nan mitan yon zòrye plen po zoranj, gren alimèt ki chape sot nan bwat la, jounal chaje imaj ak pil foto gaye pasi pala. Sou yon chèz bò kot kabann nan, gen yon tèmòs ak yon tas kafe k ap degaje odè. Lawoubya ap fimen ak yon ti pip tou piti, lafimen ap monte tankou vag lanmè, nyaj k ap file nan syèl. Lawoubya se yon moun ki fou pou tèt li, li renmen gade kò l nan glas. Gen lè, li ret sou kabann nan anfas glas la, l ap fimen, bwè kafe, ap repase souvni l san l pa fè bri, ni pale. L ap kontanple l, l ale lwen nan panse l, nan rèv li. Laj ap antre. Rèn fontyè a sanble santi l ap granmoun; lè l ri, pli nan machwè l yo fè l pè. Li konnen li p ap ret jèn toutan, yon jou l ap granmoun kanmèm. Menm lè moun poko wè sa, men, limenm, li sispèk kèk siy. Lè banbochè yo di : « Lawoubya » yo pwononse l tankou lè y ap di : « *La vénus Farnèse.* » Lawoubya pa egare. Konsa, lè l al kache, madmwazèl la chagren pou sa k ap pase, pou tan ki prale, pou pase k ap efase epi pou fiti k ap chante. Moun k ap reve solèy k ap kouche!... Kou Laninya parèt, Lawoubya apiye sou koudponyèt li. Li ouvè je l byen epi yon gwo frison pase nan tout kò l.

Apre l fin monte nan syèl, Laninya tonbe atè plat, sou de jenou, devan kabann bagay gaye yo. Yon kriye ap toufe l.

« Kisa yo fè Ninya m nan ankò?... Toujou menm nèg yo?... Maryo?... Wi, yo menm menm! Ala yo ka fè nou soufri, fè nou kriye!... Vini! Vini, Ninya m, Vin jwenn mwen!... »

Lawoubya ap tranble pandan l ap rele l vin jwenn li a. Vwa l vin tankou vwa yon chat. Je Lawoubya parèt tris, kò l fè chèdepoul, po bouch li ap tranble. Li panche, li mete men sou zepòl Laninya, li rale l vin jwenn li, li apiye l sou lestomak li. Lawoubya di :

« Oumenm, ou pa menm chache kont epi yo fè w mal! Mwen menm, mwen chache yo se sa k fè yo fè m mal... Se kwa nou!... »

Laninya toujou ap touye tèt li nan kriye. Lawoubya eseye leve menton l, men l pa kapab.

« Gen de lè, m amnde tèt mwen si se pa mal yo fè m, kou yo ban mwen yo m ap chache, m renmen ... Men, m renmen dousè w, Ninya... Sa fè lontan m pa wè w... Karès mwen pa di w anyen ankò, Ninyita?... Yo pa geri maling ou yo, mak yo kite sou ou yo? Ki kote nou pral jwenn on ti karès si se pa nou ki bay tèt nou li, se youn ki pou ede lòt?... M pa jalou, ou wè... Kisa ki rete pou nou, apa sa?... Ha! Mwen menm tou, m bezwen on ti karès jodi a... Vini... Kite m fè... Jodi a kite m fè... Ninyita... W ap wè kòman m ap kalme w, kòman w ap santi w poze, byen, konfòtab bò kote m. »

Lawoubya pase men l nan pye l Laninya li kole l avè l, men wòb plake a pa kite l depase jenou l. Lawoubya chita epi l kontinye karese Laninya, pase men sou tout janm li, bat do l. Li dezipe rad li pou l ka pran lè. Lawoubya mete l kouche tou dousman, li retire wòb la li mete l sou yon chèz. Lawoubya ap gade tout kote, men l ap tranble pandan l ap pase men sou kò Laninya ki bèl, klere tankou solèy, dous tankou lèn mouton. Lawoubya mete bouch li sou tete Laninya epi l kole dan l nan pwent yo tou dousman. Men goch li ap karese fant kuis li ak plim sou kò l. Men dwat li ap pense epi karese flan l.

« Di m, Ninyita?... Ou santi w pi poze, pa vre?... Ki kote nou ka jwenn dousè apre zanmimo anchas yo fin blese nou, si se pa nou youn ki bay lòt? Karese m tou... Ou t al jwenn lòt yo, men pa mwenmenm? ... Ninyita fè on ti karese m tou!... »

Laninya pa reponn. Li lage kò l, men l kontinye ap kriye, ap mòde po bouch li. Li frèt kou mab, tout chalè ki t ap sot sou li talè a ale. Se kè l k ap fè l mal anpil anpil... Detanzantan, chak fwa mal bourik yo blese l, se nan men Lawoubya oubyen yon lòt l al chache konsolasyon. Gen de lè se Lawoubya oubyen *Likrès* ki vini nan chanm li a, si l sou san l, Laninya fè sa l mande l la. Sot nan karès dous, poze, medam yo rive nan karès brital, egoyis kliyan yo, youn pa janm rive fè kouran plezi antre nan kò Laninya; yo pa janm rive nan nanm li pou fè l santi l byen tout bon. Dayè, eske l konn sa k rele byennèt? Li te di doktè Chalbè li pèdi tout sansiblite l, men l pa t ka fè anyen pou li. Sa fè lontan l ap chache juisans nan fè bagay, avèk gason tankou fanm... Petèt nan kòmansman, li te santi on ti bagay tou piti, pandan yon segonn, yon ti zèklè, yon bat je, men se te tou piti, san anvi, san gou? Petèt menm nan rèv, souvni li fabrike nan tèt li apre? Malgresa, sa pa t dire, li ale menm kote li parèt la, se parèt epi disparèt. Li pa janm vle fè bagay je klè, li pa t janm vle wè, konprann, santi nèg yo sou li. Gen de lè l mande tèt li eske se pou vanite sa a moun ap goumen, krim ap fèt. Nan ti sèvèl tèt Laninya tout sa lèzòm fè, lit sovaj, anvi lajan, rayi, prèske tout move bagay toujou gen menm objektif la, dirèkteman ou endirèkteman : lanmou, plezi chanèl, bagay k ap pase oubyen pasyon. Alòske esperyans li fè nan lanmou tèlman pa bon, li pa konprann anyen nan anyen. Tousuit apre l te fin pèdi vijinite l ak yon nèg ki t ap pase, li te kòmanse fè bagay pou moso pen, - lè sa a, li te ka gen trèz ou katòzan – epi l sispann santi kèlkeswa sa l ye a. Li pèdi tout sansasyon...

Li te di zanmi l yo sa. Medam yo te toujou ap rakonte l mizè nèg egoyis sa yo konn fè yo pase, kòman yo te konn brital lè y ap fè bagay. Gen lòt ki te mande l pou l fè madivin. Laninya limenm ki pa t janm kwè nan anyen, petèt sèlman nan Lavyèj Mari, ki limenm konprann, padone ti peche menm bouzen, li p ap pran tan pou l eseye. Laninya te, limenm, fè premye avans yo epi al chache medam ki gen panchan madivin, fanm ki sanble ak gason ou gason ki sanble ak fanm, fanm ki sansib sèlman nan krèk yo, fanm ki pè gason, ki pa sou gason, ki pran twòp koutba nan men gason oubyen epav ki dejwe nan plezi chanèl, moun ki gen foli, k ap chache fè tout kalite eksperyans sinon moun k ap imajine plezi tout jan, tout manyè. Pa gen ankenn fanm, ni sa k madivin natirèl, ni sa k fanm melanje ak gason, sa k renmen toutbon oubyen ki gen foli damou, pa janm rive deklannche ankenn plezi seksyèl vre kay Laninya. Li santi lè yon moun touche l, men se tout la sa, sa pa gen ni koulè, ni vi. Malgresa, Laninya kontinye kouche ak fi ki mande l sa oubyen gen lè se limenm ki al jwenn fi li wè ki gen bèl fòm, ki enterese l, ki bal anvi taye. Konsa, avèk Lawoubya, se Laninya ki te kòmanse anvan. Lawoubya limenm, li dejwe nan gason, li dejwe nan fanm. Li gen yon foli ki pa janm pase, yon rèv satisfaksyon enposib. Yo di l se mal bourik oubyen mal makak ki te ka pase nè sa a. Lawoubya se moun ki konn fè imajinasyon l travay; li toujou gen yon moun li renmen l. Men lanmou sovaj sa a li gen nan kè l pou gason oubyen pou fi a pa janm rive satisfè, li toujou ret sou swaf li. Vorasite seksyèl li yo, jan l ranni, rele, toujou fè Laninya sispèk. Li toujou ap repete :

« M renmen sale menm jan ak sikre! Se konsa! »

Men pou Laninya, pa gen ni sale ni sikre, ni amè ni dous, ni cho ni frèt!

Si malgresa, Laninya kontinye move eksperyans sa a, se pou lòt bagay. Se paske sa satisfè l pou l jwenn on moun detanzantan k ap flate kò l avèk afeksyon epi lanmou. Sa konsole l. Avèk ti jwèt sa, li rete kwè l pa poukont li nan lavi a. Fè lanmou ak madivin, pou Laninya se menm jan ak timoun ki renmen antre anba vant manman yo pou chofe, karese yo. Menm si l pa santi anyen nan rapò seksyèl sa yo, patnè yo alèz avè l, yo manyen l tankou se yon manman, sitou sa k pa gen pitit yo. Laninya pwofite lanmou sa a, espò sa a, malis sa yo pa yon mistè pou Laninya. Menm lè l pa santi anyen, li renmen wè kò moun ki bèl, maskilen ou feminen. Lè yon nouvo fi vin nan bòdèl la, Laninya toujou al file l, Laninya bay tout moun manti lè l di yo li jwenn plezi nan karès yo. Menm jan li fè malis fi ki sansyèl epi ki gen anvi, li aprann fè malis, imite moun ki jwenn plezi byen. Se metye l sa. Epitou, rezon toutbon ki fè l pa ka pran plezi nan fè bagay la a se pa bagay li ka pale, se pou sa l oblije ap fè malis. Li pa ka di moun poukisa l frijid... Al di medam yo yo fè l sonje manman l! Non!... Laninya pa twò renmen chache medam yo, se on lè konsa, yon fwa chak de ou twa semèn pa plis, sitou lè l nan moman gwo tristès. Li di tèt li, si l pa jwenn ankenn moun pou karese l lè l santi l delala, pa sou san l konsa, l ap fou. Li di anpil, lè w poukont ou. Solitid se bagay ki pou fè w bwè pwazon rat on bon jou!

Lawoubya rele : « ... Ninya... Ninyita pa m, ban m yon ti karès tou non!... Men jodi a Laninya rete frèt kou mab. Si l t al nan chanm Lawoubya, se sèlman pou l wè moun, yon moun pou l te rakonte sekrè l, soufrans li, menm si l pa pale. Laninya fè on ti sispann kriye, li bare fon l, li pa fè way anba anbrasad Lawoubya a. Lawoubya ap pase bouch nan tout zo kòt li, li karese tout vant, lang li menm ap tranpe sou lèn Laninya epi l kontinye ap satiyèt tout kò l avèk tandrès. Li mete bouch sousèt li a plake nan koko l epi l ap souse tèt krèk li, ni cho ni frèt. Laninya ret la l ap gade plafon an. Li wè yon pakèt jaden plen flè solèy santi bon. Li fèmen de je l....

Ki jaden flè sa a? Kibò l ye? Nan ki peyi li te wè l deja? Poukisa tete l te di devan enkoni nan ba a talè a ? Poukisa krèk li t ap bat, bagay ki pa janm rive depi l te ti jenn fanm?... Lèt potko menm sot nan nen l li te deja granmoun.. fanm! Elas!... Yon timoun-granmoun, yon jenès ki pa ni fanm ni gason, yon bouzen frijid ki, malgre tout sa, fè mesye yo fou pou li. Men sa ki Laninya Estrelita a! E Lawoubya k ap touye tèt li sou vant li a, ki pèdi souf li nan chache karès ki pi bon sou latè pou satisfè Laninya a.

Se bagay pou moun ri tout bon! Se domaj yo pa montre l nan sinema!... Jaden flè solèy sa a pi rèd ankò!... Se bagay pou moun pè finalman. Swete pa gen maji nan tout mistè sa a... Nèg sa a ka se yon lougawou?... Se kòmsi nuit avanyè a fann an de, kòmsi l ap retounen gen memwa l ankò... Se vre Laninya sonje bon non l, kiyès li ye epi ki kote l soti, men sa k pral pase si tout bagay ki pase vre tonbe monte, kreve sifas nwa a, ki on tijan poze, nan lak ki anndan l la? Kisa lajounen ak nannuit ap tounen, sa k pase pran toumante lespri l toutan?... Bliye pi fasil ! Li te vle bliye a plis dire, pou l pa t janm sonje! Paske si anfans li reparèt klè devan l, li rete kwè Sansasyon ba a ap vin pi rèd pase prizon, pase lanfè ak gwo flanm dife pou li... Bagay ki te monte nan lespri l talè a toujou ret la nan tèt li, l ap bat nan tanp li tankou vag lanmè move... Nonm li a la a, nan ba a!.. Nonm li a la a... Nonm li a... Se pa bagay pou moun kwè finalman. L ap vin fou tout bon vre! Lawoubya fè vwa l tankou vwa chat pou l mande :

« ... Ninya a... Ninyita... Ninyitita... Ban m on ti karès! Laninya pase men l sou Lawoubya tou piti... epi l ap reflechi... Wi, fòk nèg sa a genyen m kanmenm!... senk fwa, dis fwa san kanpe tout yon nuit! Se lè sa a l ap delivre. Li pa dwe bay vag. Li pral jwenn li byen serye fwa sa a epi yon sèl kou li di l tout sa l panse, li mande sa l vle a... Men li te oblije ale petèt... jaden flè solèy la... kiyès nèg sa ki koupe souf li epi fè l pèdi lapawòl? ... Vyèj Mari! Poukisa l ap toumante lespri l konsa a?

« ... Ninyita ... w ap dòmi?... »

Non, li p ap dòmi, men l ap fè malis, epi li fè l byen....

Twazyèm Mansyon

Tande / Koute

N ap fòse vwa l

Tankou flè k pa dòmi

K ap bay ji amè

Bay pafen mouye

Yon pafen pawòl pike

Ki soti nan van

Chemen rele

Ki soti nan kriye

Chemen chante

Ki soti nan chante

Chemen dife

Ki soti nan dife

Chemen douvanjou

Ki soti nan douvanjou

Kiyès ki jwenn nan douvandou yon kòk wouj

Yon kòk salpèt, yon kòk fè

K ap simaye lajounen ak zèl ...

Nicolas Guillen
(Elégies antillaises)

« Madan *Puñez*?... Eske w kwè nan rèv?... Sa dwòl, m pa t janm kwè, men m ap mande m si m pa sou wout pou m kwè!...

   - Kisa w reve, Elkotcho?... Si w reve mouch, sa vle di lajan, maryaj, sa vle di antèman... Si w reve lanmò, konnen se yon bon bagay ki pral rive w... men gen moun ki gen tèt klè, sa vle di yo wè nan rèv tout sa k pral rive yo egzakteman... Nan Karakas, m te konn yon granmoun fanm, yon Endyen, tèt li tèlman klè moun pè l!... si l ta di w: « gen yon mesye k ap vini a katrè karantsenk, abiye ak rad gri, ap mache sou baton ak yon kravat wouj... » Kou jou a rive, lè mesye a rive, ou pa menm bezwen gade, li katrè karantsenk. Prezidan *Gomez* limenm, - dyab pran nanm li, kochon an!- li te konn tande pale de fanm nan. Yon lè li voye chache l... Ou p ap tande m non, Elkotcho, lespri w pa la!... Prezidan *Gomez* menm... Elkotcho?...

- Ou p ap koute m Elkotcho!... Bon! Si w p ap koute m, alòs, m kite sa!... kisa w te wè nan rèv la Elkotcho?...

- Se pa sa, se pa sa madan *Puñez*, se pa de rèv sa yo m ap pale!... Sipoze, madan *Puñez*, ou rankontre yon moun pou la premyè fwa, oubyen ou antre nan kay kote w pa t janm konn ale anvan... Ou wè yon vye granmoun oubyen yon bèl po flè fayans sou tab. Menm kote a w ap tonbe reve je klè... gen sa nan lavi a tou, pa vre?... Ou rewè bagay ki te pase lontan, jès granmoun fè w sonje yon vye legliz kote w te fè premyè kominyon, po flè a fè w sonje yon chansonèt ou te konnen depi lè w te gen dizan, sant ki sot nan kay la fè w sonje mache nan bouk bò lakay ou lè w te timoun, jan w te konn pwomennen lontan. Gen sa nan lavi?... Men, vye granmoun nan, kay la, po flè a ou pa janm konnen si yo te egziste! Gen yon bagay dwòl la a... Poukisa n ap siveye nenpòt ti bat je, fòs on manton, koulè yon cheve? Ou pa wè, men tout sa w wè fè w sonje yon bagay epi w pa sonje anyen! Ou konprann sa m vle di w, madan *Puñez*? Eske w konn fè rèv konsa madan *Puñez*?...

- Sa w ap rakonte konsa, Elkotcho? Eske w ap pale de on moun oubyen on bagay ou wè?... Kareman, m wè m ladan, Elkotcho, on bagay konsa pa gen anyen pou wè ak rèv. Se pa rèv sa yo ye... Nan kèk rèv yo konn twonpe yo epi pa lòt, tout moun konn sa, men sa pa gen ankenn rapò ak rèv ni ak lavni, sa pa vle di anyen!... Sa yo se pa rèv...

- E si sa ta vle di yon bagay vre? Si l ta gen pou wè ak lavni vre, madan *Puñez?*...

- Elkotcho, ou vle m bat on kat pou ou?

- ... madam *Puñez*, ou pa wè w nan rèv sa yo.... Nan rèv ou fè nan dòmi, dòmi fatig, ou ka ranse kont ou, w ap jwenn kèk bèl fab pou rakonte, w ap wè w ladan yo! Men pou rèv tout bon yo, sa w fè je kale yo, je klè yo, ou p ap jwenn anyen pou w di!...

- M pa wè anyen!... Ou poko konnen kiyès ki madan *Delia Andon Canuelo Puñez Ybarra!..* M pa wè m menm!... Kite m ri! Kite m bat on kat pou ou, Elkotcho epi w a wè avni w klè kou lajounen. Kite m fè l epi w a di m si w pa konprann sa w rele rèv ou!....

- Non!

- Elkotcho, koute granmoun!... Eske se pè ou pè verite m pral di w yo? Pa sèlman sou rèv ou, men sou tout lavi w?... Ret la, si w vle, pou tèt ou m dakò bat kat la... se bon bat kat la, kote ou wè lavni a tankou si l te la deja!...

- Epi ou ka sèlman lonje men w pou w pran lajan ou bezwen pou lavni?... Ou ka pran l kounya? Se sa?...

— Depi ki lè w te chich konsa a, Elkotcho?... Se sa yo di! Ban m on dola sèlman epi m ap bat kat la pou ou »!....

— Yon dola? Ou kwè m fou? Si w te on dola oumenm, m t ap mete w nan pòch mwen kounya a, madan *Puñez!*

— Twa pyas, m ap bat kat la pou ou?... Ou konnen, yo di gen moun ki pa kwè nan mayetizè, yo pa kwè nan kat, yo pa kwè nan liy ki nan men, men on jou yo bay vag epi yo wè yo te sòt paske yo pa janm kwè nan syans sa a jiskaprezan... se yon gwo bagay, afè bat kat sa a, Elkotcho!...

— Sa pa enterese m!...

— Elkotcho, m kwè moun ki di ou chich yo gen rezon. Gade, ou gen pwoblèm avèk rèv sa a ou rele rèv ou a, men ou pa vle depense on santim wouj pou w konnen!... Bon!... M ap bat kat la pou sis gouden pou ou... paske se oumenm, paske m pa ta renmen wè w nan pwoblèm! Sis gouden pou bat kat la, Elkotcho!...

— Sa pa enterese m! Kisa sa ap fout fè pou mwen pou m konn sa lavni ap pote? Yo manje l? Eske sa ap pèmèt m pi byen? Non!... Menm si zafè bat kat ou a ta vre. Ou di m sesi sela pral rive m, men m pa ka fè anyen pou m chanje sa, sa m bezwen konnen pou fè?... Mwen, m toujou degaje m jan m kapab, san bat kat!... M pa pè, m pa bay lavni regle anyen pou mwen!... Si lè a rive pou m mouri, m ap wè byen bonè ki jan djòl mwen ap ye?... Epi, aprè m pa kwè nan kout kat ou yo, bat kat ou pa bat kat!... Madan *Puñez*, se yon bann pwofitè, tirè kat sa yo. Ou maton, *Puñez*, ou konn blofe moun!...

— Yon kourèd! Wi! Men kiyès ou ye, Elkotcho!... On gwo kourèd!...

- Poukisa w pa kite m bat kat la pou ou pou w konnen si w ka fè m mache pou kout kat la?

- Chich!... Engra!... yon kiben, se sa w ye!...

Elkotcho griyen tout dan l. Li lage kò l sou do sou kabann madan *Puñez* la. Bat kat!... Gèt marenn madan *Puñez*!... Li gen bon jan!... Elkotcho byen renmen madan *Puñez*, epi madan *Puñez* gen yon fèb pou Elkotcho, tout moun wè sa. Madan *Puñez* se mèt restoran kote travayè basen radoub yo vin manje. Manje a bon, li pa twò chè, men madan *Puñez* gen lòt biznis sou kote : li prete travayè yo lajan ak enterè twa pou senk. Se ponya l ap bay, madan *Puñez*, men li pa mechan vre. Li p ap negosye yon santim sou dèt on kliyan, men li vann nèg ki pa gen lajan yo manje kredi. Yomenm, yo ale san yo pa peye, menm kote a yo kite chantye a. Nan ka sa yo, Madam *Puñez* vekse, l kriye, li fè kòlè epi l boude sou lòt travayè yo pou l ka fè travayè yo kwè li se yon iziryè san pitye. Li bay tèt li non vye juif, men tout moun konnen se pa vre, se jwe l ap jwe. Vye juif la vle fè moun kwè li se yon san pitye, men lè w byen gade, li se yon bon moun. Men li pa janm di sa.

Ti mesye yo di: « Vye juif, m vin prete dis pyas! ». Yo di sa pou yo blofe l. Lè yon travayè malad epi l pa gen pèsonn pou bal swen, li pran l li mete l lakay li, li pran swen l tankou yon manman. Depi gen batèm oubyen premye kominyon, kado Madan *Puñez* toujou la. Madan *Puñez* se manman pèp la, yon fanm karayib. Papa l se Venezyelyen, manman l mwatye Ayisyen mwatye Dominiken, madan *Puñez* te fè zafè anvan, apre sa l marye avèk yon mekanisyen gwatemaltèk ki t ap travay nan H.A.S.C.O, konsa li pa jwe ak tit madam li. Li rete dwèt griyen pou tout nouvo kliyan yo ka wè bag li, paske se pa tout moun nan katye a ki ka gen tit madan marye. Mari l mouri yon ti tan apre maryaj la, yo di se nan yon moulen kann li te tonbe. Elkotcho sispèk madan *Puñez* gen yon vi sou kote, li pa t toujou dwat nan lavi l. Li te gen chans ratrape l byen bonè, kou l te jwenn mwayen pou l te monte komès li paske se yon fanm ki konn travay, se yon bourik, Madan *Puñez*.

Nan boukante fatra ak pousyè, li rive monte masuife lavi a senkòb pa senkòb, jiskaske li rive gen de ti kay pou l lwe epi gen yon restoran. Elkotcho rete kwè si yon jou yo ouvri kè madan *Puñez,* gen yon pafen jasmen k ap anvayi tout zòn pòtay Leyogàn.

Madam *Puñez* renmen Elkotcho anpil. Li prete l lajan san enterè, gen de lè li menm fè l gado youn ou de pòch sigarèt nan sa l achte nan men kapitèn bato k ap pase. Li konn kite manje pou li tou kèk fwa. Bagay yo parèt klè. Men, menm lè nou ka di sa, poko gen anyen ant madan *Puñez* ak Elkotcho. L ap di tèt li Elkotcho gen pouvwa sou kamarad travay li yo, li kouri dèyè yo lè yo pa vle peye dèt yo. Se pa vre. Se tèt li l ap bay manti nan ka sa a, se lapè l ap bay konsyans vye juif li a sou jan l ap aji devan Elkotcho. Lè travayè ap kòche do izirye cheri a devan Elkotcho, Elkotcho, kontante l ri sèlman. Li pa mele nan zafè yo, se dwèt gwo pous li ye... Sa pa fè l anyen, paske madan *Puñez* se fente l ap fente Elkotcho pou l pase kòd nan kou l. Li byen fè kalkil li. L ap ka vann de kay li yo, achte yon ti otèl epi ouvri yon gwo restoran nan sal premye etaj la. Kamarad kè sansib ki renmen l la ap ka viv san grate tèt. Men sa ap mache kanmèm paske madan *Puñez* se bòs li ye nan fè biznis, li fò nan òganize, li gen kredi kay gwo negosyan bòdmè yo, mete sou sa gwo kontak politik. Se yon fanm entelijan ki gen plis kè sansib pase sa l panse, depi tout moun ret trankil, - nan kalkil yo, kounya a se Elkotcho sèlman ki nan won- depi yo viv an frè, an zanmi epi yo patisipe ak tout kè yo, ak rèv yo, li pa mande plis pase sa. Li panse l toujou gen ayayay nan kò l, li gen dènye siyal menopoz li, men l ap pran pòz li sou sa toujou. Lanmou li a se yon lanmoun poze tankou yon gwo flèv ki ka debòde. Konvèzasyon zanmitay li te gen ak Elkotcho se pi gwo bagay moun te ka fè, sa k pi dous, pi pwofon, pi entim, pi ekstraòdinè ki te ka egziste nan vi l. Elkotcho se yon nèg serye, li pa renmen zafè moun, li onèt. Li fò, li dou epi di tankou milèt, li serye tankou lawouze, li pa nan jwèt ak pèsonn, li tankou solèy, li se moun tout moun epi li konpreyansif tankou yon gwo chen, li konn anpil bagay, konsa, se avèk plezi moun chita tande l k ap pale byen poze avèk asirans.

Lopez de Vega di : « Lavi se on nonm »... Madan *Puñez* ap fè dyolè tankou l gen lèt epi l montre Elkotcho san kachèt. Men se byen konte mal kalkile, se tèt li l ap pase nan betiz ak rèv je klè sa yo.

« Madan *Puñez*?....

- M kwè w t ap dòmi, Elkotcho?....

- Madan *Puñez* eske w pral nan antèman Dyonnson nan?

- W ap jwe Elkotcho! *Delia Puñez* se yon fanm ki te toujou gen edikasyon, aprann sa!... Rayi chen an, men di dan l blan! Djonnsonn se kliyan m, yon kliyan onèt. Se pa paske l mouri li pa peye m ki pou fè m pa al nan antèman l... M gen tan kòmande yon bèl kouwòn ak non m sou li: *Delia Abdon Cannuelo Puñez y Ybarra,* nou p ap janm bliye w... Fò m kenbe lonè m, Elkotcho... »

Djonnsonn Barèt se yon Jamayiken, li t ap soude nan atelye reparasyon basen radoub la. Li mouri yè, antèman an ap fèt a katrè nan katedral Sent Trinite. Maten an, Elkotcho t al wè sipèentandan an pou l di l nèg yo p ap ka travay pandan y ap antere kamrad Dyonnsonn Barèt. Dyonnsonn te ka gen move karaktè, akoz ilsè estomak li a, men se te yon bon nèg. Vè midi a, Elkotcho t al lwe yon kostim kay Tikouli, paske se limenm k ap fè orezon finèb la. Se sa l merite. Dyonnsonn merite respè pou antèman l. Elkotcho gen yon anvlòp nan pòch salòpèt li tou. Li te vle pou yo te fè yon menkontre pou madanm ak pitit defen an. Li te dechennen sou nèg ki vle pou yo bay on ti bouda monnen paske yo pa t zanmi nonm move karaktè sa a. Alòske Dyonnsonn Barèt te plis pase yon pitit Karayib, se te yon travayè onèt, sou chapit sa a, Elkotcho pa jwe, li kanpe tennfas. Se pi gwo defo l sa, bourik nwè mèt ranni li p ap bay vag. Nèg yo oblije bay sa yo dwe bay la.

« Delya?... »

Elkotcho toujou rete lonje sou kabann nan. L ap reve je klè. Madan *Puñez* konnen depi Elkotcho rele l Delya, se paske l bezwen lajan. Se vre, li pa kapab di non depi Elkotcho pwononse de silab non li yo.

« Kisa, Elkotcho?... Sa w bezwen ankò?... »

- Delya, m bezwen senk dola...

- M pa gen lajan, Elkotcho!... Tout moun dwe m, epi sou pretèks se fèt, youn pa peye m! M gen zafè m pou m regle tou, mwen!... Kisa w pral fè ak senk dola?

- Sa se bagay ki gade m

- Kilè w ap remèt mwen li?

- W ap ban mwen l ou w p ap ban mwen l? Depi ki lè m te gen abitid pa peye dèt mwen?

- Senk dola pou sèt edmi?...

- Al chache on kote w chita, Delya! Elkotcho p ap pran nan konminezon w yo...

- Di m non, Elkotcho, ou pa gen on ti fanm k ap pase men nan tèt ou?

- Bay ou pa bay?

- Di m si se akòz yon fanm?

- Non!... anfen... petèt wi !

- Epi, l anfòm? Byen kanpe?...

- Wi!

- Pi byen kanpe pase m?...

Delya byen ranje tete l nan soutyen an. Li ri tankou moun fou. Delya gwo epi l gra, li kout, won, bonbe, men l pa twò lèd. Li gen yon gwo nen. Delya bay on ti ri nan gòj epi l byen woule gwo tete l yo. Gen gason ki renmen sa, pou plen men yo, pa Elkotcho. Men madan *Puñez* dwe ka maton nan kabann.

« Di m non Elkotcho? Li pi bon pase m?

- W ap bay lajan an oubyen ou p ap bay li?

- Di m anvan si l pi byen kanpe pase m... Mefye w! Elkotcho, yo ka pa konn lavi menm jan ak lavyèy Delya... Mwen, m se yon fanm tou fèt!... Lajenès ap touye w , m di w!... Alòs, li pi bon pase m? Jèn?...

- Wè!

- Di m, Elkotcho? Rakonte m kòman bagay yo te pase?

- Alòs, w ap ban m lajan?

- Si w pa gen chemiz pwòp pou antèman an, m ka lave youn viteprese epi m pase l pou ou...

- Lajan an, Delya! Ou konnen m ka ba w vag ak tout lajan w nan epi m al fè wout mwen... M pa gen tan pou m pèdi!

- Fòk ou parèt byen bwòde si se yon jenn fanm... Alòs, rakonte m?...

Madan *Puñez* rale mago a nan kòsaj li epi l pran yon biyè dis dola li bay Elkotcho.

« M pa gen monnen...

- Pa gen pwoblèm!... »

Elkotcho pran lajan an, li mete l nan pòch li. Delya soupire epi l gade l. Eske l ap gen Elkotcho sa a? Gen gason kanmenm! Nan laj li, li dwe konnen valè sekirite lavi! Li te mèt gen tout lajan li bezwen epi l p ap bezwen travay!... Sa p ap anpeche l gen tout fi l vle. Delya konnen li pa jèn ankò : senkantkatran... Sa t ap fè l plezi pou l gen yon nèg ki matcho, on nèg ki konn lavi. L a mande l pou l rakonte l sa l te konn fè. Konsa, l ap konnen li p ap pèdi l... Nan tèt li, yon nèg pa ka gen yon sèl fanm : « se kò yo ki konsa! » Depi Elkotcho ba l ti satifaksyon detanzantan, li p ap gen pwoblèm. L ap menm ede l chase jenn fanm li anvi, ak kondisyon se li menm ki mèt kòk la, chèf baskou... Li konnen l fè minui mwens senk nan mont li, fòk li bay dèyè l de tap pou l jwenn nèg pa l la anvan lè verite a sone, pou l jwenn yon moun pou l fè vye jou l yo.... Si Elkotcho te vle! Li t ap suiv li nenpòt kote, - malgre dyab ki nan kò l la. Se paske l gen anpil eksperyans nan komès! Nan nenpòt ki peyi l rive nan Karayib la, apre kenz jou, Delya kwè li t ap ka òganize l, fè yon biznis pou l debwouye l. Elkotcho fè kòmsi l pa konprann, men Delya pa vle desann li twò ba, li pa vle montre l l ap file l. Bon, sa l ap chache nan lavi, nèg sa a? Li toujou ap pale de grèv ak mouvman ouvriye... sanble se sa l li nan liv ki monte nan tèt li... Anfen! Delya gen pasyans...

« M ale, Delya...

- Elkotcho?... Bakoulou!... w a rakonte m pita?... »

Li fè l on ti je dou. Elkotcho wose zepòl li, li woule yo epi l ale.

Doktè Chalbè?... Kisa medsin itil si w pa ka fè m jui lè m ap fè lanmou?... Di m, doktè Chalbè? Ou pa kwè m ap fou?...

- Ou deja fou pèdi, Laninya, kòman w te ka pi fou pase sa? Ban m lapè m epi sispann brase kò w!

- Konsa, m poko gen sifilis, doktè Chalbè?...

- Non... men m dwe konsilte w pou m wè

- Enstriman travay ou a pa gen kèk ti salopri ladann...

- Sispann brase bouda w!... »

Laninya rete byen dousman pandan konsiltasyon an. Laninya pè mikwòb pou l mouri, li vin ka doktè Chalbè de fwa chak semèn pou fè kontwole l. Se pa yon ti kontwòl òdinè, pa yon senp ti entèwogatwa; li vle pou yo gade l byen chak fwa, anndan kou deyò, nan tout sans. Epi, si doktè Chalbè pa pase l nan aparèy avèk glas ki gen limyè a, Laninya p ap desann sou tab egzamen an.

« Doktè Chalbè, eske yon fanm frijid ka anvi yon nèg?

- Wi sa posib, Laninya...

- Doktè Chalbè... ou toujou ap di lanmou se yon blag. Antouka pou Lawoubya, se pa blag!... Gabriyèl, tchoul sipòtan li a, ala nèg visye! Li pran tout sa l genyen epi enbesil la di l : pran toujou!... Si lanmou se blag, poukisa Lawoubya aji konsa?

- M pa konnen, mwen!... Lawoubya ap chaje tèt li. Li di tèt li li p ap ka viv san Gabriyèl pou toumante l. Se imajinasyon l k ap travay epi k ap fabrike tout bagay sa yo. Depi w kòmanse kite imajinasyon ap mennen w ou chire. Epi apre sa, kisa sa ka fè w, Laninya? Ou pa bay lanmou regle anyen pou ou, oumenm... Alòs? Depi kilè w te konn okipe w de moun? Lawoubya se pa manman w!... »

Doktè Chalbè voye je l gade Laninya, li souke tèt li epi l rekòmanse travay. Doktè Chalbè se yon nèg won, gra, pwès, pa twò kout, gwo machwè epi janti. Li ka nan trantuit, karantan konsa, li pa gen madanm, li pa bwè epi fanm pa twò enterese l, men li renmen anbyans fontyè a. Sèl grenn zanmi l genyen se ti malere sou pòtay yo. Ti bouzen san fanmi yo se zanmi l. Li padone yo anpil paske ti kè yo piti, yo sansib, yo franch, yo inosan epi yo janti. Ti bouzen yo ak moun bò dlo yo se sèl moun ki pa fè l wont. Medam yo, pa lò se vre, se kòb kwiv vèdegri manje, men yo pa janm twonpe yo, yo pa nan manti, yo bay bon son an. Lè yo di, lanmou, rekonesans, zanmi, fidelite, vanjans, rayi, ou mèt kwè epi konte sou sa. Doktè Chalbè sanble gen yon chagren k ap wonje l, yon bagay grav. Li di l pa kwè nan anyen, li pase tout bagay nan betiz. Li abite Pòtay Leyogàn depi lontan, petèt se la l ap mouri tou. Lè l fè de twa dola nan jounen an, li fèmen pòt li, li pran vye machin li epi l vire nan tout bòdèl yo, lè tout bagay kalme, vè dezè aprèmidi konsa. Li fè on sèl ak medam yo ki antoure l depi l rive nan bòdèl la. Li jwe bandyo, li bay blag, rakonte istwa. Medam yo renmen l anpil, men li ra pou l kouche avèk youn, menm si l konnen, pase tout moun, eta sante yo. Li pa bwè souvan epi on ti gout, men l fimen tankou dragon epi jwe bandyo se sèl defo l.

« Doktè Chalbè? Oumenm ki se masonlòj, eske w kwè mwen Laninya, m te ka viv anvan m fèt? M te ka gen yon lòt vi anvan vi sa a?...

- Sa k konnen! »

Doktè Chalbè egzamine Laninya Estrelita byen egzamine, men l pa wè anyen, li pa pè pou sante l. Li pa atrape anyen semèn nan.

« Doktè Chalbè? Eske w ka bliye nèt yon moun ou te konnen byen?... Eske w ka rekonèt yon moun ou pa t konnen?... Eske w ka devine pase yon moun ou wè?...

- Tout bagay posib, Laninya...

- Doktè Chalbè,,, poukisa m pa ka sonje byen jan vi m te ye lontan? »

Doktè a gade Laninya on bon tan, li fè l siy pou l desann sou tab egzamen an, li chita epi l kwaze bra l. Li souke tèt li.

- M rete kwè se paske w pa vle sonje, Laninya... Ou prefere antere pase w paske li pi bon pou ou. Aprè anpil ane ou ka prèske rive bliye vre... Li bon pou ou yon kote, li pa bon yon lòt kote... Anpil fwa, ou echwe nan lavi, se la sa soti... M te eksplike w sa deja, Laninya, ou koukouman kò w pou viv ti lavi w... Petèt ou ka gen rezon fè sa... M panse pa sonje a mil fwa pi bon pou ou avèk travay w ap fè a. Si m pa janm poze w kesyon sou sa, Laninya, se poutèt sa... Fòk ou konn sa w vle, Laninya...

Laninya fèmen je l. Li wè doktè Chalbè gen rezon. Se bliye ki sove l. Kòman doktè a fè pou devine sa?... Aprè yon maladi dwòl, tout bagay te tounen nan plas yo. Laninya pa bay tèt li pwoblèm ankò... Bliye pa l la dwòl anpil. Se sèlman yon ti kras nan sa k pase li sonje, men li bliye tout rès yo nèt... Eske l pa ta ka reveye yon ti kwen?... Tan pou l rekonèt yon moun epi pou l bay vag apre. Eske l ap pèdi ekilib li pou sa sèlman, ekilib nan sa l ap viv la?... Yon vizaj, yon sèl grenn!... Gen yon bagay ki di l vizaj sa a pa gen anyen mal.

« Doktè Chalbè? Lè w gen yon nèg nan deng ou, eske w ap ka rive dekole l?...

- Laninya, sanble gen yon bagay ki pa fin klè pou ou jodi a? Eske m ka fè on bagay pou ou?... Kisa w santi? Ki ide k ap pase nan tèt ou?...

- Men anyen, doktè Chalbè, anyen... Se konnen m te bezwen konnen sèlman... Ki fè, m pa atrape anyen? »

Doktè a souke tèt li pou l di l non epi l gade Laninya byen avèk on je tris. Li fè yon bon tan ap reflechi, apre sa l mande :

« Ou dòmi byen, Laninya?

- Wi... Men, pa twòp...

- Ou gen apeti, di m?

- M manje kisa! M manje menm jan ak tout moun!...

- Apa lè w gen pwoblèm yo, ou adapte w byen, pa vre?

- ... Wi...

- Ebyen, ou vle m di w on bagay, Laninya?... Ou vle?... Bon... M pral rakonte w yon istwa... M konnen yon moun ki manje men l pa janm gen apeti, li bwè san l pa swaf. Nannuit li pase tout tan l ap vire tounen nan kabann li, li pa ka dòmi, li pa janm rive bliye sa k pase, malgre tout sa l fè!... Se sa k souvni a, Laninya, lè w rate vi w... M konn kisa k ap ba w pwoblèm nan, men pou w gen dwa gen souvni, fòk ou pa depann de moun, fòk ou ka viv avèk pwòp mwayen ou... moun m ap pale w la, Laninya, te gen posiblite, m pa kwè w t ap ka fè menm bagay la avèk metye w la... Moun sa a te toumante, malerez, li te rate vi l, menm kwè si yo te mande l pou yo retire souvni l yo, li t ap refize... Se lavi l sa... Gen moun k ap touye tèt yo pase pou yo viv tankou bèt ki pa gen ankenn konsyans, genyen ki touye tèt yo paske yo te bouke ak konsyans yo... Padone m si m brital avè w, Laninya, men se laverite, ou touye tèt ou, ou mouri pou konsyans ou, se sèl antèman w ki poko chante... Chak moun gen desten yo!... Gen yon seri kesyon, lè yo poze, pa gen moun ki ka reponn pou moun... Nou tout nou sanble, men nou diferan anpil, anpil. Sa nou ye diferan anpil pa rapò ak sa nou montre... Chak moun gen verite pa yo, kwa pa yo, chemen pa yo...

Fòk ou gen anpil volonte, Laninya, pou goumen ak verite je gran ouvè epi chwazi chemen w jan w vle... Men si w reyisi, sa ap fè w kontan... Al lakay ou, Laninya... Bon, kote w ap viv la... Ou poko atrape anyen, ou gen chans!... Si on jou on bagay ta vle monte nan lespri w pou chanje lavi w, sa eklate bow, nan tèt ou, nan kè w anvan tout kote... Lè sa a, w ap konnen ki kote w ye, men konnen si w ap kapab pran bon chemen w tout bon vre!... Jou sa a ka jou antèman w tou petèt si w lage kò w san w pa byen reflechi!... Men, men preskripsyon w, epi pa pran twòp dwòg!... Talè konsa, yo p ap fè anyen pou ou...

Laninya bese tèt li... Fòk l ale... L ale... »

❖

Aswè a, Laninya gen tout kalite koulè nan tèt li. Li santi yon jwa k ap pike kè l, yon anvi pencheng, grafonyen, rele tankou chat, rache cheve l, fè foli, epi l santi on bon tristès. Li gen on ri rak nan gòj li. Li pa blanch, li pa pè, li pa santi l vid, anyan serye, pa gen anyen nan lestomak li, men gen yon bagay k ap brase nan fon kè l. Ti pwoblèm sa a gen lè tris, - pa vrèman - L ap ale vini nan mitan fo lajwa a tankou yon klòch. Laninya tankou yon fanm, ki menm lè l pa kwè l ansent, santi yon timoun ap bat nan vant li, li tèlman ap brase nan vant li, li panse l prèt pou akouche, menm si l pa gen doulè. Dapre Laninya moun pa konn akouche san gwo doulè. Alò limenm, li pa gen doulè, li pè pou se pa yon foskouch, yon timoun anvan lè, yon panse ki fèt tou mouri, yon kadav initil pou fè kè l dechire, yon verite san fòs, san vi paske l pa gen avni. Epitou, ou ka mouri nan yon avòtman, alòske Laninya pa vle mouri. San espwa, l ap tann pou l wè... Byennere pou li, nan moman sa yo, li pa pran tan pou l aji. Depi w pa veye kò w nan moman sa yo, nenpòt ki bagay ka rive w. Pi ta petèt, men pa kounya a. Pito on moun pa manman, li mèt rete milèt menm jan ak pye figye modi y ap pale nan labib la, si pou pitit l ap pote nan vant li a, kont volonte l la, p ap fèt pou l viv. On moun pa bezwen manman pou yon ti tan!... Laninya bat kò l aswè a tankou moun ki pa t konn ansent. Sa a fasil, l ap sèlman rete nan tanperaman plizyè koulè l la.

Pandan nuit la, bato lame ameriken an ap pran lanmè. Babay! Babay, fè vrèl! W a tounen sèlman lè w gen anpil lajan, anpil dola, si w pa genyen, pa vini. Sòlda yo kontan epi tris tou paske y ap tounen nan solitid yo, travay yo, tanperati yo, reflechi san rete ak lavi sou lanmè. Lavi bò lanmè kote van alize ap vante tou dousman, ap chache bri pou pote ale. Nan mòn kou nan katye popilè, rara ap mete lajwa nan kè moun. Pandan de jou moun pa panse ak travay se danse kò pèdi nan kanaval endyen, apre sa y a sonje mizè ak tout lòt bagay. Pou anpe nan yo demen se mèkredi sen : kafou Sayira ap gen anpil mèvèy, anpil kleren melanje ak tout kalite rasin ak fèy. Pou lòt yo, kè yo se monte desann san rete tankou vag lanmè... pari kòk, bri motè ak bri klaksòn rekòmanse sou gran ri. Yon dans rabòday ap frape byen fò nan lè a :

...Viv Liksa! Viv Liksa!

Balanse de bò,

Balanse mayòt!

Viv Liksa! Viv Liksa!...

Bri peta ak bri timoun ap sonnen tout kote.

« Timoun!... Timoun!... Vin wè!... Timoun yo mete yon gwo juif byen boure nan kwen Avni a! Vini vit!... »

Tout bri sa yo retanti nan Sansasyon ba a. Medam yo kouri dèyè Likrès, yon gwo liy bèl medam ge epi kontan ki pre pou jwe nèt ale. Laninya kenbe yon baton epi l ap mennen bann nan. Bri, kout ri, pouse. Kliyan yo mele! Prèske tout sòlda leve kanpe, kodak nan men...

Yon pakèt bri peta pati bow ansanm. Timoun yo rele anmweee, youn pouse lòt, yo tonbe leve, y al kache, yo di yo pa pè. Gwoup mizisyen Sansasyon ba a monte sou sèn nan. Laninya chire foul la epi l al tonbe devan yon gwo poupe yo fè ak pay, yo di se reprezantan gwo pè juif ki te kondane Jezi yo. Chèf la fèt ak yon kalbas; yo retire kaka a, yo mete de je, bouch ak nen. Anndan tèt la gen yon balèn ki fè vizaj la parèt byen klere. Yo mete l chita sou yon chèz ki kole nan mi a, juif la lonje men goch li tankou l t ap bay lamen alòske lòt men an kanpe byen dwat bò fon l ak yon pwoteksyon ak siplikasyon.

Laninya pran baton an li bay on premye kout baton ki kase bra ki te lonje a ki tonbe balanse nan tout sans. Yo vide kou tankou lapli, moun rele! Yon bann ki konn jwe chalbarik ak bout mamit fin anraje. Solis la lage yon kata, yon lòt koupe l ak yon son banbou, vaksin… Bann nan gonfle, timoun, jenn moun, bouzen, vakabon, granmoun tout fè on sèl; yo dechennen, y ap frape juif la ak raj, yo detripe l nèt met atè. Peta ap fè dife. Moun yo fou ap danse kalinda. Yon ti tonton ki fèt ak retay twal, yon chemizèt sou li, kanpe devan òkès la epi, menm kote a, li tonbe eseye brase ren l. Vant li monte men wotè ak yon gwo lonbrik, li gonfle ak gaz k ap monte desann san rete epi ti zwazo l la ap paweze nan van an. Rèl, ri, blag, chante, banbòch, lari a pran dife! Lafimen peta yo monte byen wo nan lè a. « Yo chire Juif la pakanpak epi y ap rele : Aba juif!… »

Juif la te sanble ak yon Jezi egare, gonfle tankou gwo prèt li reprezante a

Laninya Estrelita rele : « aba juif! »… epi tout moun repete menm bagay la. Kalbas ki te sèvi tèt mànken an kraze, men li toujou ret kanpe nan menm plas la epi je yo klere nan fènwa on jan pou fè moun pè.

« Aba juif » !….

Kout tanbou, peta , bouzen, vakabon ponpe, sote, dans mare epi juif sot tonbe.

Pandan timoun yo fin fou, bann yo ap fè egzèsis yo arebò mànken an, yon moun, yon ti gason kanmenm, lanse yon peta nan mitan bann nan. Deblozay pete. Tout moun pran kouri. Laninya pran kouri, li rele ankò : aba juif!

Yon timoun tonbe nan pye pòtre juif la. Peta bò kote l la pete bow! Juif la pran dife. Tout bri fini, tout moun sezi, yo tèlman kouri, souf yo prèt pou koupe. Tout moun rete bouchbe, pyès moun pa ka tounen.

❖

Elkotcho monte pewon Sansasyon ba a. Lousmariya vole sou li :

« Gade! Koudponyèt vès la boule nèt!... Pot ban m ranje l pou ou!... M ap ranje l vit, w a wè!... »

Kèt! Li blaze kostim li lwe a! Nan kouri sa a, li pa t gen tan pou sonje bagay konsa! Koudponyèt la ap lanse... Gade, li boule tou. Ala nèg devenn! Li pa santi anyen! Yo lage yon mizik nan aparèy la :

Dimasè Estime, woule m de bò!...

Woule m de bò!

Woule m de bò!...

Elkotcho pran nan pawòl Lousmariya a... Li swete l rive ranje vès la pou Tikouli, moun ki te lwe l la, pa wè sa! Kounya a, Elkotcho pa ni dispoze ni kapab peye yon konplè, - fatige- swete granmoun nan pa mande pou yo peye l kostim nan pri l pa vo. Sa l te bezwen al lwe kostim pou antèman an fè?... Lousmariya gade Elkotcho ak yon je inosan. Li travèse sal kote mesyedam yo ap gouye a. Lawoubya nan tèt jwèt li. L ap ri, li santi l ozanj nan bra Gabriyèl, chofè a. Li byen kanpe vre, Lawoubya a! Elkotcho souri, l ap reve l nan yon *Cadillac* ... Li suiv Lousmariya, li pase nan koulwa a... Se la a Laninya pase lanjounen ak nuit li yo... L al gade chanm Lousmariya a. Pa Laninya a p ap diferan pase sa.

Elkotcho retire vès la, kravat nwa a, chemiz blan an epi l rete ak souvètman sèlman. Se konsa l te panse chanm yo ye, san non, petèt avèk kèk bagay pèsonèl men ki pa chanje nan aspè sonm kote a. Se nòmal hen!... Elkotcho chita sou pan kabann Lousmariya a. Boule a fè yon ti boul nan koudponyèt la, li pa gwo, men li fè on ti boule l kanmenm. Lousmariya kouri l al dèyè rido ki bare kwen kote twalèt la ye a. Li tounen avèk yon ti flakon, men l tou pwofite debride blouz blan swa a ki gen yon kòl mare jis nan gòj li. Po kafewolè klè l la toujou fre, yon manch glise desann, zepòl dwat li dekouvri. Men Lousmariya al dousman, li pa vle fòse bagay yo, pou fè zwazo li fin pran tout tan l pou amadwe a vole. Se yon gwo viktwa. Se pa yon nonm fasil, maleyab, monseyè sa a, li fè eksperyans la deja. Lousmariya mete l ajenou devan Elkotcho, li rale koudponyèt boule a sou li. Li kole kuis li ak janm Elkotcho. Elkotcho pa di anyen. Lousmariya soufle boule a tou dousman epi l fè blouz la ouvè plis. Elkotcho pa menm gade.

« Li fè w mal, ti chat mwen?... Tann mwen, m gen tout bagay. Dlo sa a bon anpil pou boule.... »

Lousmariya pran bra a epi l ap soufle l tou dousman... Bon, poukisa l ap soufle la ?... Pa aksidan, de zepòl kòsaj yo tonbe epi tout lestomak li ouvè, tout tete l parèt. Elkotcho pa gade, se sèlman ak vès ki chire a l ap panse. Swete manman tripòt la rive ranje vès la vre. Koudponyèt la badijonnen ak tentidyòd. Lousmariya poko menm fini, li rele :

« Ou pral wè gwo rat mwen, Lousmariya se bòs nan koud... Se kay mè m te leve!... Sa pa di w anyen?... »

Ak yon ri ap toufe l, li chita bò kot Elkotcho a. Li kole hanch li avèk pa vwazen an. Li gade vès la byen. Li kenbe yon zegui file ak fil nwa nan bouch li.

« Se pa grav!... Ou pral wè chouchou sa Lousmariya ka fè. Mè yo te gen bon bagay lakay yo... M bay on moun defi pou l wè mak chire a lè m fin fè reparasyon sa a!... »

Se vre, kote ki chire a on jan gen sant boule, men tou a pi piti. Elkotcho ap mande tèt li poukisa l fè Lousmariya konfyans. Li te ka tann demen epi mande madan *Puñez* fè sa pou li, sa t ap pi bon. Sa k te pran l ki fè l t aksepte? Ebyen bon! Li pa t ka refize! Se nòmal pou l te degaje l pou sa ranje pi vit posib. Vès la pa pou li... pwent tete goch Lousmariya parèt, li prèske soti nan kòsaj la... Elkotcho pa pantan, l ap gade sa fi a ap fè. Lousmariya koupe yon moso twal nan doubli a li kole l nan twou a. Li pran menm fil twal la, li bay yon seri arè ki tèlman bon Elkotcho sezi. Li gade dwèt k ap koud la, li wè l konn sa l ap fè a. Gen bagay pou moun wè bò isit sa a! Lousmariya konsantre l, li prèske refè twal la!... Sa a, se pa yon *cadillac* li bezwen men yon ti chalè lanmou, menm si l pa anpil... Tete goch Lousmariya soti nan kòsaj la epi l tonbe danse. Lousmariya gen yon ti ri kabrit, l ap gade Elkotcho sou kote :

W ap gade m, visyè!... gade kòman je w sanble ak je kochon!... M renmen sa a!... » Lousmariya voye je l lòt bò. Elkotcho pa reponn.

Letènèl! Ala moun dwòl! Fi sa a ki chita nan pye l la, bouzen sa a, li te ranpe pou l genyen l, li ta ka menm niche pye l!...

Limenm tou, yon bouzen!... Epi poukisa tout bagay sa yo, bondye? Tou senpleman paske nèg la rete anndan karapas li tankou yon prizon, l ap reve soti kite pwòp limit li, melanje tèt li ak tout moun sou latè. Tout sa se solitid, move bagay, bagay terib, bagay moun pa ka eksplike yo rele solitid lèzòm! Tout moun, boujwa, epav, travayè, pè, revolisyonè, mistik, esploratè, avantirye, entèlektyèl, mandyan, yo tout, y ap chache yon sèl bagay san rete, kominyon, fizyon avèk yon bagay ki pa yo men yo panse ki gran. Non! Li pa posib pou tout pasyon sa yo gaspiye nan mach pou limanite san yo pa jwenn ankenn rezilta. Fòk sa bay yon gwo bagay. Lanmou total se yon bagay ki sèten epi se ap dènye bagay k ap fè lòm tounen bondye. Lè w byen gade, tout manigans bouzen fi sa ap fè a pa pi imoral pase lòt bagay, twa fwa non!... Ou ka di se yon bagay dezespere, dezolan petèt, men se imen. Li fè sa l kapab, jan l konnen. Kòman, nan yon monm chen manje chen, kidnaping, timoun lage san manman, san papa, yo abandone nan babilòn, nan sodòm, nan gomò a kote tout moun ap eksplwate yo, kòman Lousmariya t ap ka fè pou l pa ta vle jwenn,, chache nan fason pa l yon ti moman tèt ansanm nan plas yon bon vi, yon bonè pataje lè lamizè ak dezolasyon se sèl wout ki trase? Nan ka sa a, li ekspoze sèl byen li panse l genyen an, sèl bagay ki fè moun enterese avè l: tete l, kò li... Ala renmen fi sa ta renmen li aksepte vin yon konpay ki, detanzantan l te ka konsole l nan solitid bòdèl yo ki prèt pou fè l fou! Menm lè se ta pou yon ti tan chak semèn, sa t ap pèmèt li santi l egziste, santi l yon moun nòmal, yon moun ki pa lage poukont li nan pwoblèm lavi a. Pou chak moun sou latè, lavi gen yon sèl grenn bon edisyon, yon edisyon ra pou twouve, se yon sèl grenn liv ki soti nan edisyon sa a; fòk nou pa janm bliye sa. Lousmariya pa konn sa l ta bay pou l aksepte vin mari l. Si l dakò, l ap gen dwa bat li, ba l kalòt, pran lajan li redi fè nan brase ren l la, depi l dakò pou l di l ti pawòl dous detanzantan, montre l li konprann li, ba l yon ti karès konsa, konsa... Bous li lage sou kabann nan, bò kote l la, gran ouvè ak yon pakèt lajan ladann. Li ouvè tete l ak tout lajan l bay!... Medam sa yo se yon bann moun fou nan bòdèl sa a, fou nèt, nèt!

Konsa, depi lontan, gason ak fanm, temwayaj yon melanj ki fè youn nan lavi, gason ak fanm, se prèv klè ki montre de bagay ki pa menm ka fè yon sèl menm lè yo pa parèt sanble, fanm ak gason pèdi tout tan yo nan chache lanmou. Jiskaprezan se sèlman yon vye pòtre yo rive jwenn, menm jan ak limanite ki rive reyisi sèlman yon sanblan fratènite ak konpreyansyon... Lousmariya ka pa janm jwenn nèg li reve a. Li ka jwenn youn lavi fin depafini, detwi ti kominyon an, fè l pèdi tout sans li, chatre l, avili l. Lè w byen gade, tete doubout Lousmariya yo bay gason prèv! Gen anpil siy ki montre jodi a gen posiblite pou gwo chanjman fèt. Anpil fwa, lèzòm santi fòs sosyal ak politik siy sa yo, men konbyen nan yo ki konprann siyifikasyon an pou kè pa yo? Tout moun k ap viv sou latè kounya a se jwenti ant de konsepsyon : imanite ak lavi. Tout domèn refleksyon ak askyon gen nan yo, anmenm tan, pase ak lavni, reyaksyon ak revolisyon! Men mouvman an ap soti nan sa nou wè ki poze a ak sa ki lèd la. Lanmou komanse chanje deja, li retire sou do l tout presyon ak dezekilib sosyete sovaj la. Fòk gen gran divinò ki bay egzanp pou montre yo leve lanmou met anlè san manyen... Aswè a, Elkotcho santi nanm li pre pou vwayaj nan lalin bèl lanmou moun nan... Fratènite ap blayi sou latè jou fanm ak gason rive nan wotè travay istorik yo, renmen damou, kote kè, sans ak lespri fonn ansanm, mache pou pi devan, tounen baz makònay limanite ki efase tout tras animalite.

« Li fè cho, ou pa wè sa ti chat?... »

Lousmariya retire kòsaj li. Li bay ti ri kabrit li a ankò. Lestomak toutouni, li pouse dèyè l, li pouse tete l yo devan k ap degaje yon odè kafe fò. Pandan l ap koud la, li mare nan kò Elkotcho, li fè yon soupi :

« Retire chemizèt ou, chouchou... m panse w santi chalè a tou... Ou pè montre m kòman w fèt?... »

Elkotcho pa wè ni tete, ni kò ki blayi devan je l san rete a, men se sa l ap fè a ki enterese l. Kò a anwoule, li dewoule, li deplwaye, li sote, li jemi, li fonn tankou bè ki tonbe nan luil epi yo tounen yon sèl. Ala traka! Je yo sanble je moun fou, anyen nan yo pa sanble ak moun ankò, men men bèt an chalè sa a, dwèt k ap koud yo di gen yon ti zèklè konsyans ki pa fin ale nèt. Wi, nou santi n byen nan on kay moun fou... yo tout fou, tout nèt, Laninya Estrelita, menm jan ak lòt yo.

Elkotcho retande bri moun fou Laninya t ap fè nan lari a talè a:

« Aba juif!... »

Elkotcho rewè l nan mitan tout timoun yo k ap gade tout bagay lè bri sa a vin travèse l. Li pa t menm ko wè Laninya nan mitan foul la, li pa t janm konn tande vwa sa a, men menm kote a li te kwè se limenm ki t ap braye bouch li konsa. Vwa sa a pa t gen anyen pou wè ak sa k t ap pase nan lari a. Se pwofite l t ap pwofite rele rèl li nan mitan rèl tout moun, li t ap tann yon bon okazyon pou l djayi. Ala bagay ki pa pale, bagay moun pè pale, bagay moun pa t konnen, bagay moun te bliye lontan ki parèt nan vwa sa a. Yon bèt ki pran nan pèlen, yon tig yo touye, yon pye bwa loray boule, yon chen yo kraze, se yo sèl ki ka rele konsa!...

« Aba juif!... »

Non, se pa sa Laninya te vle di avèk kout rèl san sans, lage, ki pa soti ni nan gòj ni nan lestomak, men nan vant, nan anba ti vant. Li te vle di li pa kapab ankò, lavi a twò di pou li, l ap mande, l ap lapriyè. Vwa a te monte nan syèl tankou yon gwo flanm dife ki limen tou wouj k ap voye zenglen tout koulè, tout wotè, woz, jòn, ble, vèt, blanch, nwa, mov. Avèk rèl sa a, Laninya rann fyèl li, li di ak tout fòs li sa l santi.

« Aba juif »!...

Rayisman pou tout bagay, pou vi sa a li pa ka sot ladann nan, rayisman mond sa ki mal fèt, rayisman lanmou malpwòp, absans lanmou, rayisman tèt li. Avèk kout baton, li make tout sa l santi, sou bra, sou janm, sou vant juif la, sou tèt li ki di tankou yon malediksyon. Paw!

Pou lajan! Paw! Pou òganizasyon sosyal tout bon, paw! Pou boujwa k ap byen panse yo! Paw! Pou bòdèl yo! Paw! Pou bouzen yo! Paw! Paw! pou moral malpalan! Paw! Pou Laninya!... Pawòl kòlè Laninya ap voye monte nan lespas yo se pa pawòl zanj, se pawòl betiz, pawòl sovaj, pawòl lagè. Rèl sa a se pou timoun yo, sèl inosan veritab ki, yomenm, dakò patisipe ak Laninya nan jwèt masak la. Li pa t jennen mande yo gade l, li t ap priye yo pou yo pa fè l wont, li sipliye yo pou yo pa janm bliye sa l te vle kite pou yo kòm eritaj :

« Aba juif! !... »

Ou te ka jwenn kèk ti not tranble nan rèl sa a. Li sonnen tankou rèl lanmò, rèl separasyon. Separasyon ak fontyè, separasyon ak katye, separasyon ak lanmè, separasyon ak Karayib, separasyon ak tout sa k konnen Laninya egziste, ak tout moun ki te gen kouraj pran ka li, menm si se te yon sèl fwa. Laninya ale! Laninya disparèt! Laninya sonbre!

« Aba juif! ... »

Men Elkotcho te wè gen kèk gout kriye nan rèl ki t ap rele a. Wi, li t ap kriye tou. Malgre tout pèt sa yo, vwa a kenbe yon ti limyè imanite, inosans yon ti fi ki gen gwo chagren, ki pa gen fòs ankò. Sa soti lwen anpil, lwen, lwen, men Elkotcho kapte landann yon bagay li konnen. Kiyès ti pitit fi sa a k ap kriye a? Kisa yo te fè l? Elkotcho rewè l k ap souye je ti poulèt sa a ki gen figi l vlope nan yon nwaj... Eksplikaksyon ti fi l ap konsole a, pawòl fòse yo... yon pale bege, bege... Ki kote bagay sa a ye?

« Aba juif! ... »

Lè w byen gade, rèl Laninya a pa pèdi tout kadans li. Ou wè dan k ap sone, lang k ap bat... Menm kote a, peta yo te pati a, moun yo te panike, yo bay plas la blanch. Li te wè, nan pye mànken ki t ap boule a, timoun ki te pran bal, mouri, blayi nan mitan flanm dife. Pandan l ap pouse moun pou l pase, li rele, li voltije.

« M cho!... »

Lousmariya dezagrafe jip li epi l retire l... Elkotcho pa pantan. Li gade l, toutouni, li tòde kò l, li fè fent, li ouvè femèlte a tankou yon fui mi. Li pran vès la, ak yon soupi, li fè tankou l ap ajoute kèk pwen nwa ladann apre sa l lage l, li pouse yon jemisman :

« Aha! Mechan!... Men vini non!... »

Li plake, li mare sou Elkotcho, li chache bouch li, l eseye mòde lestomak li ki gonfle parèt nan chemizèt la. Elkotcho kenbe l nan zepòl, dousman, byen di. Kòm l ap eseye met fòs, Elkotcho met tout fòs li sou zepòl la pou l fè l kalme l. Li koupe l yon kout je byen move. Li retire kò l epi l gade vès la.

« Ala yon bon travay!... ou se yon zanj!... se vre!... pa gen moun k ap wè anyen!... Kisa m ka ba ou pou m remèsye w?... Sa a difisil... M pa konnen... » Kisa l ka ba li vre pou montre l li konprann byen sa l fè a?... Li gen yon ti kòb, men li pa ka ofri l lajan... Pa gen anyen serye l te ka ofri l... Wi! Chèn li a. Epi tou, epeng kravat li a, yon ti pèl nwa manman l te kite pou li, se sèl sa li rete, ki fè l sonje moun ki te fè l vin Elkotcho. Pandan de fwa men l tranble. Chèn nan?... Non!... Pèl la alòs?... Kisa bijou sa yo reprezante pou li... Lousmariya akokiye, li fè on ti boul, l ap tann desizyon an, li gade l tankou yon ti chen san manman. Imilyasyon se bagay ki di pou yon fanm!... Elkotcho vire tèt li, li pran chemiz li epi l mete l sou li. Jan l gade l la fè l mal! Dlo ap parèt nan kwen je l. Elkotcho voye vès la sou zepòl li. Sa a di anpil! Kisa l te ka ba li?... Li avanse bò kabann nan, li pase ti dwèt li, li pran dlo nan kwen je Lousmariya a epi l bwè l; apre sa li pran tèt fi a met nan de men l, li dil :

« Cheri... mwen rele *Rafaël Guttierez*, men moun yo rele m Elkotcho... Sa dwòl, hen?... Elkotcho vle pou l vin zanmi w, ou dakò?... »

Li depoze de bo sou je mouye yo. Lous kite je yo fèmen byen di. Li wont... Epeng kravat la?... Li pa gen kouraj! Li pran wout pòt la byen prese... men chèn nan, poukisa l pa ba l chèn nan?

❖

Laninya ap fè tèt rèd. Istwa juif sa a kite l ak yon min mechan, l andyable. L ap chache yon kote pou l degaje move ri li gen nan gòj li a, ala mechan, l ap chache yon moun pou bay pote chay la, pou l salanbe, tankou jan l kon di, l ap chache moun pou l di betiz, moun pou l fè soufri. Li chita bò kot yon tab poukont li, janm ouvè, je ouvè, li mare kat min nan fwon l, l ap grate po tèt li avèk dwèt li yo, sitou po dèyè tèt la. Sòlda meriken anvayi Sansasyon ba a. Laninya voye je l gade youn ki chita sou yon tab apa, yon jenn gason ki sanble byen fache. Li gen nan men goch li yon bag ajan avèk yon pyè vèt ki bay Laninya pwoblèm. Pyè sou bag la klere kou dife anba limyè galri a, li fè tankou je koukouy nan fènwa, limye fa sou lanmè. Ou ta di ti pyè vèt la ap fè l siy, l ap rele :
l « Laninya!... Vini!... Vin wè!... »

Maryo, patwon an, pase nan pòt bò kot Laninya. Maryo pencheng Laninya byen fò nan bouda. Li pantan, li vire voup....

« Hi! Hi! Hi!... »

Laninya ri, li fèmen de je l, sousi l gonfle. Maryo wose zepòl li epi, sou pwent pye, li mache al nan ba a san di yon mo. Ti pyè vèt la ap briye nan dwèt sòlda meriken an. Laninya tande l ki di :

« Hep!... Vini, Laninya!... Vin wè... »

Yon gason pase. Laninya pran yon boutèy byè nan plato li pote a san l pa wè. Gason an pa wè anyen. Nan yon bat je, Laninya kase boutèy la dèyè tèt li epi l depoze l nan mitan bouke flè bò balistrad la. Gason an sezi lè l wè li manke yon boutèy nan plato a!... Laninya kontan. Maryo pa jwe, l ap fè gason an peye l!...

Ti pyè nan bag la di : « Hey, Laninya!... Gade! M byen vèt!... Vini!... »

Laninya leve. L al sou tab kote sòlda a ap bwè ak konpayèl li yo. Li kanpe, l apiye sou zepòl sòlda a, li pran sigarèt li t ap fimen an, li soufle lafimen an nan figi l avèk yon souri sou lèv li.

« Laninya!

- Laninya Estrelita!... »

Konpayi a kontan. Laninya chita sou jenou sòlda a, li rete la.

Kisa w ap bwè?... Byè *pabst*?... yak!... Joslen! Wonm Babankou pou tout moun!... epi pote boutèy la! »

Li pran vè sòlda meriken an epi l lonje bouch li men longè epi, ak vè l nan pwent dwèt li tankou yon rad sal, li vide tout nan touf zèb vèt la. Sòlda yo bat bravo epi yo fè menm jan an san reflechi.

« Ouha, Laninya! Ouha!... »

- Laninya Estrelita! Ouha!

- Joslen! ... Wonm! Ouha, Laninya!... »

Sòlda avèk bag la gen yon sigarèt nan pòch blouz li. Laninya rape l, li mòde l, li krache yon bout epi l foure l nan bouch li :

« Ban m dife, kreten!... »

Joslen pote boutèy la vini. Laninya fimen sigarèt la yon sèl kou.

« Aaa mon kòmandan, tout moun bwè!... Op! fe!... gade!... »

Moun sou tab la kontan, chak kat, senk minit, yon blag pati, Laninya ap mande brikè. Yon moman apre ti jwèt sa a, Laninya leve kanpe, li di :

« m pral danse pou nou. Men, fòk tout moun soti. M vle danse poukont mwen!... »

Kou yo tande Laninya pral danse, tout moun kite sal la. Yo mete yon mizik *guarracha* nan radyo a epi Laninya tonbe danse. Li voye bouda l anlè, kuis, hanch li tounen balanswa pou vant li, l ap sote tankou krapo, li plwaye jenou, li vole tonbe ak kadans, li souke zepòl li tankou yon pye bwa. Li pouse ren l dèyè, apre sa l rekòmanse, li touche planche avèk dèyè tèt li epi l kanpe sou janm li. Tout sal la rete bouchbe. Laninya poko fin fè yo sezi. Li kanpe, l ap make pa sou plas tou piti, li rete, li rekòmanse, li souke bouda l. Yo danse *guarracha* a byen, de bò bouda Laninya! Se yon bagay ekstraòdinè, yon bagay mistik, yon bagay moun pa ka kwè, yon bagay sal, devègonde. Yon bò bouda monte, lòt la desann apre sa l rete anba sou plas pou l rekòmanse souke youn alòske lòt la rete rèd; Laninya rekòmanse. Li lage kòl atè plap sou vant, li rete atè l ap gouye monte, gouye desann, li vire sou do, li fè vant li danse menm jan ak bouda l, li retounen konsa sou galri a pandan tout moun ap bat bravo. Li leve kanpe, li apiye sou jenou sòlda meriken an, li file lang li bay moun k ap mande bis epi l fè yo grimas adwat agoch. Laninya mande yon sigarèt ankò :

« A vozòd mon kòmandan!... Hop! fe!... rechaje!... »

Je nèg yo kòmanse ap vire lanvè, men Laninya kanpe djanm, li vòlè je gade, li joure, nen l fre tankou labrindimaten. Pandan Elkotcho t ap monte pewon Sansasyon ba a, Laninya t ap kòmande sèlman yon bann zonbi ki pa menm ka byen reponn : gadavou!... »

Manton sòlda meriken toujou vle vide desann. Laninya kanpe rèd lè l wè nèg la. Lè l te wè Lousmariya ap trennen Elkotcho epi misye pa di anyen, li suiv li al nan chanm nan, li pa t konprann tousuit. Li te rete bouchbe... Li santi yon doulè tankou yon kout ponya nan kè l. Li santi l ta vole sou Lousmariya pou l pran Elkotcho al met nan chanm pa l la. Sezisman melanje ak anvi a fè l pa fè sa, li bese tèt li l ap kalkile. Men, prèske menm kote a, li reprann li, avèk souri, je l byen sèch, li di :

« A mon kòmandman!... Hop! Fe!... »

Lòt yo pa reponn ankò.

« Fe!... M di nou!... »

Gwoup la reponn tou piti... Ti pyè vèt nan dwèt sòlda meriken an fè on kout klere nan je Laninya ankò. Laninya mete tèt li sou zepòl nèg la tankou se yon chèz, li bo l nan kou, li ba l on ti kout dan nan kou epi l pran bag la nan dwèt li tou dousman. Li gade anwo, li gad anba epi, san pyès moun pa wè, li glise bag la nan touf zèb vèt ki monte wotè balistrad la. Li fin bwè vè l la san bri, san kont!

« M vle danse ankò! Nou pral wè yon bagay nou pa t janm imajine!... »

Menm kote mizik la pati a, menm kote a dans la fini, Laninya ale, l al chita sou yon lòt tab.

❖

Pou kounya a, Laninya chita nan ba a, vè l nan men l.

« Ban m pase pase!... »

Ki vwa ki sanble ak vwa Elkotcho konsa! Yon vwa gason sone tankou yon katedral! Ki nèg sa a! Li kouri al devan danje a alòske tout moun rale kò yo epi l sove ti gason an. L ap tande pandan tout vi l ap di twa mo sa yo :

« Ban m pase!... »

Se kiben li ye. Li di sa nan lang kreyòl ayisyen, men li pwononse l tankou kiben, vit : li manje pawòl yo, li gen on raj, raj kont lavi nan lari anba solèy, raj kont tan an k ap kouri... Li manke pran l pou timoun *Oriente*... se vre gen on bagay nan pale Elkotcho ki fè w panse l se moun *Oriente,* yon jan l woule *r* ki nan fen mo yo nan bouch li ki diferan ak sa ki nan mitan yo... Alòske nan mo kreyòl pa prèske gen *r* nan fen... Eske yon moun ki pa sot *Oriente* ka pale konsa? Yon lòt moun ka pa wè sa, men limenm, pale sou lang sa a pa ka pase sou li. Nèg sa pase tout kote, li pa t ap ka pale konsa si se de ou twa jou li te fè *Oriente*... Petèt se la li fèt?... *Oriente*... Laninya fè yon minit kanpe sou mo sa a, l ap eseye eksprime tout sik, tout sèl, tout mistè mo sa a ka kite nan li. Kè l ap bat...

« Ban m pase!... »

Gen on jan fraz sa a pwononse. Li pa gen anyen espesyal men son an gen yon asirans, yon detèminasyon, yon kontwòl, li pran tan l pou l mezire fòs pawòl la. Nèg sa, m sèmante l konn sa l ap fè epi poukisa l ap fè l. Yon moun k ap jwe konsa, konsa pa t ap ka pale konsa.

« Ban m pase!... »

Gen danje nan vwa sa a, yon anvi fè aksyon epi on ti kras kè kontan! Kisa ki bay vwa yon moun tout konfyans sa a? Vwa a te tankou vwa pwofèt, li briye... Se tankou l t ap di anyen pa ka rive l! Men, nan premye mo l di a, li te mete yon devenn, yon ti bas manfouben ki t ap di li pa pè ni lavi ni lanmò... silab « mwen » ki reprezante l la te gaye kite kontèks la kòmsi l te ajoute : « ... paske m poukont mwen, poukont mwen tout bon, toujou poukont mwen... » Sèl byen l genyen se konfyans li nan lavi ak nan tèt li, yon konfyans ki pa fèt ak fè men ki kouvri ak solèy ak espwa san fen :

« Eske se yon pye bwa pou yo rache?... Yon montay ki pou deplase?...Lavi on moun ki pou rache anba move desten?... »

Se sa l t ap di, sa sèlman, pa lòt bagay! Sa te di, dous, gwo, grav, manfouben, pasyone, plen lanmou, sen, gouman, karesan, janti... Manman Mari! Ala koze ki gen nan twa pawòl yon senp kretyen vivan!... Epi vwa sa fèmen kounya a nan yon chanm bòdèl ap pale ak Lousmariya... Lousmariya! Yon bèt tout bon!... Vwa sa a gen son ki pa ka rive nan zòrèy Laninya! Vwa sa a se yon l akansyèl! Lousmariya pote ale sèl veritab koulè ki nan syèl la, sèl koulè Laninya a! Eske l ale nèt manman Mari?... Paske si l fè sa ak Lousmariya, manman Mari, se latè antye ki fonn anba pye Laninya, se souvni l, rèv li, esperans sekrè ki te nan tèt li a ki pèdi pou lavi.

« Maryo, yon wonmkoka!... »

Se Elkotcho ki pral sou kontwa ak demach balanse l la, se limenm ki kòmande wonmkoka a... Maryo fè l on kout je. Elkotcho souri epi l l wose zepòl li.

« Alòs? Jenòm?... Pa t gen anyen?... Se pa grav?...

– Mmm... yon peta frape l nan je. Se sa ki te fè l endispoze a... Li gen kèk ti boule pasi, pala... Men sa pa anyen... »

Laninya chache on jan li antre nan konvèsasyon an. Li vle konnen! Li vle tande si y ap pale toujou... Konvèsasyon an vin ak twa moun. Laninya pale ak Maryo pou l eksplike l, men se rizyèz l ap fè paske se ak Elkotcho l ap pale. Lè Elkotcho bay yon presizyon epi l gade Maryo, se Laninya l ap eseye kalme. Maryo, limenm anvi koze, Elkotcho byen sèvi avè l. Maryo pale ak Elkotcho epi l tou reponn Laninya... Semèn nan te bon epi sòlda meriken yo ale aswè a san pa gen twòp pwoblèm nan Sansasyon ba a, pa gen anpil kou, pa gen blese grav, pa gen lapolis ki vini, pa gen kraze brize. Sa pa pi mal. Epi, apre sa, Maryo kontan pale ak youn nan nèg li yo li pa prèske wè. Nèg sa yo fè w sonje anpil bagay... Elkotcho bat tanbou sou kontwa a ak gwo dwèt li yo... Laninya ak vwa chat li a tonbe pale tankou mayi pètpèt, silab yo leve yo tonbe sou kontwa a avèk son ajanten. Vwa a sèk, grav. Elkotcho a lanse de twa pawòl detanzantan ki soti jis nan fon lestomak li... Laninya ap grate po tèt li ak zong li... Maryo ap ri ak tout gagann li epi l ap rakonte tout istwa ki pase pandan dènye sezon an... Elkotcho fwote jenou l epi l souke pye pantalon l. Laninya frape pye l nan bawo tabourè l la byen fò... Gresèl pèdi tèt li nan pakèt koze ajanten sa yo... Li frape men l... Maryo la l ap ri... Pale, gwonde, grate tèt, frape pye, bat tanbou, kout ri...

Non, li pa kouche avèk li. Li pa t ap gen son sa a nan vwa l... Dayè, Lousmariya p ap manke pa tounen avè l, l ap trennen l tankou ti chen ki nan kòd... Vwa nèg la swa, san kras, koudponyèt vès li ranje. Li pa kouche avè l...*Oriente*... Wi vwa l trennen sou *r* final yo... Ou ta di on gwo flanm dife k ap boule nan yon chante moun pa tande... sa bat, sa sonnen tankou kiben : ou ta di yon gwo twal k ap debat anba van, se menm bri a... Vwa a tankou vwa fèblan, vwa bout fè... Li bat tanbou. Li fache. Kiyès k ap bat tanbou ak dwèt li a?... Vwa l tankou flèv k ap

149

desann nan plèn ak sab, sèl, tandrès ak inteliyans. Tout se rizèz... Sa bon lè l kouche avè l nan ti fènwa epi l ap di l bèl ti pawòl nan zòrèy, byen dous, byen swa... Jan Elkotcho ap souke pye kanson l la fè dan l si, men sa vle di yon bagay... sa vle di l ankòlè, li mande eskiz, li rekonèt tò li... zòtèy Laninya ap pike tankou bèk sèpantye oubyen pikvè nan taboure a :

« Bon, kounya a m dakò kwè w... trè byen, ou pa t fè sa... »

Pale sou lang... gen yon mo ki toujou ap vin nan bouch li, nan repons tankou nan kesyon :

« No?...? »

Oriente, se konsa moun yo pale ... Letènèl! Li resi ri... Ri sa a! Men sa... se sa... kisa?... Sa fè moun ri, se bagay timoun sa! Yon pakèt ti respirasyon kout, soufle, wonfle, klere, kontan... On pakèt ti kout ri... Li abitwe ak ri sa a... Bat tanbou ak tèt dwèt, souke pye pantalon. Non! Bagay sa a twò grav, li sòt anpil pou l pa ka sonje bagay sa yo! Sanble se paske sa pa pase lontan epi li ale... Li konnen mòd ri sa a. Manman Mari, poukisa panse moun fou sa yo ap pase nan tèt mwen? Kòman l fè konnen mòd ri sa a?... Men yon lòt bagay ki pi fou ankò ki vini : « Nèg sa a ki chita bò kote l nan ba a, se nonm li!... » Ala de betiz! Ban m ri... Li fè on ti pale sou lang pandan l ap ri a... Vwa l monte desann... Non, manman Mari, non!...

Elkotcho, limenm, jennen. Li wont devan tèt li paske l wont. Li touse pou l netwaye gòj li. Malgre tout bagay, langaj parabòl sa yo vle di li pa fè sa l te dwe fè. Se poutèt li li vini, pou li sèl!... E si Laninya te antre nan chanm nan talè a epi l te wè l avèk Lousmariya toutouni?... Men, kiyès li gen pou l rann kont? Li gen tout dwa l pou l kouche ak Lousmariya si l vle!... Vwa Laninya se vwa yon fontèn dlo k ap koule, ki pa konn nan ki sous dlo a soti. Se yon ti limyè k ap chache wout li te konn klere lontan... Jan de pale sou lang sa a!... *Oriente!* Li prèske sèten se sa... Ala inosans ki gen nan son sa a k ap sone dousman, tou piti!... Li konnen vwa sa a! Sa fè lontan yon vwa konsa t ap klewonnen nan yon gwo jaden flè solèy... Vwa a ka vin pi gran, li ka vin pi gwo, mwen jwaye?... Grate tèt la fè l sonje yon bagay tou. Sa pike kat ou senk fwa epi sa rete... Vwa sa a k ap pale tankou lapli k ap tonbe... Jan l frape pye l la anraje, sa montre l pè, li rele... Ki kote plas bagay sa a ye nan yon vi boulvèse konsa, yon vi san avni tankou lavi l? Sanble li rekonèt tout bagay, son, jès, jan l jere kòlè l... Nan vwa sa a, menm si l kote l ye a, gen yon rès bon bagay kanmèm, dezespere. Pòz? Jwèt?... Non! Sa tèlman pa sanble ak vwa talè a:

« Aba juif »!...

Sa a bèt anpil, kounya avèk sous dlo sa a k ap djayi a, nou anvi fè konfyans...

Yon bourara pete. Moun tonbe joure sou galri a. Bourara... Joslen, gason, reponn... Men y ap goumen sou galri a!... Yon tab chavire anba kout pwen, kraze, brize, li tonbe...

« Gen yon moun ki vòlè bag mwen... se pa manti m ap fè... bare vòlè!...»

Laninya bese tèt li. Yon lòt kout pwen pati sou yon lòt tab ki kraze miyèt moso. Maryo vole l tonbe nan ba a. Y ap batay sou galri a. Laninya bese tèt li. Elkotcho vire pou l gade sèn nan...

❖

Kòlè yo kòmanse bese. Joslen ak de lòt sèvè ap goumen ak on pakèt sòlda meriken sou kou kochon. Lè yo wè Maryo ap vini ak manch chemiz li touse, yon sòlda kraze bouda yon boutèy nan bibliotèk la epi rèd nan men l, li montre bò k kraze a anfas patwon an k ap vini. Maryo fremi, li rale bak... Sòlda meriken an kraze yon chèz nan mi, yo pran pye yo sèvi baton, rèl, bri, tab kraze... Maryo pran yon chèz sèvi baryè tou epi l fè bak ankò. Sanble l pè... Yon sòlda fè viwonn li... Elkotcho vole...

Li fonse sou sòlda ki kenbe boutèy kraze a, li rete la ap gade l, li fè bak, li mache sou li. Li pap li pran ponyèt sòlda a. Li pa reziste. Elkotcho tèlman tòde bra l fò, misye rele tankou chen ki pran kout wòch. Elkotcho rale boutèy kraze a li voye l nan lakou a, apre sa li vire l pran advèsè a, li pouse l yon sèl dirèk. Sòlda a vide tou long san konesans... Elkotcho pouse yon gwo rèl, li gwonde tankou yon towo bèf... tout lòt sòlda yo al sou li... Elkotcho rale bak... Maryo kouri al nan ba a, li pran telefòn nan... Sòlda yo ap vanse sou Elkotcho. Limenm li fè bak ankò. Laninya rete bouchbe.

Elkotcho apiye nan mi a epi l ap voye kout pwen pou l bloke sa k ap vin sou li yo. Yomenm tou yo fè bak men yo toujou sou goumen. Elkotcho gade sòlda meriken yo li ri. Yon gwo nèg eseye avanse... yon dirèk ak men goch, sòlda a koule. Yon lòt avanse... batay mare, nèg la kilbite epi l tou chita atè, li gaga... batay mare!... Elkotcho vide kout pwen kou moun fou epi l ap gwonde... Sòlda fè bak. Chak fwa youn gen malè avanse, Elkotcho elimine l epi l konte. Je l soti...

« Kat!... »

Yon lòt vini...

« senk!... »

Elkotcho pi rèd pase yon towo bèf...

« sis!... sèt!... »

Elkotcho ri epi l pouse kri lagè l... Sòlda yo antoure l men yo pè avanse. Yo pa pran zam, y ap jwe menm jan ak Elkotcho, se bon kolon vre. Yo siveye, yo tann epi yo fè malis atake, y ap chache pwen fèb advèsè a.

« uit!... »

Sòlda meriken yo sezi wè kòman towo ap lage yo atè grenn pa grenn.

Polis militè anvayi Sansasyon ba a. P.M yo vide baton sou do sòlda meriken yo. Nan yon bat je, sal la blanch. Sòlda yo kouri al gonfle nan yon fougon ki t ap tann yo devan pewon an... Elkotcho ap souye swe nan fon l. Maryo ak lòt mesye ki te kwense kò yo dèyè kontwa a parèt tèt yo... Laninya pa fè yon pa pandan tout batay la, li rete rèd tankou yon estati. Li resi pran yon souf... Elkotcho avanse al nan ba a :

« Patwon, yon gwòg!... de dwèt byen gaye... sa fè l swaf!... se boksè w ye?... Anverite, m pa janm wè yon bagay konsa ak je m!...

- Boksè?... Non!... fòk m di w se konsa sa vini, se konsa m rete epi sa pran m... sa gen lontan, sòlda meriken touye papa m Kiba... M pa t menm konnen l... Kounya w konprann anpil fwa san m manje m, m anvi regle vye kont sa ak salopri sa yo... Yon lòt gwòg, patwon, m swaf anpil!...

- A pati de jodi a, Sansasyon ba se kay ou, gason, mwen, Maryo ki di w sa!

Elkotcho vale wonm nan yon sèl kou. Yon tak san parèt sou po bouch li. Laninya vini ak mouchwa tanpon epi l souye tak san an... Elkotcho souri epi l pran mouchwa a nan men l... Laninya bese tèt li. Li leve... Li desann pewon an. Elkotcho ap gade l. Laninya chache nan touf zèb yo... Yon bagay klere parèt. Sèl Elkotcho ki wè... Laninya tounen monte mach pewon an, li travèse sal la epi l pran direksyon chanm yo. Men dwat li fèmen ak yon bagay... Li vire... Eske l ap kapab?... Elkotcho, limenm, pa konn sa l t ap fè nan ka sa a... Laninya antre epi pòt la fèmen poukont li...

Katriyèm mansyon

Goute/pran gou

Maten an, Bòdmè a trankil, se lapè nèt, lapè tout bon. Pa gen bato lame meriken ankò, pa gen tapaj, eskandal, lamè a pwòp, pa gen gwo kout loraj, tan an trankil, sèlman aktivite ti komès yo k ap fonksyone. Men lè w gade lòt bò, ou santi aktivite anbyans semèn sent yo pa lwen, rara pral chofe katye yo. Lavil, bèl katye yo pral kanpe sou aktivite yo piti, piti pandan tout moun ap bese tansyon ak pasyon yo. Maten an, Laninya leve ak yon kòkraz, li glase, l ap tranble. Eske se vye malarya a, ki trete, geri konbyen fwa a, k ap tounen ankò? Sa k konnen! Antouka bouch li pa amè, li pa gen tayfèmal ki se siyal òdinè malarya. Sa ka yon lòt bagay... Li chita sou yon dodin devan pòt jalouzi ki ouvè a, nan mitan yon solèy, l ap kontanple pwent lakou a plen touf zèb ak pye bwa byen vèt. Zwazo ki nan kaj la ap bat zèl yo, chante, vole. Laninya gade zwazo yo men li wè yo tankou se nan rèv. Li pa fatige vre, li p ap soufri, men li santi yon tristès ki retire tout anvi mache, bouje nan kòl. Dayè, solèy la chofe l li ba l chèdepoul. L ap repase nan tèt li fim twa jou ki sot pase yo. Li kòmanse sou sa k te pase yè, li remonte nan avanyè pou rive nan dimanch ramo sa ki detounen l sou chemen l. Li pa entelijan menm, li pa t ap ka twouve l devan baryè a, dimanch maten, epi pou anyen pa rive!... Eske se vre? Si l pa t ap viv jan l ap viv la, sa k rive a pa t ap janm rive. Li te ka menm wè nèg la plizyè fwa nan katye a san sa pa di l anyen, san atire ni youn ni lòt. San manti, gen yon bagay ki t ap grandi nan nanm yo kouran lavi met deyò. Lè nou byen gade, tout sa k vini toujou soti nan nanm nou; se karaktè nou ki rale l desann tankou paratonè rale loray. Yon jou, de jou, plizyè jou an reta pa ka anpeche sa ki enskri nan lojik kè nou ak evènman yo rive...

Depi lontan se konsa l ap viv ak yon lide, lide ki fè yo panse tout lavi yo ap toujou menm jan, l ap toujou ale nan menm direksyon an, daprè menm chema a sou direksyon yon dye fou. Laninya wè lavi l tankou yon liy dwat ki mennen sèlman nan metye bouzen, epi se menm bagay la pou tout bouzen nan Karayib la: aprantisaj difisil, yo fèmen nan yon chanm, goumen pou notoryete ak laglwa, bèl epòk apre sa dizèt, epi ravin nan seche, tout bagay fini... Lè bagay yo pa bon se konsa, menm lè w gade anndan nanm yo, eske se menm bagay pou yo chak. Laninya, limenm, se sa l kwè oubyen se sa l vle fè moun kwè. Li te vle pentire lavi l ak metye l ap fè pou l viv, se la a tout mal yo soti. Sakrifis sa a soti tou dwat nan anfans li! Li te panse l te konn tout sa k t ap tann li nan metye a, li pa t janm enterese ak sa moun ap panse, li pa t janm ba yo regle anyen pou li ak komedi yo a. Jodi a, li twouve l devan yon montay paske l pa t janm prepare pou l fè fas ak pwoblèm sa yo ki t ap toujou rive jodi ou demen. Li pa t janm vle wè sa k rive lòt bouzen yo, li pa janm wè se ak rèv yo rive kenbe vi sa a, yo mete yon miraj anndan nan m yo, se rèv se vre, men li pèmèt yo jwenn yon kote pou yo apiye ak tout fòs yo san yo pa tonbe. Nan tèt Laninya, li toujou panse se bagay moun sòt, lè moun ap viv nan rèv, bay manti. Li fè yon kalkil matematik jis men ki pa posib pou moun: kòm li enposib pou yon bouzen jwenn epi viv yon lanmou tout bon, kòm li pa lib, kòm tout sa l fè pa bon devan je sosyete a epi ak egzijans move revòlt goumen pou egzistans, rèv sa a pa itil anyen. Pa gen reve pou mwen, pwen!... Elas! Men se rèv ki ekilibre karaktè ak sante mantal noumenm moun, se rèv ki ede nou pote kwa lavi a. Konsa, bouzen, menm jan ak tout lòt mwens malere, yo menm konnen kèk bon moman: Laninya, limenm, ki te vle fè moun kwè li pa menm jan ak tout moun, lavi l fè ale vini ant foli fou ak foli. Bèl rezilta! Se ògèy ki mete l la. Zafè k gade moun ki panse yo sipeyè lòt moun!

Laninya? Yon senp machin pou fè lanmou, yon machin betiz, machin rizib ak lajan se pou sa l fèt. Ou mete bon pyès la epi machin nan fè sa l gen pou l fè a! Men sa Laninya panse de li. Sa se pa yon twò gwo rèv! Poukisa l pa touye tèt li, poukisa l pa goumen pou l jwenn yon dyòb bale oubyen pwomennen chen grannèg? Sa a tou pa diy, pa sanble Laninya? Se konsa, se pou fout moun lapè tèt yo!... Sa k ap touye Laninya tout bon vre, se lamoral. Li vle kwè, ankachèt, nan gwo lanmou ak bèl bagay, men poukisa li pa vle peye yon tchoul sipòtan menm jan ak lòt yo pou karese l, pou fè l viv rèv li yon ti moman.

Devan verite klè sa a, Laninya rete egare. Avèk pil zong li yo, li dechire po tèt li... Wi, doktè Chalbè gen rezon, se poukont ou pou w jwenn verite a, lè w deside gade tèt ou nan glas; men gen lè, li twò ta pou w fè bak... Sa fè de jou depi l deside bay tèt li yon rèv, - rèv pou l vin rich epi pou l vizite tout kote sou latè – se fè l aksepte echèk sa l di pou jwèt ak sa l fè san reflechi yo. Men, ògèy, gwo ògèy li a toujou la, li pèsiste nan yon rèv ki pi enposib pase rèv lòt yo toujou. Pou l pa panse ak prezan men sèlman ak lavni, li fòje yon pretèks met nan tèt li. Konsa li p ap gen anyen pou l chanje nan lavi l kounya a, li ka kontinye viv menm vi avan. Se la fontyè ak lavi pase a ye. An total, gen de Ninya, youn li met nan prizon, yon lòt li fè vin sen: sent Ninya Estrelita, rèn bouzen, pa gen tankou w, priye pou nou!...Men premye Ninya a, ti pitit *Eglantina Covarrubias y Perez*, natif natal *Oriente*, anfen jwenn jistis li. Epi ki jistis!...

Eske l ka ratrape l, fè menm jan ak lòt yo, pran yon bèl gason, abiye l, nouri l epi mete lajan nan pòch li ak swe nan ren l?... Fòk li ta fè sa. Fò l fè sa vit avan l twò ta!... Fòk li touye bliye lanmou tout bon an, kraze l jiskaske l pa rete youn nan ti wòch li te itilize pou konstwi kay sa nan fon kè l pou mete bon santiman, bèl bagay ak sa ki bon. Li dwe mete l sou de pye l. Fòk Laninya dejwe kè ti pitit santimantal pase mòd sa a, fòk li fè l bouzen tou. Se lè l rive sonje tout sa l te bliye l ap kapab anpeche ti fi natif natal *Oriente* a konfonn tèt li ak Laninya, l ap kapab gen dout, dout sou lanmou ki nan kè l, dout sou nanm li ki egare, dout sou sa k pa bon nan lespri l ak pèvèsite l yo. Nèg sa sèvi alimèt pou limen dife nan mitan kè l ki te tenyen depi lontan, ki te bezwen relimen. Maryo di Elkotcho se yon nèg tout bon, yon nonm ki sot nan syèl, se pa manti, men Laninya pral montre li se yon lach menm jan ak tout moun sou latè. Fòk li jwenn on jan pou l avili l... Lè sa a tout bagay ap vin senp...

Laninya leve sou fotèy la. Bon. Menaj nan kay la? L a fè l talè. Kounya a se benyen pou m al benyen, mete nanm sou mwen, mete frechè. Se deside, li pa nan fè sa l te vle ankò... Laninya kite wòb saten wouj ki te sou li a glise desann, li kanpe dwat, toutouni devan glas la. Sa fè douzan depi sa ap woule, petri lajounen kou lannuit, yo pile l anba pye, kraze, chifonnen l, men li la, l ap kenbe!... Kò l se elastik, tete l yo kanpe malgre tout bagay. Li se yon fanm byen kanpe, byen fèt, men malgre sa, li sanble yon ti demwazèl nan kò yon bouzen pwofesyonèl. Depi nan tèt rive jis nan pye gen yon bagay k ap montre inosans, nayivte ak timoun ki nan li. Konsa, lajwa, ekilib sansyèl ka fè kò sa a retwouve tout sa yon fanm gen nan li? Kidonk, li ka rejwenn yon ti rès vijinite l ki rete tennfas?... Paske se lespri, fòs rèv tètdi, vijinite sekrè kè ki, pandan toutan, pwoteje elastik kò sa a, boul di ki nan tete l ak jenès ki ret kanpe sou tout bote vye kò l. Ey! Elkotcho! Eske w ap fè yon bon ti tchoul sipòtan dous, di, bon, janti epi serye pou Laninya ki chita ap tann ou? ... Paske ou wè, se lespri a ki pa mouri... Manman ou wè, anpil nan bouzen pwofesyonèl yo gen on bagay yo wont, yon bagay lèd, santi anba bote chanèl ki kouvri yo a; Laninya Estrelita, limenm, prèske vyèj, se souf ou ki te sove lè l t ap nwaye epi ki te pwoteje l pandan tout tan sa yo!... Se nanm nou ki travay kò nou epi ki kolore vizaj nou; lespri nou se kouran limyè ki diferansye nou ak bèt nou te ye a, se yon atis ekstraòdinè. Souf lavi ka fè mirak ki depase lalwa òdinè sa ki egziste. Menm lè kò nou fò, puisan, vivan, lespri moun se pi gwo fòs natirèl! Konsa, lè l kwè nan li tout bon vre, san tach, san defo, lespri a ka konbat maladi, mikwòb san parèy, li ka menm konbat vyeyisman natirèl ak tout selil ki obeyi lòd li... Wi, Laninya, tout sa se zèv manman w Leglantina, li p ap janm mouri. Se gras avè l, si w ka konte sou sa w swete ofri moun w ap espere a. Ou ka met wòbdeben twal koton jòn abriko w sou ou, ou ka sot nan chanm nan, fè vit oubyen trennen pye w, lavi w nan men w!... Sal *Lupanar* prèske vid. Medam yo ap bay blag betiz sou galri a.

Laninya Estrelita nan basen an. L ap benyen. L ap naje sou do, fas li ap fikse lesyèl.

«O lesyèl!... O lavyèj Mari, men Laninya Estrelita w la!»

Syèl Karayib la ble, li pa gen ni tras, ni pli, ni fant. Solèy la klere tankou lò, li bèl nan mwa mas sa a, se sèl mas Karayib ki ka klere konsa. Dlo a fre, Laninya bliye kò l. De flè fennen nan vizaj li yo, de je l ap deplise anba frechè dlo a. Dlo ap koule sot nan je Laninya tankou lè sen nan vye legliz sou tan lakoloni ap kriye. Sèl ki sot nan kriye a antre nan bouch li, men po bouch li ap fè mouvman ale vini. Ki kote amoni sa a soti?... Men wi, sa a soti!... Pawòl chansonèt li te konn lontan, lontan monte sou lèv li:

> *... Capullito de alheli*
>
> *si w te konn dolè m,*
>
> *ou ta reponn m mwen monnamou,*
>
> *la, la la, la la, la la...*

Dlo ap koule nan je Laninya. Dlo sa yo se yon bon lawouze. Laninya ap fredone epi l ap kriye anmenm tan.

❖

Elkotcho fè on mouvman sèk, li balanse kle anglè a. Elkotcho ret konsa li pete on deblozay epi l soti kot motè l te apiye a... L al chache fòmann nan, li jwenn li epi l di l byen serye:

«Fòmanm, m pa santi m byen, tèt mwen ap vire, di mwen malad... Sa p ap deranje travay la, motè yo ap byen mache, dayè demen se jedi sen, p ap gen twòp bagay pou fèt!»

Anvan menm fòmann nan reponn li, Elkotcho vire do l. L al pran rad pwòp li epi l al fè wout li. Zanmi l yo rele l, men l pa reponn. L ale. Sou wout la, li voye men l rete yon kamyonèt, kamyonèt la rete, pasajè yo avanse pou yo fè plas pou nouvo veni a...

« Ale! Bay gaz!...»

Kamyonèt la pran direksyon Pòtay Leyogàn. Machin yo ale vit nan lè sa a, se file y ap file. Ou wè tout sa k ap pase sou Pòtay la. Yon lòt kamyonèt double l. Elkotcho desann pi ba, nan Avni Repiblikèn, li vire adwat, ri Ospis Sen Franswa.

« Hey! Elkotcho! Ban m wè, se limenm vre!... Ki kote w prale lè sa a? Ou pa nan travay?... Gade yon grannèg mesye!... M ta byen renmen fè tankou w, men m pa janm rive jwenn travay... Yo te pwomèt mwen yon dyòb nan chantye ekspozisyon yo, men m ap gade!... Sa w ap fè jodi a Elkotcho?...»

Se Tidyo. Se yon bon nèg, li fò nan jwèt. Li bat tout moun, li se sèl mèt, yo ta dwe ba l yon diplòm. Sou bòdmè a, li ra pou Tidyo pa fè de ou twa goud pou pi piti nan yon maten nan jwèt sa a... Sa w vle l fè, lè w pase de ou twazan nan chomaj, nan grate santi, tankou yo di, epi san alokasyon souple, li pa fasil pou w reprann abitid travay. Ou kontinye ap monte sou do tout moun ou konnen byen ou pa byen pou pote w sekou, ak lajan ou ak sa yo genyen... Elkotcho konprann byen sa Tidyo ap viv la menm si l ap travay limenm. Li gen anpil talan vre nèg sa a! Epi menm lè Tidyo ap mande prete, li rete yon nèg sèvyab, sitou pou ede yon zanmi ki nan pwoblèm.

«Ou prese anpil, Elkotcho?... Ou pral lakay ou?... Ou pa sanble anfòm! Men, pran yon sigarèt... A! Elkotcho nègpa, si w te konnen jan biznis engra jodi a sou bòdmè! M te mete tout espwa m nan yon ti motè yo te ban m bazadè, men li pa an eta... Si w pa twò prese, Elkotcho, ou te ka al jete yon koudèy sou li, ou t ap rann mwen yon gwo sèvis...O! m pa mande w pou refè l, se sèlman pou m ka konnen si l reparab... Ou konnen, Elkotcho, bagay yo pa bon menm pou vye zanmi w. Nèg ap gaspiye!... Si chantye vye Ekspozisyon an pa ouvè vit, m mande sa ti nèg nan peyi sa a pral devni!... Nou pa menm wè sa!...»

Elkotcho pran nan pawòl Tidyo. L ap gen tan regle sa k ap toumante l la, l a repoze l aprè. Epi aprè... Anfen! Yon lide konsa!... Kay Tidyo pa twò lwen, li nan lakou Mirak ki tou pre legliz Wesleyèn, anfas Azil Fransè.

«... Elkotcho, ti frè!... M gen yon boutèy tranpe, yon pete planche lakay la, bon bagay, bon, bon zenzenn... M pa panse n ta dwe achte yon bagay pou n manje ansanm?... Konsa nou pa ta santi nou poukont nou...

- Ou gen rezon, Tidyo! An al ka Delisya ...»

Delisya, ki pa pot non l pou bèl twal, se yon machann manje. Li vann manje pou manje sou plas oubyen pou pote lakay. Restoran an nan yon ti lakou, anba yon gwo pye kenèp:

«Kay Delisya, pwòpte ak bon manje»

Se sa ki ekri nan ansèy ki kloure nan pye bwa a. Li chita devan recho yo, men gwosè tete l, vant li fè plizyè twons, kwis li lajè on peyi, Delisya tann machwè l sou dife a. Elkotcho ak Tidyo mande yon diri kole ak pwa chouk ak poul, epi taso kabrit ak pikliz, anpil bannann peze. .. Elkotcho pa renmen pale, men sa pa deranje Tidyo. Li pral manje tankou yon boujwa kòt ak kòt ak zanmi l, li pa pè pou Elkotcho, li kite l trankil.

Lè yo fin manje, Elkotcho ranje motè Tidyo a epi de konpè yo fè fen pete planche a. Kòtòf Elkotcho solid, li ka bwè. Jodi a, Elkotcho kraze tout bagay, li pa pale anpil epi l tèlman desann bwason an vit Tidyo oblije al chache lòt.

❖

Bagay yo poze nan Sansasyon ba a. Li fè dezè apremidi. Medam yo chita bò touf zèb vèt la, y ap tann. Gen yon bon douzèn medam ki sot nan bòdèl vwazen yo, tchoul sipòtan yo, sa k ap resevwa ak de ou twa kandida k ap tann. Maryo kenbe bank loto a. Sèvè yo ap ale vini avèk plato yo. Doktè Chalbè ap jwe bandyo, on ti kote apa, sou yon chèz apiye nan pye bwa a... Tan an ap pase san pèsonn pa wè epi lavi a parèt dous pou tout moun.

Laninya chita an kalifouchon sou chèz li a epi l ap gade ak atansyon kat loto li yo ki ouvè devan l. Li renmen jwe loto, li pa okipe medam yo ankò k ap kale blag pou fè moun ri. Medam yo bliye metye bouzen an, yo pa met twòp makiyaj, yo met nenpòt rad. Se pi bon moman ki ka egziste nan vi nan bòdèl. Lavi a bèl nan rèv yo. Lousmariya ki pa nan rejwisans la. Depi Jilyo kite l pou Felisidad la, Lousmariya chagren, se yon giyon. Nèg k ap file l yo pa bèl ase, se yon pakèt jenn vagabon ki, lè w gade, yo pa reprezante anyen, yo pa ka ba l sekirite. Nèg prefere medam sa yo, se nèg byen fèt, on ti jan gwo, vant plat epi sansyèl, men pa twò gra, trantsenkan konsa... Medam yo pa twò renmen nèg galan, dyentlemenn ki, mete sou sa pa gen, pa gen yon tyèl nan pòch yo, sèlman si koken damou yo ka bay plezi, satisfè dezi santimantal yo. Nan ka sa a, pa gen lòt fanm ki vin wè devan yo. Zafè Lousmariya! Jodi a li oblije kontante l ak youn nan jenn gason yo, men pou nannuit sèlman. L ap di l sa klèman. Dayè, lè yo fèt kòmanse nan metye a, jenn ti mesye sa yo konn gen konsyans pwofesyonèl tout bon, yo janti, yo bon nan danse. Kiyès nan yo, Lousmariya ap chwazi? Men l ap deja di l sa san pase sou kote: Ou la sèlman pou plezi m, ou pa gen dwa konte, wè, ni konnen afè m, bonswa!

Laninya gen yon devenn kòde. Se pa etonan, paske menm lè kò a la, lespri l byen lwen. Kanmenm, li vle jwe, li vle genyen, men lespri l ap divage, li gaye l ale nan tout direksyon... Kèt! Fòk li rive!... Vè midi a, li ret ap tann Elkotcho, li pa pwente. Yon nèg tankou Elkotcho dwe travay apremidi. Ou pa ka konte sou li. Ala nèg dwòl papa!... Laninya jwe fò, l ap jwe pou l pase tan. Li enève l ap pèdi san rete, men li ret la. L ap pèdi.

Likrès, fanm ki pote je pase tout moun nan, ki griyen dan l san l pa ri, mache l tankou milèt k ap ponpe, jwenn tout sa l bezwen. Tchoul sipòtan l la, Kalòs, yon ti grimo, espyon politik nan Ministè Enteryè, - yon gwo koko nan bay manti- chita bò kot fanm li, revolvè l devan je tout moun, l ap bay bon min. Likrès la ap leve men l pou kriye viktwa. Kalòs ap ranmase lajan met nan pòch. Likrès gen chans. Doktè Chalbè ap jwe yon mizik womantik ak bandyo li, yon vye mizik lontan: Lizèt kite laplèn... Vyoleta, bouzen Majik, apiye sou zepòl dòk la tankou yon zanmi. Maryo tonbe site nimewo:

«... 24..., 87..., 5..., 49...,18...»

Nan tètdi Laninya, li egare, li melanje tout bagay epi l pèdi. Laninya leve sou tab jwèt la, li vire tou won bò kot jwè yo anba je twa kandida tchoul sipòtan... Laninya fè yo grimas:

«Nyèèè!...»

Mesye yo wont, yo bese tèt yo epi yo fè tankou se jwèt ki enterese yo. Sanble menm Kalòs anvi fè yon pwoche tou. Li gen yon fason l touye je l ki fè tout moun ri... Se sa!... kontinye, ti papa! W ap banm plezi. M pa renmen trèt, ou konprann?... Patwon w, gwo Rene limenm, te kase dan l nan Laninya, se pa yon mabouya tankou w ki ta rive brannen Laninya!

Fènand rive bradsou bradsa ak yon gwo fanm mèg, yon fèy planch pichpen, cheve sou do, figi di, cheve yo kole nan fontenn li tankou siwo kann. Pa gen anpil moun k ap mize gwo sou fanm sa a menm lè l penyen tankou rèn ki eritye wayòm mari l.

Medam yo kouri al sou madan Pintèl:

«Bonjou madan Pintèl!...»

Klavelina leve sou tab jwèt la epi kouri al kot vye toupi a. Madan Pintèl chita devan yon konsòl yo mete apa epi l rale pakèt kat li... Lousmariya kite jwèt loto a epi l avanse tou:

« Se kat ou bat oubyen ou li nan men moun, madan Pintèl?... Mwen, m pa renmen zafè li men an, yo toujou di menm bagay la!...»

Madam Pintèl vire gade Laninya:

« E oumenm Laninya, ou resi deside ban m bat kat la pou ou?....

- Mwen, se li men ki enterese m. Yo di m yo li liy plapye moun tou... Se vre sa m di w la, enbesil! Se pa blag!... Ou pa konn li plapye madan Pintèl?... Men yon lòt bagay ankò ki te ka enterese m!... Sèlman fòk ou pa satiyèt mwen; m pa renmen sa, m pale w!... »

Doktè Chalbè limenm fin jwe, menm lè medam y ap sipliye l rete toujou. Li mete enstriman yo nan vye machin k ap touse, pete, estènen an, apre sa ki derape tankou moun ki sot anba tibèkiloz. Peta yo rekòmanse nan Avni a. Timoun yo vin sot lekòl, se sa menm. Vakans pak kòmanse aswè a, bagay yo pral myèl nan katye a. Talè konsa yo pral fè yon nouvo juif.

« ...47..., 53..., le nimewo 1...,73..., 69..., 20...»

Maryo kontinye litani l yo. Jwè loto yo kontinye ap voye lajan sou tab la. Madan Pintèl rele Laninya, menm limenm li pèdi kò l nan yon kontanplasyon toudenkou.

«.. Laninya?... Alòs, w ap vini pou m li men an pou ou? Se tou pa w kounya a!...»

Laninya pa okipe l tankou chen. Li pa bat je l sou baryè a. Elkotcho vin rive vre. L ap mache on jan fatige, men l al tou dwat sou medam yo, byen serye.

«... Laninya!... W ap vini?...»

Elkotcho prèske rive bò tab jwèt yo. Je l wouj, kat min nan fon l. Li sanble sot bwè. Li sou tout bon, men l ap kenbe, li rete dwat, kalm, fyè. Maryo leve je l:

« Hey nèg!... Kòman w rele ankò?... Wi, Elkotcho... Elkotcho, vin chita bò kote m! M ap ofri w yon vè!...se pa yon moun òdinè, ou konnen... Yè swa...»

Maryo tonbe rakonte batay la ki te fèt avanyè a. Elkotcho chita bò kot Maryo a, li pa di yon mo. Je l tou wouj epi l ap gade Laninya ki rete devann nan tou egare. Madan Pintèl pa ka tann:

« Laninya? Sa pa enterese w ankò?... Je m pa bon, m pa wè la a, m pral chita sou galri a... Lawoubya, w ap vini?...»

Laninya pran plas Lawoubya nan jwèt loto a.

«... 75.., de ti kana yo..., 3..., nimewo zewo!...»

Laninya fè yon gwo kou. Li genyen. Li gen tout sa l vle kounya a. Li kite je l la sou kat loto yo. Elkotcho pa di anyen, li la l ap gade Laninya ak je wouj li yo. Kisa l bwè! Malgre sa li kenbe kò l byen pou l jwe, li konn sa l ap fè! Li pa pale, li chita byen saj, li pa menm bat je l. Chans pou li, li kòmanse fè nwa, pyès moun pa wè si l pa bat je l sou Laninya. Laninya ap fè gwo kou, tankou moun fou. Li gen frison nan do l. Li gen tout kou. Lè a prèske rive, se kounya a ou jamè !

«...81 ,...6 ,..13...

— M genyen!...»

Ankò Laninya! Li ranmase sa moun yo te parye a kè l kontan. Li gen yon pil lajan nan men l. Maryo leve.

« Li prèske nannuit. Jwèt fini!... Li lè pou n al prepare n pou n al travay... antre tab ak chèz yo... Joslen, Franswa..., oumenm tou sitwayen!... Depeche n! W ap vini, nèg? M ofri w de kou, nan ba a...»

Tout moun leve. Elkotcho drese kò l, men li rete menm kote a. Joslen, Franswa ak Kami ap pote materyèl. Laninya kanpe limenm tou. L ap karese gwo parese vè e blan yo ak dwèt li. Joslen leve de dènye chèz yo epi l ale. Yo poukont yo.

Elkotcho ret kanpe, de je l fikse sou Laninya. Laninya pa tranble, l ap mache ak men l plen lajan. Li tou pre Elkotcho a. Li pè, men li pa pran presyon. Laninya avanse ankò. Souf yo kwaze. Laninya pè. Bouch li pase tou pre mouchtach Elkotcho. Bouch yo kontre. Laninya bo l san rete. Li manje, li vale, se manje l ap manje po bouch sa a li resi jwenn nan, li karese l ak lang li. Li foure l nan bouch li tankou vyann yon mango fransik byen mi. Li pran sant li... Elkotcho remèt li bo l!... Li santi l ta mouri nan bo sa a! Rete la, ret la, pa janm fini! Zètwal leve, lalin parèt! Li mèt kouche! Devanjou parèt nan syèl, solèy kòmanse cho, jounen pase tankou segonn, solèy te mèt kouche! Li te mèt ranplase zetwal, lalin, lòt zetwal ki la pou toutan!... Men Elkotcho entèwonp bo a. Poukisa? O, poukisa l fè sa!...Li wè men l ap desann sot sou zepòl al nan kòsaj Laninya. Li fè on ti kole bouch li epi se yon lòt bo mouye, pi cho, pi dous ki toujou tonbe. Fè l ret la toutan, fè l ale, ale nan limit lespas!... Laninya ap devore bò kou ki sou men l la, li souse l, li foure dan l ladann, li bwè l. L al sou zepòl nèg la, li pase lang li tout kote. Li goute kò l avèk raj... Li niche, pekto, pwent tete. Li santi l ta dezabiye nonm nan nèt epi lage l ba li nan raje a ak kè kontan. Elkotcho reziste. Li remete chemiz li sou li. Laninya di:

« Men! Pran tout! Pran tout epi prann m tou!...»

Elkotcho rale kò l sou Laninya. Li gade sa l sot foure anba men l la. Li wè li ba l tout pakèt biyè lajan li sot genyen an...

« pa sa, madmwazèl! ... pa sa!»

Je wouj Elkotcho yo kale sou Laninya. Li santi l ta antre anba tè! Li santi tout tè a ap souke avè l...

« Non, sa pa ladann jèn fi!...»

Elkotcho fè on sèl kòlè. Li gwonde tankou towo bèf. Li lage biyè yo nan pye l ak on raj.

« Non, tonnè, sa pa ladann!...»

Laninya rete rèd tankou yon estati. Li anvi pale, eksplike, men yon sèl mo pa ka soti nan bouch li. Elkotcho bese, li ranmase biyè yo lè l wè sa. Li glise yo nan fant men Laninya. Li bese tèt li. Li vire talon l epi l ale. Li mache sou pwent pye... Elkotcho... L ale...

❖

Men nan ki mond Laninya ap viv...

Laninya chita sou yon tab avèk Abib, yon gwo komèsan mwatye Siryen, mwatye Ayisyen, ak lòt konpayèl li. Aswè a, Abib vin ak de fi li mennen sot Pòtoriko, nan rankont galantri grannèg li. Sa pa vle di medam yo gen travay oubyen yo siperyè lòt yo, men pou kounya, yo sou zòd moun ki vin avèk yo a, se tout. Lè yo bouke ak yo, y ap voye yo nan kwen tankou vye rad sal. Lè sa a, medam yo ap pati nan yon lòt kwen nan Karayib la oubyen y ap vin jwenn medam Fontyè a. Pou sa k rele siksè jèn fi sa yo, se yon lòt istwa, se yon kesyon de chans, kalite relasyon yo ak moun, sa yo konn fè, dispozisyon yo ak talan yo nan pwofesyon an. Sou tab Abib la gen, gen yon sèten Iben Tankrèd, yon gwo politisyen nan moman an. Yon jèn milat kanpe sou bò dwat li, sou bò goch li, yon jèn gason je klere, li nwa limenm. Zanj gadyen Iben Tankrèd yo la tou: gwo Rene ak Kalòs, tchoul sipòtan Likrès la. Likrès nan zòn nan tou. Pi devan, gen yon lòt tip Laninya pa konnen. De milat sou po chita sou yon tab bò kote yo a, lajenès dore. Sa yo se masisi patante; yo vin plante nan Sansasyon ba a pou yo bo. An palan de sa, pa gen anpil kliyan nan sal la aswè a, sèlman kèk bon kliyan fanatik ki pa ka anpase yo de plezi ki gen nan bòdèl. Maryo dèyè kontwa l, li pa brannen, byen serye kòm dabitid.

Sa Maryo ap chache nan lavi? Fòtin? Li gen tan gen yon bon kou mwayen pou l viv. Men li dwe di tèt li se richès l ap chache. Lè n byen gade, Maryo pran rasin nan milye a. Li manje byen, li bwè byen, li pa dòmi twòp, li gen tout sa l bezwen, men sa k pi enterese l la, se espektak k ap pase devan l pandan l chita dèyè kontwa a, se limenm k ap mennen kadans la, la bay mesye yo siyal pou danse, li kanpe mizik la lè yon bagay enterese l, li mete mizik cho epi pouse moun yo danse epi l fè yo dechennen lè l kanpe. Maryo santi l wa avèk biznis sa a li fè ak pasyans epi anpil efò. Li depèswade se limenm ki fè maryonèt k ap danse sou treto l la. Maryo rive kote l te swete a. Li gen lajan epi l ka gade, gade ak de je l tout vye komedi ki gen nan lavi. Limenm, li fin jwe. A minui, a dezè di maten, a katrè, a sizè, lè pa gen anyen ankò pou l gade, l a fèmen bwat la, ranje poupe yo nan katon epi antre lakay li. L a kouche bò kot madanm li ki pa janm poze l kesyon epi tonbe wonfle. Ti fi l la nan pansyon kay mè Lali. Pita, l ap marye l ak yon boujwa, se sèten. Vè inè apremidi, Maryo al nan Sansasyon ba a. Li fè tankou san limenm tè a p ap ka vire ankò epi bòdèl yo p ap ka fonksyone. Yon jou petèt li ka fè politik, lè sa l a resi kite kontwa l la. Maryo ap jwenn yon lòt tip bòdèl, yon bouzennay ki pi lèd toujou, pi amizan pou moun gade epi pi fasil pou dirije. Se sa ki Karayib la.

Laninya pa vle gade tèt li aswè a, konsa li chita l ap gade lòt yo. Sa pran tan. Gwo Abib, pi kalm epi vant li pi gwo pase tout lè, l ap prepare yon gwo kout loray k ap mete tout gwo bònèt k ap vann farin ak kafe yo sou bouda, se pou sa menm li reyini ak politisyen sa yo. Avèk Abib pa gen kou nan do, ak tout cheve siwo l la, li toujou sonje ti pèp pye atè yo. Li sanble chwazi fè lajan paske ti jwèt sa ba l plezi, men avan tout bagay, li vle montre tout moun li ka rive milyonè an dola menm jan ak tout moun. Depi w pran bon direksyon an. Sosyete a pa ba w regle anyen pou li. Se sèlman bouzen, tchoul sipòtan li frekante, epi on lè konsa, politisyen li bezwen. Pou lavi l, li montre lajan se enbesil. Leswa, li vin nan bòdèl la apre l fin plen kòf li ak gwo boujwa yo. Abib se yon milyonè anachis. Se vre li fè sa ki bon, li fè sa ki pa bon, li pran yon jenn fi inosan, li fè l tounen bouzen pou ba l plezi, li pran yon boujwa ak fo kòl nan plamen, li voye l anlè de ou twa fwa epi l kite l tonbe nan fatra, malen pase l pa genyen. Abid sanble l pa gen ankenn respè pou moun, li fè bagay lèd men, menm kote a, li fè yon jès tèlman gran, tèlman bon, tèlman janti, tout moun sezi. Si w rele Abib on jou pou yon gwo bagay, li p ap pè bliye tout bagay epi mete tout kè l, tout entelijans li pou l fè l pi bèl, pi byen. Abib se moun ki ka fè limanite tèlman klere menm limenm ap sezi. Abib ka fè byen, li ka fè mal, si l pa gen tan pouri nèt nan pwòp jwèt li a. Kisa Abib vle vanje?...

Iben Tankrèd, limenm, se yon salòp san konsyans, rize a. Jodi a l ap travay pou gouvènman Estime, demen se ap yon lòt. Apre anpil ane ap manje vach anraje, Iben Tankrèd parèt. Li pa renmen yo pase l anba pye ni fè sa yo mande l fè. Se li ki fè dyòb sal yo. Yo bezwen touye, Iben Tankrèd la, yo bezwen fè moun soufri, Iben Tankrèd gen tan prè, yo bezwen espyone moun, Iben Tankrèd gen tan kale je l, yo bezwen trayi, Iben tankrèd p ap rate okazyon l. Depi l manje! Ki mele l! Pakèt parèy li yo, gwo Rene ak Kalòs se menm bagay la, yon Iben Tankrèd pi sòt, pi enbesil. Lalwa gang, se vant, anba ti vant ak lajan. De ti boujwa, yon milat, ak yon nwa, se yon lòt bagay. Milat la soti nan yon fanmi ki pèdi sitiyasyon, politik pou li, se sèl mwayen pou l repare tèt li. Nan zafè politik, se yon kesyon de koulè, yon swadizan lit kont boujwazi milat ki pale alèkile, konsa, ti boujwa pòv tonbe rele avèk lòt yo :

> « Nwa yo gen rezon!... Boujwa milat pa gen patri, yo chaje ak prejije, yo rasis, se yon bann eksplwatè!... Ann soutni politik polpilè prezidan Estime a!... »

Lè yo fin fè pakèt milyon dola nan denonse milat y ap antre nan komite Sèk Bèlvi epi pa gen moun k ap ka gen plis prejije soyal pase yo. Fòk gen batay kont fonksyon piblik ak pakèt moun k ap jwi privilèj! Ti fo politisyen nwa a, limenm, rèv li se pase lòt bò barikad la. Li gen diplòm, lisansye an dwa, li konn sa k bon lavi, li li anpil liv :

> « Aba la boujwazi milat!... Rale kò w ban m met pa m!...»

Lè l gen izin pa l, twa ou kat san kawo tè, yon kay senk san mil dola, kisa k ap diferansye l ak lòt boujwa milat l ap atake jodi a? Demagoji politik li? Petèt! Se vre kesyon koulè a se yon gwo zam ki ka sèvi pandan plizyè ane pou demobilize pèp la epi detounen l nan vrè batay ak vrè objektif li. Sa ka sèvi pou yo kraze an miyèt moso fonksyonè boujwazi milat k ap goumen anfas yo. Epi viv *la féodalité*!... Pou konbyen tan pèp la ap kite ideològ nwa ak milat pase l nan jwèt? Pandan tan sa a, Kesyon nasyonal ak kesyon sosyal yo ap toujou rete menm jan an. Epi viv klas ki pi fò a, mesye!...

De ti masisi sou tab bò kote nou an, se lajan papa m vòlè nan politik, nan mache nwa oubyen nan zafè malonèt, kèk lòt magouyè pasi pala epi fini. Men ki nan mond Laninya ap viv. Yo tout la aswè a nan Sansasyon ba a, yo pran pòz zanmi men y ap jwe move kou. Lavèy y ap bay ti tap sou zepòl, demen youn ap ponyade lòt nan do. Men gen yon bagay ki marye yo ansanm parazit sa yo: fanm ak lajan. Pandan tan sa a, tè a kontinye ap woule, Sansasyon ba a klere kou lajounen, bouzen yo ap rele, tchoul sipòtan yo ap jwi, palgos yo ap vire nan tout gwo restoran yo, peyizan ap twoke fatra pou pousyè, travayè ap grate, pakèt pil chomè ap bat bouch yo, swadizan maksis yo ap gagari mo nan sant chawony ki pran solèy. Men nan ki kondisyon Laninya Estrelita ap fonksyone!

Se nan mitan moun sa yo l ap pase jounen ak nuit k ap vini yo. Lajenès p ap dire lontan, li fin gran, talè konsa li pral do ba.

Elkotcho, limenm, li te sou men malgre sa li refize fanm ki kouche ba li, li refize lajan. Elkotcho se yon moun fou. Limenm, li pa vle jwe wòl tchoul sipòtan, li jete lajan. Li pa vle vin nan Sansasyon ba a pou vin fè medam yo panse li renmen yo epi pou fè yo okipe l. Elkotcho rete menm jan an, yon moun fou anraje, sou ou pa sou. Li bese, li ranmase lajan li pa bezwen an epi l foure l anba men l anvan l ale. Li prèske mande padon pou jès kòlè li a, li mande w padon paske l joure w, li di, li te pran w pou yon lòt moun. Si l pa t bwè, li te ka pa t jete lajan an men li t ap refize parèy. Se kleren ki libere jès la, men konpòtman an, se limenm menm. Li p ap janm tounen ankò. Fini bèl jaden flè solèy! Fini tout karès ak espwa! Fini silabè vivan pou aprann a b c lavi tout bon. Fini bèl bout men pwès, dous ki bat tanbou pou rakonte w sa k nan kè l, fini odè gason ak rapè tabak, zèb, pistach, rasin ak tout lòt fèy ak rasin ki egziste, fini!...

   « Non sa pa ladann jèn fi!... »

Gwo vwa monte desann, k ap gwonde, pale woule sou lang nan ale, chalè a pase epi bo a disparèt. Bo sa !...

Po bouch li si w konn yon gwayav di, on jan si, sale, graj, ki bay anvi grate, pike, ki fòse w pwolonje kontak la. Nèg sa a sanble kite van lanmè depoze ti grenn sèl sou bouch li. Yo tèlman renmen van alize, y ap adore souse ti sèl sa yo ki se nanm zile karayib yo. Sou tèt bouch li, kèlkeswa lè a, fòk ou jwenn ti gou amè nan lè sou lanmè a, dlo a ble, yon koulè ble ki pa egziste ankenn lòt kote sou latè, soti *Bahamas* pase *Guyane*, soti *Puerto-Rico* rive *Tampico*, pase *Vera-Cruz*, *Panama*, *Cartagène* rive *Guaira*. Po bouch Elkotcho se lanmè, syèl, lagon, Letan Somat menm jan ak lak Azyeyi epi *Caguani* Kasik *Enriquillo* te renmen an. Ti feblès pou gou pike, amè, sale a se yon bagay ki la lontan kay nèg zile sa yo. Lè *Enriquillo* ap pale de dlo sa yo ki gen gou soda a : *lago dulce*, lak dous. Epis sou po bouch ble sa a menm jan ak pi bèl ble nan mond la temwanye fòs sansyèl kò a gen ladann.

Lè w ap antre, ou gen enpresyon w kite lanmè pou pase nan anbouchi, w antre voup anndan rivyè a. Sant kleren l te bwè a, pete planche a, olye pou l ta chanje oubyen retire gou a, se ogmante l ogmante. Lè w mete l bò bouch ou pran on bon gou sik, pike, on goudrin melanje, on diven ki gen fòs lavi... Ayayay! M p ap janm jwenn bagay sa ankò nan lavi m! Ki bò, nan ki rèv, nan ki peyi, nan ki paradi l ap jwenn li, vyèj Mari!... Soti nan yon po bouch ki gen gou fwi rive nan jansiv cho, gade on mirak! On dlo tabak wòwòt, Kiben rele « delicado», souvni zès sitwon, sant mant fò k ap pase anba dan. Apre sa, lè w ap antre nan gwòt mouye a, ou jwenn on bèt kanpe byen rèd, sou de pye militè l! Ayayay! Bèt mouye, sansib, dous, amè, l ap di w vin goute! Yon kout kòd moun fou nan yon kò plen vyann, lonje tou long, lang li ap bat tankou teta ki pran nan pèlen : li vole, li brase, li woule, li dewoule, li kouri, l ale, li tounen epi l rete la ! Apre sa, lapli tonbe sou de zanimo yo ki fè yon sèl, enivre nan souse, yon lapli tyèd, gou asid, lapli mwa novanm, lapli ki sot nan de saliv, youn plen ak siwo sitwonèl, lòt la gen gou pike anizèt. Menm kote a anvi a pase, epi tout bagay tounen yon savann dezole, yon tè kote de lagratèl mouye, vin di, apre sa sèch jiskaske yo mouri nan flanm solèy plezi!

Bouch ouvè, je fèmen, Lanniya ap repase nan lespri l plezi l pèdi a. Nèg sa a se tout lavi l, tout sa l p ap janm genyen ankò. Epi, eske l ap janm ka bliye minit sa yo? Mete sou sa yo, sa l bliye nan vi pase l yo se jwèt timoun! De bouch yo sispann bo paske kè moun gen baryè yo, souf la gen egzijans pa l, men menm kote a yon lòt bo pati. Li dekouvri yon moulen pwav, kou a; kanèl yon vyann di, santi bon; ekstrè anana graje, kou a; salad la badijonnen ak cheve kòm epis. Zepòl la se yon tamaren byen mi k ap agase dan, tamaren renmen antre nan fant jansiv pi rèd pase tout bagay si timoun karayib renmen moulen anba bouch, sa prèske fè moun pè... Anba zesèl li rezime tout pil ak pakèt fwi ki bon pou bann nan Karayib la kote w pa ka konte bèl paradi terès, palè wayal. Kanta pou pekto yo te rale nan bouch li lè l te ateri nan ti pwent tete a, depi nan lizyè kote l te kòmanse a, se tout bon odè gason li te deja respire yo ki fè yon sèl, yon salami, yon salèz ki, pi bon pase tout sant, fè sans li yo ki te mouri depi lontan reveye ... Ay! Separasyon sa a !... Li poukont li kounya a!

Moun ki sou tab la avè l pa sispann pale. Chita bò kot medam yo se yon pretèsk pou yo monte konplo yo. Gwo fonksyonè a deklare :

« Prezidan Estime a...»

Laninya panche li di Likrès yon bagay nan zòrèy. Medam yo leve san mesye yo pa santi sa. Yo pran direksyon chanm yo. Laninya antre dèyè Likrès nan chanm fènwa a. Likrès panche sou kabann nan, li dekouvri yon kwen matla, li fouye, li soti ak on pake ki gen de sigarèt li lonje l bay Laninya. Likrès tounen nan ba a poukont li. Laninya dezabiye l. Li kouche sou kabann nan epi l limen yon sigarèt. Li rale l fò, li plen lestomak li, li pa pèdi yon pwèlyèm nan lafimen an. Se sèl solisyon li rete : paradi atifisyèl yo. Li pran san l l ap rale lafimen sigarèt li malgre l santi yon anvi vomi nan gòj li. L ap tann fize a vin libere l, pou retire l nan lanfè kote plezi ak lwa gaga satiyèt pè ki nan kè l pou fè l dòmi. Kòman l fè pa t panse sa pi bonè? Ala enbesil! Li eseye tout bagay, pwazon, mayigwana, demewòl ak tout rès yo. Anfen, l ap delivre, delevre konsyans li, delivre rèv li, delivre sans li yo, delivre anba nèg sa a ki pote ale dènye limyè lespwa vennsizan l la...

« Laninya, ou mouri, ou mouri deja, se sèl antèman w ki poko chante!... »

Se sa menm doktè Chalbè te di. Se pa li menm ki envante l. Kounya a, kisa l gen pou pèdi?

❖

Revèy Sentàn sone minwi. Elkotcho ap vire tounen nan kabann li. Li vire l tounen san rete, l ap chache bon pozisyon, men dòmi pa janm pran l. Kisa k te reveye l? Se pa ka son revèy la; li toujou ap sone nan katye a, li pa t janm konn reveye nan nuit. Tèt li lou. Kisa k te pran l jodi a? Dabò se pa moman pou l kanpe travay. Malad? Se blag! Elkotcho pa janm malad. Nan jou sa yo, li depanse san konte, li depanse plis lajan pase sa l fè nan semèn nan, mete sou sa, li dwe madan *Puñez* dis dola. Men pou di verite, Elkotcho gen on ti lajan sere nan *Banque Royal du Canada,* men li pa ka manyen l. Se kòmsi se yon asirans maladi, se yon garanti pou si gen ka grav, ka grav toujou pandye sou tèt Elkotcho avèk mès li gen pou chanje tout bagay. Epi, apre sa, si sitiyasyon politik yo ta vin chanje Kiba, se t ap deja yon depo, li pa t ap ret bloke pou lajan. Li pa gen pèsonn sou latè ankò, fòk li pa fè lamayòl, ki kote tout istwa sa yo ap mennen l pou yon fi?... Tout sa, se laj k ap avanse. Trantan nan kèk mwa ankò, batay san rete kont lavi chen sa a, depanse tout sa l genyen pou l ret nan direksyon li chwazi a, goumen plis pase moun k ap grandi kò yo chache glwa pou rive jwenn sa l ap chache a, epi, apre sa, kisa?... Trantan, premye grenn cheve blanch, selibatè, pa gen bon zanmi, kamarad, kamarad tout bon. Zanmitay tout bon an pi difisil pou twouve pase vrè lanmou, paske li manke atirans seksyèl ki ogmante chans santiman an dis fwa plis. Yon moun ki gen prèske menm opinyon avè w sou bagay esansyèl, se fasil pou w jwenn, men yon moun ki gen menm demach fondamantal avè w devan pwoblèm egzistansyèl yo, ki panse menm jan avè w, yon moun ki sot nan menm ras avè w! Yon moun ki ka santi lè kè w ap bat, ki devlope on sizyèm sans pou konprann ou. Sa a pa fasil. Pi souvan, se moun ki pa menm jan avè w men ki pwòch ou, moun ki plis kapab gen pitye pou ou, plis ka patisipe nan teyat ak fent lavi pase moun ou gen rapò ak pwojè politik. Zanmitay anvan tout bagay, se gade nan nannan moun nan, se la avè l lè l devan yon ti pay ki fè kè l sote, nan bon tan, devan yon fanm, devan yon vè kleren, devan desepsyon oubyen kontantman. Lè w ap suiv, si nou gen tan dakò sou pwojè politik la, si nou wè mond la ak lavi menm jan, zanmitay sa a pral lwen anpil, men anvan tout bagay, zanmitay la se yon sizyèm sans. Li ra anpil pou de kretyen vivan gen antèn yo akòde menm jan epi branche kole sere youn ak lòt. Fòk ou chache anpil avan pou w rankontre sa, sa pran anpil tan. Batay pou lavi pa t janm bay Elkotcho tan pou l dekouvri zanmi sa a. O! Si l te viv tankou ipokrit, byen trankil, tou dousman nan kwen kay li, li te ka rankontre yon parèy li byen fasil, men Elkotcho konnen li se moun jenrasyon batayè sou latè. Elkotcho pa ta renmen yo repwoche l lè l ap mouri poutèt li pa t fè yon kout peta ki te dwe fèt. L ap di tèt li :

« Mwen pa t gen zanmi tout bon, mwen pa t konn lanmou tout bon, men kiyès ki responsab?... Se pa chache m pa t chache.

M chache jis mwen fou. Batay fewòs epòk la pa t pèmèt mwen jwenn epi li pa t kite lòt moun vin rankontre m. zafè sa!... »

Ou mèt te bay, ou mèt pa t bay Elkotcho Jistis, yo te mèt bliye ou sonje l, sa p ap anpeche l fè sa l te kapab nan lavi a. Li t ap kontribye nan fason pa l nan avansman limanite, menm si se yon pwèlyèm nan longè mache nou gen pou n mache devan. Li t ap ede listwa avanse. Li t ap mete tout kouraj li pou fè lanmou nan kè moun blayi. Sa pa anpil, men se kelkechoz! Elkotcho se yon pitit karayib onèt. Lè pou l fè kwik, l ap di :

« M fè sa k pa sa se vre, men onètman epi ak imanite. M fè on ti bagay, pa anpil!... Ala de betiz, lavi!... Adye solèy!...» Epi l a voye yon gwo souri pou gwo syèl ble a.

Elkotcho gen tètfèmal. Li leve pou l al bwè yon gwo vè dlo. Li pa limen limyè, konsa, li bite, li frape nan tout mèb ki nan kay la. Li jwenn krich la kanmèm. Li bwè vè dlo a nan yon sèl gòje epi l tounen al kouche ankò. Demen, l ap wè zanmi yo, l ap eksplike mesye yo nesesite pou mete yon sendika sou pye. L ap eksplike jan l konprann politik la. Li pral pwomennen, tande vwa lanmè k ap chante, l ap kouche nan zèb pou l respire, l ap souse yon ti boujon si. Demen l ap li on liv menm si sijè a difisil pou konprann. Demen, l ap kontinye chache yon zanmi tout bon pou ede l goumen ak lavi, ak jwèt l ap jwe a. Demen, l ap chache yon fi ki fèt pou li. Elkotcho kouche, men li pa janm ka dòmi. Li wè rad ki kwoke, zonbi k ap anmède l, li wè tab, li wè chèz, li wè zòtèy li anba dra a. Lalin klere deyò a, limyè pase nan fant pòt ak fenèt yo. Ou wè. Elkotcho koute san k ap bat nan tanp li. Li santi kè l k ap fè : tak, tak, tak epi k ap tresayi. Kè, kè k ap bat, se pa yon ti machin piti non!... Kisa l te ka bwè pou l dòmi?... Non! Fòk on moun dòmi!... Antouka, si l te limen limyè a, li te ka li yon paj nan liv la, jis yon paj... Elkotcho, pa gen pase w!

Elkotcho sonje... Je l te kole sou li tankou leman... Leman?... Renmen?... Yo ta dwe gen menm orijin.... Poukisa l te bwè pou l sou jodi a? Di m, Elkotcho, poukisa?... Gen nèg ki te ka pa konprann. Gen nèg ki te ka di :

« Kamarad Elkotcho bwè jodi a, li sou... Kamarad Elkotcho merite yon sanksyon... Lè w gen responsablite sendikal kamarad Elkotcho... Lè w gen edikasyon politik kamarad Elkotcho...

- Laprit!...»

Kamarad Elkotcho jan w di a, pa yon bout bwa. Se *Jesus Menendez* ki te di sa yon fwa. Kamarad Elkotcho ka gen lalin li menm jan ak tout moun. Sa pa janm rive nou, noumenm?... Si nou pa konprann sa, nou ka se kamarad vre jan nou di l la, men nou pa zanmi. Lè bagay yo parèt nwa devan l, kamarad Elkotcho, eske n mete nou nan plas li pou n santi sa l santi? Si se konsa, nou pa zanmi!... Pa gen zanmi!... Men lè w byen gade, kamarad yo gen rezon... tout sa yo di yo, se vre, men se jan yo di l la, ou konprann?... W a fè atansyon pou w pi byen kontwole lalin ou pwochèn fwa, Elkotcho. Chak moun gen lalin yo, men kanmèm!... Gade fi sa a, ou jete lajan li te ba ou a! Se yon jès fratènèl sa?... Oumenm ki di fòk nou toujou eksplike mesye yo!... Teori ak pratik... Tout sa se paske w te bwè, kamarad Elkotcho... Kamarad Elkotcho...

« Laprit!... nou poko fin plede pale, non? Se twòp atò, non?... »

Ha! Jwenn yon nèg ki se yon frè, yon frè tout bon ki pa bezwen desen pou konprann, pou santi tousuit, tout bagay... Yon nèg ki melanje nan zafè moun men ki rete zanmi w, li joure w, se vre, detanzantan, men li mezire sa l ap fè. Se pa yon nèg k ap pale, k ap ba w bondye san konfesyon, men yon nèg ki desann nan nivo w pou l konprann. Yon nèg ki souri epi ki eksprime sa w santi a avèk glas je l... Lè bagay yo pa bon pou ou, san rezon valab, se yon nèg k ap ret bò kote w san poze kesyon, menm si l gen randevou ak yon ti gengenn. Yon nèg ou ka pale avè l ki p ap gade w kwochi, tankou l ta vle mande w si w pa fou... Yon nèg konsa, yon sèl, fòk ou te ka jwenn li, kanmèm?...

Elkotcho sonje... Li te pwoche tou pre. Souf yo te kwaze... Apre sa se te tankou yon demwazèl ki te poze sou bouch li, ki t ap fremi pandan l ap pwomennen. Apre sa, bagay la chanje, bagay la transfòme... Yon lang file t ap niche po bouch li tap, tap... Ala bon l te bon, bondye papa!... Yon lang dous tankou sik avwàn, yon sousèt woz... Men li pa t gen gou sik avwàn vre, se te gou yon ti bonbon rezen, yon bonbon ki pa gen sik... Lang nan monte desann, gou rezen an disparèt. Se te yon ti bèt vivan, yon ti bèt an chalè, vlope ak yon dlo lanmè, sale, sikre anmenm tan... Ou santi se tankou se lè w ap benyen nan lanmè anba on solèy cho, ou ouvè bouch ou bay dlo a pou lang ou ka ranmase tout ti gout k ap tonbe... Yon lè Elkotcho t al pwomennen ak yon ti vwazin... Eske se pa yon rèv?... Kiyès li te ye ankò, ti fi sa a?... Kiyès ki te kòmanse an premye? Fi a ou limenm?... Antouka sa te pase nan yon gwo chan plen flè solèy; an bon jennjan kòm toujou, Elkotcho bo ti fi a sou tèt bouch... Tout lanmè karayib la te nan bouch la!... Depi lè sa a, l ap chache bouch ki gen menm gou a!... Elkotcho, ou te mèt chache, fouye anba tè, leve tout wòch, leve tout pay sèch, monte pye bwa, kouri sou tout plaj, ravin, savann, mòn, vale, plèn, montay, ou konnen byen ou p ap janm jwenn lajwa lè w te piti a, ou konnen byen ou p ap janm jwenn on bouch moun ki gen menm gou a. Bouch sa a, se tout jenès ou, Elkotcho. Jenn moun gen tèt di, yo pa janm bliye.

Apre sa, lang nan desann epi l remonte nan jansiv, glise sou dan. Li transfòme, li vin gen gou mantole, li fre, yon bagay espirityèl k ap koule nan fant dan tankou dlo nan fontèn mwa avril. Menm kote a, dlo bouch ou melanje ak dlo bouch li : yon kayimit, Elkotcho, yon kayimit, fri vye Karayib la! Yon fri ki gen yon vyann vivan, koulè mov, ji a kole, li glase. Yon fri yo pa ka kreye yon lòt fwa sou latè!... De bouch kontre yo fè yon mirak. Mirak la rive. Li parèt sou fòm yon kò byen gra, l ap chache bèt ki kole nan lang epi de bèt yo goumen, yo woule, yo dewoule. Yon bèt gouman, yon bèt ki konn danse, konn danse menm jan ak Laninya, yon bèt sovaj, fewòs epi sansyèl k ap chache fanm, k ap kouri dèyè l, kwense epi fèmen l nan prizon, li fè kè l kontan, kontan pou pwòp tèt yo... apre sa lapli parèt, yon lapli pwès tankou lapli Karayib nan mwa novanm, yon lapli cho, santi bon, ak gou sèl, ki fèt ak de dlo bouch mete ansanm ak sitwonèl epi anizèt... Apre sa ankò sechrès parèt, yon sechrès ki di menm jan ak sechrès lè peyizan Latibonit ap di : yo sèk. Tout kote tounen dezè. De bèt yo, youn rape lòt, l ap chache wout nan yon dezè dezole, plen pousyè, tout bagay boulé anba flanm solèy. De bèt yo fè anpil tan ap bat lakanpany, swaf touye yo.

Elkotcho sonje. Se limenm menm ki te kanpe bo a pou l t al chache yon lòt kontak, yon lòt bo. Zepòl yon ti zanj, inosan ki t ap wose, rale l vin sou li. Li annik depoze pwent bouch li epi tout ti plim flè grenad sikre pike a rete kole nan bouch li. Po bouch la ret kole la l ap savoure zepòl la ki bay yon gou pou l, gou yon san ki prèt pou... yon gou san ki gen vi, gou yon kò ki pote tout sant ak tout odè pafen sovaj kò yon fanm ki renmen ka pouse... Apre sa lè plezi bouch la ateri sou pwent tete l li te vin twò ensipòtab. Nan moman an, yon bagay ki pa t imen glise nan plamen l. Li gade. Se te lajan... Yon pawòl sot nan fon kè l :

« sa pa ladann, jèn fi!... pa sa!... »

Elkotcho voup li chita sou kabann nan. Li mare min li. Pou premye fwa nan vi l li pa fè sa moun dwe fè. Li kondane san l pa chache konprann.

Petèt se bo a ki fè l tounen lwen nan pase l al chache moman lè l te timoun san eksperyans?... Elkotcho ap eseye sonje... Poukisa fi sa a anbrase l konsa? Kiyès ki aprann li kalkile, mache chache bouch dous, rafine sa yo? Poukisa l te gen tout fason Elkotcho limenm te genyen lè l t ap bo ak yon fanm li renmen, fason l te gen depi l piti epi l konsève nan tout vi vagabondaj li pou l dekouvri yon bouch li anvi l?... Elkotcho ap chache sonje...

« Bonbye papa!... »

Li voup li limen limyè a. Li vole sot nan kabann nan. Ki kote l mete kle vye valiz la?... Wi, nan bwat la, sou tab la... Li pran kle a, li ouvri valiz la epi l fouye l. Men vye pake lèt yo ak foto tout nèg fin tache yo. Li voye yo jete sou kabann nan. Tout gaye... Vizaj joni vye manman an... papa l ak rad militè...Premyè kominyon, zanmi, paran, enkoni, ti mennaj, fèt, grèv, sendika, vye frè, pasad... Vye souvni!... Tout on pakèt pil foto li te sere pandan tout pelerinaj li nan tout Mediterane antiyè a... Kisa l te ka fè ak foto sa?... Li tounen kouche ankò...

Non! Li ap rive jwenn foto l t ap chache a. Si l te jwenn li li t ap jwenn non an epi tout detay yo t ap tounen. Elkotcho mare min li. Sa a, se pi gwo pari nan tout kou l fè nan vi l! Si l jwenn sa l ap chache a, si l ka bati lavni l sou pase l... Nou fè kalkil sa n ap pèdi, nou batay ak bagay yo, ou rakonte tout mizè w epi w reziye lage kò w, ak tout kouraj ou nan kouran dlo k ap desann epi fann mòn Ayiti solèy la de bò...

Senkyèm Mansyon

Touche/manyen

Sa fè kat fwa Likrès frape nan pòt Laninya a, li pa reponn. Sa enkyete Likrès. Li ale nan ba a, li fouye nan tiwa yo epi l jwenn twouso kle Maryo a. Fòk kle Laninya a ladann... Sa a sanble limenm... Likrès frape ankò. Pèsonn pa reponn... Alòs, li foure kle a nan seri a, li vire l ak fòs, pòt la ouvè...

Laninya ap dòmi toujou, se sa sèlman. Li nan fon somèy. Sigarèt yo... Likrès pran yon chèz epi l chita devan kabann Laninya a. Kabann nan ap fè mouvman, Laninya prèske fin dekouvri, li san soutyen, l ap respire nan bouch. Ala moun gen figi tris sa, se Laninya! Fon l plise, po bouch li vire lanvè, ponyèt li lage, janm li ap tranble... L ap reve... Ala yon move rèv k ap toumante Lanniya, ala de soufrans! Pakèt cheve yo gaye kouvri zepòl li ki toutouni. Li brase bouch li. L ap reve... Ala bèl, Laninya bèl! Ala yon bèl tete!. Likrès lonje men l, li karese do zepòl, lestomak epi kontinye mache ak de dwèt li jiskaske l rive sou tete a k ap souke tèlman kè Laninya ap sote. Likrès leve tou dousman sou chèz la... Men Likrès ap pwomennen anba a ap chache kò seksi a. Li karese anba tivant li. Laninya ap domi, l ap pale poukont li. Gade kijan l bèl, Laninya, bouch ouvè, je fèmen! L ap dòmi. Li bezwen karès... Anvi fè kò Likrès fremi. Li lage wòb li atè epi tout fòm gason an parèt : yon manman chwal k ap danse, yon bèlte chaje jèm gason melanje ak jèm fanm, yon kò fanm k ap defile nan yon demach gason, gen lè l vle domine, gen lè l vle dominan, li toujou ap fè ale vini nan mitan de sèks yo. Li foure kò l, li pwoche, l pwoche... Laninya voup li pantan, li voltije Likrès al tonbe lòt bò, li rele :

« sa pa ladann!... »

Kri a makònen l tankou yon sentiwon. Likrès al met kò l nan yon kwen tou sezi, Laninya ouvè je l epi l lage min li... Laninya fwote je l :

« Sa w ap fè la a? Kisa w t ap fè?... Sa w vin chache anndan an?... Kite m!...

- Laninya... m frape plizyè fwa... m pè, menm kote a m al chache twouso kle Maryo a epi m ouvè...

- Men kisa w t ap fè?

- Ou fè on vye rèv, Laninya... ou tèlman te tris, bèl, m te vle... ooo! Laninya! Ou pa vle m?... Di m? Ou pa vle m ba w anpe karès?... Sa fè lontan ou pa vini, Laninya!... »

Laninya griyen je l, li grate po tèt li avèk zong li.

« Non ! ... ou twouble m nan somèy mwen! Se yon vyòl sa!... Ou pa t mande m si m dakò. M pa vle! Pa oumenm! Pa yomenm tou! Jamè! Nou ban m degoutans! M pa vle bagay sa yo ankò! Non!... »

Vizaj Likrès fennen. Li la l ap mare demare kòd wòb chanm li a, li fache!

« Alòs, remèt mwen sigarèt mwen yo!

- Ki sigarèt?

- Sigarèt mwen yo, tonnè!... Sa w kwè la menm?... M konnen, se yon nèg ki vire lòlòj ou... Men kisa w te ka ye ankò si se pa yon bouzen?... Ou se yon femèl chen menm jan ak nou tout! Yon bouzen!... M pa vle wè nou ?... Ebyen, ban m sigarèt mwen! Ban mwen! Vomi yo!... Ayayay! M rayi w!... »

Vizaj Laninya vin tou wouj, li vole, li chita arebò kabann nan, l ap grate tèt li avèk raj, je l wouj, li touse bouch li, li prèt pou goumen.

Dabò, kòmanse pa mete w deyò lakay mwen an avan m pran w ak kout pye! Fout ou deyò, epi vit!... Kanta pou sigarèt ou yo, se chans pa w si m pa denonse w bay lapolis!... Ak kò lèp ou a! Fout ou deyò!... Mikwòb!... Tchyanpan!... Ras chen! Moun fou!... Sifilis! Pouriti!... Mete w deyò femèl-mal. Makak!... Fout ou deyò, si w pa vle m rele Lapolis pou ou! Se sa menm ou merite! Se pou kolonèl Panangrenn fè w monte sou tèt yon pouli epi l bat ou nan sèks pouri w la!... Ale! Deyò! Chawony pwomennen!...

Likrès wont avèk pakèt jouman sa yo. Li lonje men l pou manyen kò ki refize l touche l la.

« Laninya... Men sa w gen la a?... Tande... W ap fè m fè kòlè... Poukisa w pa vle a?... Ou pa vle, di sa?... M t ap dous pou ou, Laninya. M vle w menm jan ak anvan Laninya!...

- Jamè! Jamè!... pa noumenm!... Jamè, jamè!... M pa nan bagay konsa ankò!...»

Laninya vole. Li pouse Likrès ak tout fòs li al nan pòt la, li bouskile l, li fè l manke tonbe. Li pouse do l met deyò, li fèmen pòt la...

« Sa fini pou jamè! M pa nan malpwòpte! Non! Non!... »

Li kouche vant pla sou kabann nan... L ap chache nèg sa nan tout vil la. L ap jwenn li. L ap di l li fè l fou, li pa ka viv san li. L ap kite tout bagay! L ap fè nenpòt bagay! L ap lave, fè manje, triye kafe, li pral travay nan faktori, l ap tounen tresè pit, li pral vann nan mache... Li pa Laninya ankò. *Eglantina Covarrubias y Perez*, wi, men pa Laninya ankò!...

Laninya akwoupi, li fè yon ti boul, l ap reflechi... E si mirak l ap tann nan pa rive? Si l pa retwouve sans li yo nan bra nèg la ? Si bann li ret tou mouri, tete l kadav epi apre tout bon premye moman yo nèg la tounen menm jan ak tout lòt nèg yo : brital, avèg, mantè, san tandrès, egoyis? Si apre kèk semèn, li pa santi anyen pou li ankò? Si l twonpe l ak yon lòt fanm ki pi fre, pi vivan! Si on jou li kite l? Si l leve yon bon maten li wè l poukont li, dezole, vyeyi?... L ap touye l ak kout kouto! Epi apre sa l ap touye tèt! Wi!...

Men si l pa ka touye l? Si l pa jwenn fòs pou l touye l? Si, menm jan sa te deja rive, li pa ka viv lavi di travayè yo? Si Laninya, ki fin pouri ak lavi bòdèl, tonbe nan chache nèg pou l ka soti anba esklavaj travay salarye a, pou l ka satisfè san traka bezwen ak kapris li yo?... Si, apre nèg la fin lage l, li oblije al chache konsolasyon, afeksyon matènèl nan men yon moun tankou Likrès, Lawoubya oubyen Felisidad?... O! Lavyèj Mari!

Laninya leve, li kilbite, li pati yon bò tankou yon bato ki pral chavire. Ak tout latranblad nan Janm li, li pran direksyon oratwa vyèj mirak la. Li lage l sou de jenou l :

« O manman Mari!... voye je sou Laninya Estrelita!... »

Sou de jenou l, li lage tèt li sou planche a. Li kriye, l kriye, l kriye. Li leve tèt li avèk on je rayisman, li di Lavyèj :

« san rete, lajounen kou nannuit, m ap sipliye w, Vyèj!... kisa w janm fè pou mwen?... Se oumenm kounya ki vle yo pase m anba pye, m wont tèt mwen, m pa ka leve tèt mwen?... Ou pa yon bon

Vyèj vre!... Non! Ou pa sa vre!... Tout fanm se bouzen! Ou pa vyèj! Dayè, ki dwa w pou w ta vyèj?... »

Li voye yon plòt krache, li joure Vyèj la k ap souri ba li. Li lage kò l sou planche a ankò... Li joure Vyèj la ki se sèl sekou l! Li kriye. Li regrèt. Li priye. Li kriye. Li joure ankò... Peta ap eklate deyò a, pakèt moun ap rele. Byen lwen rara fin anraje, tanbou, banbou, gouyad. Kout bagèt klewonnen tankou klòch midi nan legliz katolik... Se mès minui jedi sen ki pral kòmanse Sentàn. Laninya ap koute ... li souye je l. Li leve kanpe... Li santi yon gwo twou nan lestomak li... Se sa! Se moman depresyon an ki kòmanse, twou nwa, labim nan...Sèlman kat jou repo!... Non! Sa pa jis! Kòman l ap fè vin yon fanm nòmal ak vye pwoblèm sa a?... Li se Laninya nan lavi tankou lanmò!

« Laninya, ou mouri deja!...se antèman w ki poko chante! » se doktè Chalbè ki te di sa... Wi, li se Laninya pou toujou! Ni lesyèl ni lèzòm p ap fè l gras. Likrès gen rezon, li se yon manman chen, yon bouzen!... Li leve. L al sou tab denui a, li pran bwat konprime *Maxiton* an epi l vale de grenn. Li pran yon po dlo, li pran de twa gòje. Li pase dlo nan vizaj li. Li kanpe... Fòk li retire bagay sa nan kè l, li pa ka kenbe ankò!... Li gade bò kote l, li pop li pran yon kilòt met sou li, soutyen, jip, kòsaj... yon chapo?... Li pa genyen. Li pase men nan tèt li, li ranje cheve l an de tan twa mouvman, li fè yon chou kochon. Yon foula. Li mare l an tiyon nan tèt li... Si l Laninya pou toujou, l ap konn sa aswè a. Fòk li tante chans li. Ou pa janm konnen!... Li soti.

Li kwaze ak Likrès k ap soti nan chanm li a tou. Je youn tonbe nan je lòt.

« Likrès, vini m pale w!... Eskize m pou talè a... Ou konnen se sigarèt yo ki te boulvèse m, ou konprann?

- Men ki kote w prale Laninya? W ap tounen?...

- Wi... m kwè m ap tounen...

- Ou kwè?... W ap tounen vin jwenn mwen?...

- Petèt... Anfen wi... Wi m ap tounen »

Likrès ap gad ale Laninya ak yon je enkyè ... Laninya pa al fè tenten non? ... Podyab Ninya!.... Likrès pè. Paske li wè nan je Laninya on pakèt doulè ak dezespwa. Likrès nan menm sitiyasyon an, li konnen tout bagay... Li ret la l ap gade Laninya ki ouvè pòt la l ale.

❖

Elkotcho pandye sou motè dyezèl li a. Salopri machin! Koumanman! Bagay la t ap mache byen pwòp epi l voup li kanpe san rezon. San ankenn rezon! Li panche. Li chache, li mete luil, sere boulon, lache kouwa, apre sa l leve. Malgre tout sa li pa patinen... Li souye men l pou retire pakèt luil yo. Men sa ta dwe mache. Li fè on ti deplase epi l pati motè a ankò.

« Ale!... demare, vye machin!... »

On ti tous... on gwo tous... yon wonfle!...li vire!... yon gwo souri parèt nan kwen machwè won an. Li panche tèt li byen pou l tande bri machin nan.

« Ale!... pi bon pase sa!... ban m son an, vye motè!...»

Motè a bay son an. Li vire tou won. Elkotcho ri.

« M te konnen w pa t gen anyen, vye toupi!... Ou te vle fè yon move jwèt ak Elkotcho, pa vre, malis kochon? »

Elkotcho kanpe motè a epi l tape do machin nan.

«La! La! Vye pa m... tou dousman kounya a, poze w!...»

Fòmann nan rive:

«... M te di w li pa t gen anyen. Li t ap pran pòz li paske se pa t mwen menm ki te pati l...

- Ou konnen, Elkotcho, se pa t pou anbete w... Sèlman blan an, li renmen pou machin yo ap byen mache, menm si pa gen dyòb. Se nòmal, non?...

- Sa ka nòmal vre, men lè m fè anplis yo, yo dwe peye m pou yo. Sa a tou nòmal... inè edmi anplis byen konte!...

- Sa a, se pa zafè pa m!

- Pa bay tèt ou pwoblèm, se zafè m! Elkotcho konn defann tèt li! Yon lè travay anplis se dezè travay... apremidi se pa lè travay, non?...

- W ap aranje w!

- Kòman m ap aranje m nan!... m ap aranje m menm jan oumenm ou aranje w pou yo peye w pa w yo ou fè ap monte desann bò kote m nan san fè anyen an. Ale!, babay!... twòp bagay!

- Twòp bagay!...»

Elkotcho woule zepòl li, li dodine pat pye kana l yo. Sou pwent pye... eyap, li pati! Nèg kawotchou a bat zèl li. Travay fini. Nou pral reve!

❖

Elkotcho antre nan restoran madan *Puñez* la.

« Ekotcho? Se kounya w vin manje? Ou wè, tout mesye yo ale...

- O! Si w vle, m prale tou, bonswa!

- Ala w gen move karaktè papa!... Vini, chita!...Kònilya! manje mesye Elkotcho a!...Sanble w te gen travay anplis?

- Wè!

- Sa k ap pase konsa jounen jodi a, Ekotcho? Gen yon bagay ki pa nòmal!

- Pa nòmal? Noumenm fanm, nou kwè tout gason se menm!... Lavi, li toujou menm jan an chak jou?

- M panse se sa!...Tout jou se menm... manje de ou twa fwa pa jou, selon lajan w, leswa yon ti pwonnad epi dòmi nannuit!... »

Elkotcho wose zepòl li:

« Se sa n vle wè! Epi rès yo nou refize wè yo! Ou kwè sa w di, se fini?... Ane pase, pa t gen ekspozisyon; ane sa a, ap gen youn... F.T.H. te bay lòd pou grèv jeneral ane pase, pandan pwoblèm Gonayiv la; ane sa a pa t gen anyen... Jodi a prezidan Estime lanse yon prè entèn pou peye sa nou dwe Meriken... Travayè waf yo te gen yon ogmantasyon sa fè yon mwa... Gouvènman an bay lòd kèk manèv sou fwontyè dominiken pou kraponnen *Trujillo*... Moun k ap tannen po pou fè kui yo depoze revandikasyon yo... Se pa chanjman sa ye?... Ou pa wè lavi a ap chanje piti piti?... tan fredi a pase, lapli kòmanse tonbe, kànva lavi a ap chanje dousman, nou pa menm wè sa, men yon bon maten, nou tout sezi wè nou pa jwenn sa nou te konnen... Se pa sèlman ane yo ki chanje, men tou semèn, jou, lè yo pa menm ankò... Elkotcho sezi wè kòman tan yo chanje, li sezi wè li tounen yon lòt Elkotcho...

- Anfen!... Bondye se sèl mèt!... Petèt ou gen rezon, petèt tou se ka lide ki sot nan liv... Antouka, madan *Puñez*, limenm, li rete yon bèl vye fanm ki pa enterese pèsonn!... »

Elkotcho ap manje. Li kraze. Li niche bouch li.

Delya?... Boujon militon an byen bon. Se koupe dwèt!

- Kisa w pral mande m ankò oumenm?

- W ap bay blag toujou!

- Alòs?

- Wi... M te kite yon pakèt vye foto lakay ou, ou sonje?

- Men ou te pran yo sa fè lontan! Kisa w panse m te ka fè ak pakèt vye foto tou wouj ou yo?...

- Antouka, ou te byen renmen yo!... Epi men Elkotcho lè l te gen dis mwa, montre kizinyè a! Sa, se manman Elkotcho y ap montre vwazin nan... Yon bèl fanm, manman Elkotcho, hen?... Sa, se Elkotcho lè l t ap fè premye kominyon, ou te di Kònilya sa. Gade kòman l ap pase bondye nan jwèt nan kè li!... Lè w fini, apre tout istwa w yo, gen foto m pa jwenn!...

- Elkotcho, monchè, ou byen pèmèt ou ! Se yon gwo bagay ou di la a wi!... Mwen, Delya *Puñez*!... Konsa, ou kwè m vòlè foto w?... Depi w nan jwe ak ti chen fòk li lage pis sou ou!... Vini, ou ka fouye tout kote, w ap wè si w ap jwenn vye foto w lakay mwen!...

- Bon, si w pa genyen, m kwè w, men te ka gen youn ou de ki glise nan mitan yon pakèt rad nan amwa a... Se pa t ap fòt ou!...

- Dabò, poukisa w bezwen foto jodi a? Pou al montre jenès k ap vire lòlòj ou yo?... W a wè, Elkotcho, ki kote istwa sa yo ap mennen w!...

- Sa se bagay ki gade m!

- Konsa, se tout sa m merite, Elkotcho?... W ap ban m bèk?... Depi tan m konnen w, m te kwè nou te ka konte youn sou lòt, sou zanmitay nou... Mwen ki panse m te gen yon zanmi fidèl!... Mèsi, Elkotcho, mèsi!...

- Lapè, Delya!... »

Elkotcho fin manje. Li touye je bay Delya pou l kalme l. Delya te deja kalme l epi l deja regrèt sa l fè a.

« Al gade nan amwa a non, Elkotcho, petèt ou ka jwenn sa w ap chache a. Ou pa janm konnen!... Ou razè? Ou bezwen lajan?

- Mèsi, non, Delya... Konsa, m ka al wè?... »

Elkotcho pran eskalye a l ale. Madan *Puñez* souke tèt li tankou moun ki pèdi batay, ki reziye l.

❖

Elkotcho ap mache sou pò a ki ap fonksyone tou piti. Li desann nan ri *du Quai*, li pouse ale nan dènye bout plas Lakomin, li tounen. Li pran direksyon estasyon machin pwovens yo; dènye kamyon yo ap degaje yo pou yo demare menm lè gen ban ki pa fin ranpli... Kisa l te fè ak foto sa a? Si l te genyen l, li t ap kapab konnen kiyès tousuit... Vyèy Michlin *Compagnie des chemins de fer Mac Donald – le Motor-car* tankou jan yo rele l la – pral derape pou Senmak...Elkotcho antre nan ti ga a, li melanje nan foul moun k ap achte tikè. Kontwolè *Motor-car* , yon gwo nèg men wotè, bèl mouchtach, se zanmi Elkotcho. Li fè l siy:

« Hey, Elkotcho!... Ou anvi pati avèk mwen?...»

Machin yo kòmanse ap fè mouvman. Elkotcho fè l babay. Li soti nan ga a tou dekouraje. Poukisa l pa al fè yon pati dam kay Gabriyèl? Jwè yo ka la deja... epi, apre, non! Fòk li fè on pase bò kote F.T.H. Yo te voye di l yo bezwen l... Pa jodi a... Yo pral antrene l nan pawòl politik epi pawòl politik nèg yo pa twò katolik nan tan sa yo, yo lage yo nan men ti boujwa klas mwayèn gwo toryan vòlò tè nan Nò ak lòt kote ap kòmande... Sa te ka fè gwo lòbèy. Elkotcho al jis sou pwent pon an. Machin tren konpayi waf yo ap defile youn apre lòt. Nèg yo ap travay avèk jwa, y ap chante... Bravo, mesye! Nou mennen yon gwo batay! Nou pote viktwa, nou merite sa! Sa a, se travay sendikal!... Pon sabotaj la... Vwalye yo ap danse nan kòd yo, sant mango fransik ap pete nen moun. Bonjou, frè!, Bonjou *Dieu-protège*!... yon bèl vwalye... Bonjou, *La Sirène,* bonjou tout marinye, bon van epi bon vwayaj!... Elkotcho ap pwomennen. Kanbyenmèm, fòk li pran yon desizyon. Kisa pou l fè?... Se pa yon fi fasil! Se yon gwo pari!... Si l te jwenn foto a...

Premye mazi bidonvil Lasalin yo... kanbyenmèm, tan pou l ap fè filozofi epi kite yo mennen l menm jan ak ti boujwa fonksyonè yo, si mesye yo te ka bay politik gouvènmen yon bon sipò, yon sipò nan bon kondisyon, fè bon kritik, bèl pwopozisyon, pwojè, kanpay pou rezoud gwo pwoblèm moman an, sa t ap pi bon pase tout lòt pawòl san sans yo a.... Sa t ap bay yon bagay, Estime pa yon nèg sòt, li gen tèt di se vre, men nou pa ka di li pa renmen peyi l. Si klas ouvriye yo kanpe rèd, veye enterè yo, frape pye yo lè pou yo fè sa, gouvènman ap oblije mache dwat... Yon ekspozisyon! Ki koze sa a! Yon kenz milyon dola yo pral mete nan yon konstriksyon ki p ap rapòte anyen! Poukisa yo pa fè kenz izin ki t ap bay trent mil moun travay? Fè Beladè tounen yon vil ganizon? Pou fè kisa? Petèt politik ouvriye yo merite pou yo wè yo yon lòt jan nan tout peyi soudevlope nan Amerik Latin nan?... Antouka, gen yon bagay ki pa fin klè menm si se nan liy taktik la, sa pa mache menm avèk reyalite yo... Ki dènye fwa l te gen foto a nan men l? Yon ti efò... Non, li pa rive sonje... Fòk yo ta kreye yon travay pou tout semi pwoletè ki nan zòn nan. Sa k santi konsa, Lasalin; timoun k ap kouri nan labou ak dlo santi, gen mwatye nan yo ki pèdi! Y ap mouri tankou mouch! Sa se ijan!... Se pa konstui de twa vye kay ak latrin, men se pou yo pran pwoblèm nan nan rasin: bay gason yo travay epi katye a ap chanje poukont li kòm konsekans... Mizè nan kò, vè, malarya, rachitik, tibèkiloz... epi avèk tout sa, ti boujwa yo, yomenm se ekspozisyon inivèsèl ki nan tèt yo, pou yo atire touris, se sa yo di. Kòmsi touris t ap vin kontanple yon ventèn kay ki pa menm fin byen kanpe! Si yo vini on jou, se ap pou lòt bagay, pou kontanple bèl ti zile natirèl ki tou pre Miyami... Fòk gen izin tousuit pou rezoud pwoblèm chomaj la!... Yo te ka fè papye avèk zanmas kann, bijou ak gren madyòk, mèb ak bon bwa pou al vann nan peyi etranje, yon endistri aliminyòm avèk pil lòt bagay ankò! Se sa ki aksyon revolisyonè tout bon vre nan Karayib la, mete yon baz ekonmik nasyonal endepandan, yon baz endistriyèl. Tout radòt ki chita sou baz batay klas kont klas, nan moman an, se fè jwèt de pi gwo ènmi yo, feodalism tèt anba ak enperyalism etranje, se pale pou granmesi, se lage boujwazi ki pa nan batay nasyonal nan bra ènmi tout nasyon an... Si n kite n pran nan fo pawòl revyolisyonè ti fonksyonè boujwa yo, se trayi vrè konba a epi mete peyi a tèt anba...

Epi apre, kisa yo pa pral chache! Tout sa pou yon fanm!... Li la, li toumante, paske l konnen li pote nan kè l yon gwo ensatisfaksyon nan de kote rèv la: kolektif ak endividyèl... Fòk li deside, Elkotcho pa limenm vre, yon fòs di tankou fè k ap briye, sèlman si l rive rezoud tout pwoblèm entim nan lavi l yo pou l vin nòmal. Lavi se jwèt, evènman, eksplorasyon, kisa l ap pèdi si l pran met sou lestomak li fanm tèt cho sa a nan lavi l?... Kanbyenmèm, Kiba ak Ayiti, sanble kou de gout dlo. Se vre, lòt bò a klas ouvriye a plis, yo batay pi byen, yo gen plis eksperyans nan yon sans, men enperyalis yo antre pi fon, konsa, bagay yo pi ekilibre... Isit la pèp la gen plis abitid revolisyonè, lòt klas sosyal yo pa twò konsèvatè epi yo pa twò òganize... Tou de kote yo, nou bay blag: kesyon koulè an Ayti epi divizyon ouvriye Kiba. Si nou te ini, nou t ap kapab ede *Grau San Martin* fè anpil bagay pa egzanp... Anfen!... Se vre, nou pa janm sakrifye endepandans politik klas ouvriye a, men li klè fòk nou fè gwo sendika, anpil antant... Yon bon taktik ki mache avèk estrateji teorik la... Epi apre, zoup!... Dènye ti flanm nan boukan jenès la ap limen etenn... Tout jan, tout manyè, jenès la prale, menm si pa gen mouvman oubyen mouvman moun fou!... Ebyen, kisa l gen pou l pèdi?

Ayayay! Si l te gen foto sa a!... li chwazi kanmèm pwogrese nan yon chemen difisil... Kamarad Elkotcho, nan mitan mennaj ou yo, pa bliye Karayib k ap tann ou epi ki gen konfyans nan efò pil milyon Elkotcho yo... Haa! Si tout flanm fòs tout pèp Karayib la te ka met ansanm pou fè yon sèl, nou t ap pouse move sò a!... Chak moun t ap ka avanse avèk frè pa yo, avèk zanmi yo, avèk moun yo renmen pou al chache lavi!... Men se toujou yon rèv, solèy poko leve sou Karayib la! Pasyans!... Haa! Si l te ka sere pase vizaj sa a pou l poli l ak lanmou senp, konbatan, anrichisan youn pou lòt... yon lavi marasa t ap rekòmanse, men nan men. Elkotcho, fòk ou rekonèt sa, kè a pa vle woule poukont li menm jan ak anvan! Ou pa ka mache poukont ou ankò, goumen, soufri poukont ou... Li lè pou w jwenn yon moun met bò kote w... Ou pè, Elkotcho, se pè a ki fè w ezite. Hey kisa! Ou pa fè tèt ou konfyans, ou pa kwè nan lanmou, ou pa kwè nan lavi, ou pa kwè nan mouvman an!...

Elkotcho ap mache nan pò a. Li karese tèt timoun k ap pase bò kote l yo. L ap respire lè sale bò lanmè a epi gout dlo van an voye tonbe sou po bouch li. Li lonje dwèt li sou papiyon lavi k ap vole san rete. L ap bwè yon fresko. Li voye je gade yon pè bouda k ap danse. Zwazo je l yo al poze sou yon pè tete k ap tranble. L ap koute bri tanbou rara k ap frape byen lwen. Li voye je gade chen k ap pwomennen, yon pat kase kenbe anlè. Elkotcho ranmase yon vye foto pye pile, li gade boul nan do yon ti granmoun ki prale do ba, li tape zepòl yon machann sirèt... Elkotcho gen yon tras ki travèse fon l... Haa! Si l te ka jwenn foto sa a!... Peta yo rekòmanse.

❖

Tansyon an monte devan legliz Sentàn. Ansanswa yo ap balanse dèyè bawo kote tout pè yo reyini pou al fè mès jedi sen. Nan mitan gwo lafimen pafen Oryan, kout son klòch, foul moun met ajenou epi leve san pwoblèm. Gregoryen yo plen koulwa a, tris, tou dousman, y ap defile pandan y ap resite sòm ak lamantasyon... Jezi pase avan pasyon l yon lòt fwa ankò avèk disip li yo, li pale avèk yo, li ba yo dènye mesaj yo... Seremoni lavman pye a ap fèt devan gwo otèl la. Laninya lage kòl devan balistrad ti otèl yo monte devan estati Vyèj la ak yon gwo kagoul mov bare figi l. Laninya Konnen manman doulè a la, kè l cho, li pa ka tann yo fini. Semèn ki pi tèrib nan mitoloji ki egziste!... Vyèj la la, dezespere menm jan ak ti bouzen ki blayi nan pye l la.

Laninya pa priye. Li pa resite ni *je vous salue Marie* ni litani, li pa menm okipe chante k ap chante a. Li sèlman vin rann Vyèj la yon vizit. Li deplase pou l vin rakonte manman doulè yo istwa l. Li se yon ti bouzen Lafontyè, tout moun konn sa. Se pa yon bèl bagay, lavi a pa woz pou li epi kè l malad, se pa yon sekrè pou pyès moun. Sa pa fè lontan, yo te di Laninya, menm jan ak pitit bondye a, Vyèj la pa pè kadav, moun fou, moun ki pase maladi lèp, vewòl, kriminèl, bouzen. Se sèl lèzòm ak moral yo ki ka kondane ti malerèz sa a. Menm si Laninya te gen tout bagay pou vin mè, sen ou vyèj, nou kwè li pa t ap kapab? ... Li se bouzen, yo di se fòt li. Eske se vre li te chwazi fè sa ak tout kè l?... Anfen, manman doulè yo konnen tout bagay k ap pase. Si Laninya pèmèt li, li vini jis nan pye manman bondye, se paske gen yon bagay grav ki pase.

Yon nèg vin parèt. Aprè l fin reflechi, Laninya te reziye l pou l pran l pou tchoul sipòtan l, pou akonpanye l nan lanfè l la, se sa l pa t vle fè. Men nèg la pa vle. Li di:

« sa pa ladann!»

Li pa vle yon bouzen pou konpay li... Alòs Laninya kouri al kay Vyèj la, bagay li pa t janm pran chans fè jiskaprezan, malgre tout degradasyon, malgre tout move moman li pase nan egzistans li. Li pa vin mande ni lajan, ni siksè, ni glwa, li vini pou l konnen yon bagay tou piti. Yon ti kesyon tou senp. Lè yon moun bouzen, eske w fèt pou sa? Eske w ka sispann bouzen?... Si sa posib, li prèt pou l kite Sansasyon ba a jodi a menm, men fòk li ta konnen si l pa pral tonbe nan benyen chen... Laninya vle jwenn yon repons klè. Fanm tirè kat, k ap li men, mayetizè, bòkò, li di bagay yo san pase kwochi, men Laninya pa fè yo konfyans. Li pa kwè yo onèt vre, men si Lavyèj di l desten l, - pa avni, desten- l ap kwè... Vyèj la konn sa k rele soufrans, kounya se dènye bout soufrans manman doulè yo, se semèn soufrans ki pi tèrib yon manman te ka andire. Semèn sa a te yon pasyon tout bon pou Laninya. Se te yon bagay ekstraòdinè epi tout lavni l chita sou sa... Li vle jwenn yon repons klè. L ap peye sa l kapab, balèn, mès, ofrand, don, penitans, epi tout. Tout lavi l Laninya te toujou rete fidèl ak Vyèj la, li pa t janm sispan pale avè l. Se premye vrè demann li fè. Se dwa l pou l jwenn repons.

Laninya apiye nan mi balistrad la on jan dezespere, li apiye tèt li nan fè fòje frèt la, je fèmen, bra kwaze menm jan li wè yo fè l nan foto sen yo. Laninya ap tann Vyèj la gen yon minit... Li vle tande repons la nan de zòrèy li byen fò. Si gen moun sou latè ki gen sousi pou Laninya, li konnen l ap reponn li. L ap tann...

Chante yo retanti nan vid yo. Mil vwa diferan ap monte, kriye, plenyen, apèl grav, prese, tris, melanje, kwaze youn sou lòt pou fè yon pakèt gwo bri. Nan mitan bokal lansan yo, balèn ak enstriman k ap jwe, se yon kokenn gwo entèwogasyon chaje ak kesyon. Fòk nou pa pase sa nan betiz, se tout istwa planèt tè a ki anndan sòm sa yo, im ak lamantasyon sa yo. Se tout limanite ki kontinye ap poze kesyon. Kesyon l nan grav, gwo, trajik, nou pa dwe pase sa nan jwèt. Sa fè lontan, lontan, limanite ap sipliye . Fò nou mete chapo n byen ba pou n tande si n vle konprann kote nou ye ak kòman moun pral dirije demen. Yon gwo pati nan limanite pa kwè yo sot nan Adan ankò, men *Homo Faber,* sa vle di se bet ki ba yo nesans. Pòsyon moun sa a kòmanse pran yon lòt direksyon, men rès ras moun yo, yon majorite toujou, pa pèdi espwa pou yo jwenn yon repons. Kounya, kesyon an bezwen repons prese, moun vin pi pè, pi tris, plent yo retanti nan tout kwen, tout mi legliz la. Pèp la pè, li dezespere nan tande kòm sèl repons vwa pè k ap di toutan latè dwe tounen yon plèn dlo nan je, fòk yo pa janm sispann priye... Eske priye se sèl fason pou moun sove? Eske se pou tout moun reziye yo nan tann bonè etènèl la san plenyen? *Beethoven* te mande sa deja nan *La missa solemnis de Gran,* mès an re :

« *Dona nobis pacem*! Ban nou lapè!...»

Kounya a, limanite pa kwè tankou egare ankò menm jan ak lontan. Li fatige, bagay yo chanje... Si l pa angaje nan yon lòt vi nèt, li ale pi souvan nan lòt tanp ak lòt asanble fèk parèt k ap voye monte sa fè plis pase yon syèk yon sèten *Ozanam*. Se Lapriyè ki pale.

Nan semèn ki pi mal selon sa yo di, diven defansè, pitit bondye ak tout oumenm, vyèj epi manman doulè, Laninya Estrelita ak on pakèt milyon parèy li la nan pye w, y ap tann yon repons. Eske y ap tounen san yo pa jwenn li?... Sa mande reflechi! Si aswè a Laninya pa jwenn tout bon, klèman, yon repons, se tout syèl la k ap tonbe atè, ou pa bezwen mande pou gwo batiman sa yo ki temwaye grandè lèzòm epi ki di se yo ki pi bon, pi bon sou latè, depi sou tan makak. Konbyen tan Laninya ap ret tann nan ventyèm syèk sa?... Laninya blayi kò l tankou moun ki pèdi espwa nan balistrad la... Avan moman lanmò Jezi yo, li te rasanble yon dènye fwa nan mitan disip yo. Gwo seremonyal, teatral, lavman pye a fèt kòmanse legliz Sentàn. Chanwàn, vikè, anfandkè ap pran dlo voye sou pye yo. Depi maten pa gen klòch ki sone. Bokal lansan yo ap balanse nan mitan legliz la. Priyè tenyen, priyè relimen. Chante lwanj yo fini, tout moun soti anndan legliz la. Laninya ret la, l ap plenyen. Li la l ap kriye.

❖

Lè jedi sen Maryo lage baryè lib pou medam yo, li pa ouvè. Men Laninya ap tounen. L ap mache tèt bese, foula ki te nan tèt li talè a pandye nan men l epi l ap trennen atè. Kounya a li nannuit, yon nuit chaje ak peta, tanbou, zetwal k ap file sou tèt mòn yo. Foula a ap balanse nan tout direksyon nan lakou a. Li bale mach pewon, galri, epi l rete. Elkotcho chita nan ba a avèk Likrès. Li sanble ap poze l kesyon. Lè l wè Laninya ap vini, Likrès rele l byen poli :

« Laninya, nou t ap tann ou...M ale, m kite nou!... »

Se pa yon move moun, Likrès sa a. Li santi gen yon bagay ki pa nòmal. Likrès se fanm ki pi entelijan nan mitan medam Sansasyon ba a, eske se poutèt diskisyon sou kesyon karaktè a? Sa k te pase vè midi a ka bay yon eklèsisman. Li ta byen kontan yon bon bagay rive Laninya, paske, sofsi l ta fè erè, se pa bagay òdinè k ap pase nan Sansasyon ba a. Si yon mirak fèt pou Laninya, se ap yon dat tache nan almanak, se ap yon rezon anplis pou moun espere. Sa t ap fè tout medam yo kontan. Likrès retire kò l epi l fè Laninya yon ti kout je... Ale Laninya, pran chans ou, nou p ap ka kenbe w nan kè, noumenm. Sèlman, pa fè egare, degaje w byen, si se anbobine pou w anbobine l, pa neglije...

Laninya wè Elkotcho. Li pè avanse sou li, li pa kwè, li fèb, san fòs, san vwa. Li avanse kanmèm tou pè epi l lage kò l sou yon tabourè bò kote l la. Se Laninya l ap rete jiska lafen. Li leve je l gade nonm nan tou frikat, po je l ap tranble paske lespwa pa vle ni limen, ni etenn. Elkotcho pale piti, vwa l ap koupe. Li pale sou lang...

« ... Jeneralman, m pa pase nan kat chemen, madmwazèl... nou jan nou ye, pa vre?... Lavi a ban m anpil sabò, m pa yon anfandkè... Eske w gen tan pou w tande m?... M ka pran tan, tan an ka long... Si l pa posib, m ka vini yon lòt fwa... »

Je Laninya parèt tankou je moun ki sot fè krim lapolis ap chache. L ap tranble tèlman l pè...

« Alòs, se wi ou se non?... »

Laninya souke tèt li pou l di wi. Likrès touen sou pwent pye. Petèt medam yo ka kache dèyè pòt ap tande, men ni Laninya, ni Elkotcho pa bay sa valè. Likrès mete yon kasèt nan radyo a epi l ale. Se mizik Laninya pi renmen : *desesperacion (dezespwa)*...Non, Laninya, ou pa ka lage kò w, se pa yon fi dyanm tankou w pou bagay konsa rive. Ann ale! Mete fanm sou ou, sa l ye la a!...

Laninya leve yon dwèt li, l avanse l tou dousman, li karese ponyèt Elkotcho. Kòman w fè gen ponyèt sa a?... Li pase dwèt la sou yon venn. Anvi pou l dekouvri kò a voup li monte l. Tout tristès, pè vole. Kiyès nèg sa a ye?... Laninya pap li pran de ponyèt li epi l di l :

« Vini!... Vin danse! »...

Li pa ka menm sere de ponyèt yo nan de men l. Li mete tout fòs li, tout kouraj li, tout dousè ki nan rèv li! Li kenbe l, li kite mak dwèt li nan po mesye a. Elkotcho gade l apre sa li pa di anyen, li lage l. Yo kanpe. Laninya glise men dwat li nan plamen Elkotcho. Dans lage. Yo leve Laninya nan ren. Y ale avè l! Li bliye koudponyèt goch li sou zepòl nèg la, men lajè, pwès. Ay! Laninya! Men w ale! Kote w, Laninya?... Bagay la monte, li monte!...

Laninya se yon plim, yon fèy, yon zwazo van ap pote ale. Laninya ap flote nan mitan de syèl, li santi l nan yon rèv, l ap fonn tankou bè nan luil ki pran solèy, pou vin fè yon sèl. Li santi l tankou zanj nan lespas k ap vole! Vòl la ralanti, men li pa janm kanpe menm lè l bay tèt vire. Laninya prèske gen tèt vire. Eske l vivan tout bon vre, se sa? Li santi l ap transfòme; se konsyans la k ap tounen piti piti. Tou piti! Feblès la pran fòs nan dwèt fèmen yo ak koudponyèt ki apiye sou zepòl la. Se de ravin feblès ki rankontre epi ki met ansanm pou tounen yon rivyè chalè soti nan fant janm Laninya pou benyen sèks ak kuis li. Tout bout anba Laninya se feblès ak tritès. Laninya sot lwen! Laninya santi l egziste kounya a... Eske se dwèt gwo pous li li santi a?... Wi... Se ponyèt plen plim la ki kenbe l, ki fè l reviv. Pou l ap bat. Dwèt gwo pous Laninya se motè san k ap sot nan venn nèg la. Men lòt dwèt Laninya yo reveye, ti dwèt piti, dwèt mitan pase l kwaze ak lòt sou koute l la. Yo tout mare ansanm, ay! Men gwosè plamen an! Ala l di, ala l bon, ala l cho! ... Hanch Laninya reviv. Tout bagay tounen. Li gade Elkotcho, li ri... Se te limenm!...

Li tèlman mennen l lwen nan bolewo a, tout bagay mele nan tèt li. Se limenm menm... Li kenbe l fò. Li kenbe l dous. Li pa konn kòman pou l obeyi bay yo mennen l nan direksyon y ap ba li a men li fè sa l vle. De men plake sou hanch li prèske pote l, se yon pwomnad kole, dousman, cho tankou lafyèv sou po ...

Dezespwa!

Kiyès k ap pale de dezesperans? Poukisa pou y ap pale de dezespwa alòske pa a klè konsa, lè moun pè ap tranble se yon kalkil dyab ki bezwen de bouda kontre, pou youn antre nan lòt, pou yo kole ansanm...Li pati dèyè yon zanmitay, san efò, gras ak santiman rasyal yon frè ki soti nan pèp dansè menm jan avè l, yon konpayon ki fèt nan dans ak nan mouvman, yon nèg ki pa bezwen trase pa paske ni lesyèl, ni latè, ni lavi pa gen sekrè pou li. Laninya livre l bay, li bliye kò l, li kite l ale nan men nèg la. Laninya bay tèt li epi l pran. Se tout kò l k ap kontanple chak grenn twou, chak longè ak wonn bèt pa l la... Anfen, li pwomennen gade tout kò a!... Kòman l t ap fè konnen gen gwosè fòs poze sa a nan yon lestomak, yon tandrès ekstraòdinè nan yon bra di kou fè, yon fòs ki bay latranblad, yon dousè ki depase siwo myèl anndan vant yon gason?... Depi l fèt rive jis kounya, se vyolans ak britalite makak ak fo lanmou yo li konnen, se yon pil nèg ki bezwen satisfè anvi yo sèlman li kontre, sèl sa yo konnen se plezi. Kòman l ap fè ak gwo responsablite sa a ki pi gwo pase rèv li? Haa! Reyalite grandi pi vit pase rèv!... Laninya se madanm fòs sa a k ap pwomennen, se fiyanse tete ak lestomak dyaman an, se nòs de flan, maryaj de do koko, alyans de zepòl, se kabann de vant, lonbrit nan lonbrit, vant nan vant. Se vole ale. Laninya gonfle rèv li, l ap eseye fè sonj la rive nan mezi gwosè l, l ap eseye koule pòtre lespri tout moun gen nan yo a anndan nèg la, yon rèv vivan melanje ak reyalite lespwa mouri kite pou li.

Noumenm, moun Karayib, nou se pitit verite ak limyè, pitit dlo ak mayi, pitit yon lanmè ki vole l ale, pitit yon vye ti van k ap danse bolewo, rara, kalipso, bigin, woumba, kongo payèt, sote, ponpe, epi solèy, papa nou, se yon toubiyon tou won plen limyè. Nan mitan sal vid Sansasyon ba a, chante bolewo a ap frape pi rèd nan radyo a k ap jwe poukont li, repete san rete leson madmwazèl ki rele Likrès la ba l bay:

Dezespwa!....

Kiyès ki gen kouraj ap pale de dezesperans? Elkotcho ak Laninya ap danse, sispèk, sispèk paske pou yo se yon gwo sakreman. Se pa dans lavi yo ki demare, k ap pote yo ale kòmsi dans bolewo te fèt pou youn te ka dekouvri lòt, nan moman san bout sa a. Li p ap aprann anyen. Nonm nan transpòte Laninya ak fòs epi dousè, li konnen fòs sa a ki fè viwonn zetwal ak sezon yo. Bouton flè, limenm pa konn anyen nan doulè ki fè boujon pete epi fleri, fè branch. L ap danse.

Laninya di ak yon vwa klè:

« Rete?...»

Nèg la kanpe avèk mizik la. Laninya di :

« Vini!...»

Nèg la pati dèyè l nan koulwa ki mennen nan chanm nan.

❖

Laninya antre nan chanm nan. Li limen limyè. Elkotcho kanpe nan papòt la epi je l ap fè viwonn anndan an. Laninya plonje sou kabann nan, li pase men retire ti pousyè, tire dra a epi ranje zòrye pou l ka fè kabann nan sanble yon bèl bagay. Li wont pou pakèt bagay ki gaye anndan chanm nan, li ramase rad ki te te gaye atè a, li ouvè fenèt, vide sann nan sandriye jete epi pou van antre. Li rete kanpe avèk ti soukoup seramik la nan men l. Men : kabann, ti tab, yon lòt tab, yon vye dodin, oratwa, pòt jalouzi, - ti zwazo yo sanble ap dòmi – amwa ak yon glas sou li plis de valiz, yon chèz, anfen pòt antre a kote Elkotcho kanpe a. Se tout. Men dènye refij Laninya Estrelita, chanm penitans li a, van lanmè a ki kenbe l konpayi lè l poukont li, vye sant, sant kò l, silans li, enstriman pou l jwe nannuit, papiyon nwa k ap bat zèl yo arebò dekorasyon anpoul nan plafon an. Men. Elkotcho konn tout bagay kounya.

Li antre, li fèmen pòt la, li retire vès li epi l apiye nan do chèz la. Li foure men nan pòch li, li rale yon ponyen flè solèy voye sou kabann nan. Flè yo al tonbe dirèk nan lestomak Laninya. Laninya avanse vin arebò kabann nan, li chita l ap gade flè yo ki gaye sou dra a, li gade Elkotcho... Li pran flè yo met nan fant dwèt li, l ap jwe avèk yo. Elkotcho di :

« Ou renmen flè solèy?... Yo di l atire move chans, men m pa kwè yo... »

Mo yo tonbe tou dousman nan kè Laninya. Li leve, li pase kle nan pòt la epi l chita. Li retire ti fèy flè jòn yo ak pousyè ki tonbe sou dra a. L ap reve. Elkotcho, limenm, konsantre l, l ap mache nan chanm nan tipa tipa. Li rete :

« ... M te wè w deja... pa isit la... Se pou sa m la a. Ou konn sa ?... Sa k rive m nan pa piti!... »

Laninya la l ap admire l. Elkotcho vin jwenn li, li pran men l, li chita bò kote l la. Laninya di :

« M pa ka sonje », Elkotcho mete yon dwèt sou bouch li.

« Se mwen ki pou sonje... Pa pale... Fòk mwen rive sonje!... »

Li vire ti men an nan mitan dwèt li... Ou ta di de fèy rezen... Li karese dwèt yo youn apre lòt avèk dwèt pous dwat li.. Li fèmen je l... Dwèt li yo file. Li gen yon ti mak tou piti sou ti dwèt goch li. Li woule dwèt yo. Li vire plamen l epi pase l tou piti sou do men l, apre sa li mete yon bo nan mitan chak fant dwèt yo. Li pwomennen lang li ladan yo... Pla men l byen fèt... Liy anwo yo tou fen, tòde... liy kè a koupe an ven tras... Yon mwatye nan liy chans la. Liy lavi a limenm kanpe nan mitan wout, li reparèt... Elkotcho mete pwent dwèt yo nan bouch li epi l kite yo nan mitan po bouch li... Elkotcho di :

« Ou gen zong long... » Laninya rale men goch li, li fouye nan tiwa tabdenui a epi l pran yon sizo. Li di :

« Koupe! »

Elkotcho gade l. Laninya repete :

« koupe, m di w!... »

Elkotcho pran sizo a. Lanninya kouche tèt li sou zepòl li. Elkotcho koupe san diskisyon. Pou li, yon pawòl se yon pawòl. Pakèt zong vèni yo tonbe youn apre lòt. Elkotcho pa pè, li peze sizo a fò epi yon sèl kou li koupe yo ra. Men, se fini. Laninya pran men yo li sere yo. De gwo men, graj graj, plen zanpoud, men moun k ap batay pou l viv. De gout dlo parèt nan kwen je Laninya.

« M pa t dwe koupe yo ?... kounya a, se fini! Yo koupe... Mwen menm, mwen gen gwo pat, m ta dwe... »

Laninya souke tèt li pou l di non tou tris, li separe l ak vanite yo nèt. Li kanpe l, li mete yon dwèt sou bouch li. Li di :

« Pa pale!... M vle sonje poukont mwen... »

Dlo ap kouri nan je Laninya men li parèt byen ge souri sou lèv. Manman Mari pa t reponn li, men lavi a kòmanse ba l rezon. Li konnen kounya lèzòm poukont yo, yo pa gen ni bondye, ni lapli woz k ap tonbe sot nan syèl, ni lamàn, ni delij. Lèzòm poukont yo epi yo kondane pou yo goumen chak jou menm jan ak tout lòt espès ki sou latè, mèvèy linivè ak lavi a, se pou n gen bon kè epi respekte sa nou jwenn nan lanati. Sonje se ap premye zak libète k ap pèmèt Laninya depase move desten l, kwa sosyete a ba l pote, pou l fè lwa natirèl yo vin nan kan pa l. Laninya kriye, men se yon zak konba ak revòlt, premye a, li antre nan lame k ap batay san rete byen lwen zak malonèt ak lide ki pa vize lwen. Kouraj toutbon an se nan mitan moun debyen ki mare ansanm pasyans ak rebelyon, solidarite ak endividyalism, rezistans ak obeyisans. Lè dlo nan je ap degoute, tonbe, seche... se sa k fè mal yo ki prale. Se nan moman sa menm, yon gwo men poze dousman tankou yon zwazo sou zepòl Laninya, gwo dwèt yo ap karese l, l ap chache dekouvri sekrè a, sekrè egzistans li. Laninya lage kò l je fèmen.

❖

Laninya ak Elkotcho nan kabann nan. Sou tab la, yon lanp ap bay yon limyè mov. Anyen poko pase. Yo sèlman kouche sou kabann nan, byen saj, yo prèske pa bouje, kò youn kontre ak lòt. Jès lanmou an ap fèt sèlman lè limyè a parèt, san kalkil, menm jan ak lè w al chache dlo nan fontèn. Yo konn sa. Y ap tann, yo pa prese. Laninya met tèt li sou zepòl Elkotcho. Li met bouch li nan chè sou zepòl la. L ap pase bra goch li sou dra a, l ap chache sot nan do rive sou bouda. Li gen yon mak tankou etwal nan mitan twa premye dwèt men dwat li, se koudponyèt konpayon li. Senk branch?... Nan koudponyèt goch... Se nan fanmi Laninya sa soti. L ap reflechi.

Elkotcho, limenm, kouche sou kote, li kenbe kou Laninya nan men l. L ap fè cheve l glise nan mitan dwèt li, yo bay yon koulè ble nan limyè lanp la. Men dwat li ap mache monte sot nan kuis rive sou tèt hanch. Kò yo mare ansanm, trankil, san kè sote, kontan, san anvi yo pa brannen. Youn ap chache lòt. Y ap pran sant, youn ap chache nan pwent tete di, lòt la nan de boul tete molas. Yon kè voye kouran nan lestomak, li kontinye pase nan tout viwonn kò l san kanpe, l ale men

l tounen nan mitan lavi. Yon lòt kè ap bay ti tap, ti kout pwen san rete nan yon lestomak tyèd. Yon vant ap rale lè antre, lòt la ap mete deyò. Po vant ap fwote tankou twal swa ak saten. Fant yon lèn tounen sansi sou yon lòt lèn. Chalè po yo fè yon sèl. Kat janm nan jwèt. Ven zòtèy ap melanje, demelanje; de ladan yo pase nan plapye, li monte nan venn deyè pye men yo fè l kanpe ak yon pens sere, li menote l apre sa l lage
l menm kote a. Zong ap grate ti platon nan mitan mòn yo. Sab ap soti jis nan fon souvni lak yo, sab ak zèb dlo, yo chavire, yo souke ke yo, y ap chache jan pou yo monte ankò. Laninya pè. Li pè sa k ka fèt la... E si..., Men yon lapè vin nan kè l menm kote a epi l poze. L ap vwayaje. Elkotcho sonje.

« Zetwal sa ki nan koudponyèt ou a? Ou te tonbe sou pye bwa?... Yon pye mango ou... »

Yon men kouvri bouch li.

Men wi! Se te yon pye mango. Sa gen anpil tan!... Kòman l fè pou... Silans. Ti zwazo yo souke zèl yo voup apre sa yo rete. Bri tanbou rara tèlman debòde deyò a menm chanm nan sanble ap danse rabòday... Eske bann yo gen tan pase sou beton nan bouk yo? Zafè lapolis!... Machin yo tèlman pase vit tout kay yo tranble. M pa bezwen wè, Kafou Sayira se dife... Nenpòt kote w ye ou tande bri. Bouch ap niche bouch, y ap chache bon ti gou sèl. Yon revèy tonbe sone nan chanm sou kote a. Li kanpe menm kote a. Lousmariya sanble te avanse lè revèy li a... Anmoure yo fremi. Panse yo ap gide kò yo nan bon pozisyon pou ka rejwe fim ki pase. Elkotcho mande :

«Ki lè l ye la a?

Laninya fèmen bouch li ak yon men epi ak lòt men an li pran revèy la met sou kote. Men bri tik tak la toujou la.

«Men ban m reflechi!... Ou dwe grangou!... Mwen... »

Elkotcho rale men l epi l fèmen bouch li. Souf li pase nan fant dwèt yo. Li leve men an tou piti. Laninya pwofite :

« M kwè w grangou!... »

Laninya pete ri. Li rale kò l.

« Ou grangou , m di!... Vant ou ap bouyi!... Tann, m gen on bagay! »

Laninya ap eseye rale kò l anba l. Elkotcho kenbe l la.

« Ou pa vle, di sa?... Yon ti minit?... Tanpri! Kite m !... M pa vle w ret grangou!... »

Elkotcho fwote kò l ak siwo myèl la. Li lache l... Yo toulede soupire, kò yo demarye. De vant yo boukante yon bo. Laninya pouse dra a voup, li vole epi l chape ak yon ri ki montre l genyen batay la.

Elkotcho rete poukont li sou kabann nan, avèk regrè l ap gade lonbray fanm nan k ap defile nan limyè mov la. Pakèt cheve l blayi sou do l klere tankou leza dore epi de bò dèyè l ap monte desann. Nan limyè lanp la, Laninya parèt tankou yon krapo ki akoupi anba pat lalin ki pa fin klè nan sezon lapli.

❖

Elkotcho al jwenn Laninya. Li chita atè a bò kote l la, devan yon lanp ki fin mouri. Chak bò kote mesyedam yo gen yon soukoup won, youn gen biskuit sèk epi lòt la gen konfiti. Laninya bere biskuit yo. Kafe a cho. Y ap manje biskuit sèk bere ak konfiti melanje ak bè. Kafe a ap voye lodè l monte anba nen Elkotcho ak Laninya. Laninya lage tèt li sou gwo zepòl la. Li plonje nan rèv li.

« Men, manje toujou!... Manje, m di! ... »

Elkotcho ap manje. L ap eseye rale l mete sou do ak men l, mete l sou menm liy avè l.

« Tann! »

Laninya panche, li lonje bra l epi l rale kapèt la. Yo lage yo zepòl pou zepòl, hanch pou hanch, pye yo melanje youn nan lòt, yo vin cho nan chalè lanp la. Y ap gade plafon an san pale. Elkotcho di :

« M kwè m sonje kounya a... »

Laninya soupire epi l pran jwe pyano nan janm Elkotcho. Laninya di :

« Ou konnen, avan w sa te di anpil kèk fwa...

Elkotcho mete plamen l sou vant Laninya. Li tranble. Li pè. Kè l fou. Li di tou piti :

« M pè... M pa yon fanm tout bon, ou konnen... M pa renmen lanmou... M pè... »

Elkotcho peze vant Laninya dousman, byen fò. Li mete lòt men an sou tete goch k ap fè kè a sote. Laninya di ankò :

« M pè!... »

Elkotcho fèmen sèks li anba men l. L ap viv, tyèd, mikte, gonfle ak dlo. Elkotcho pa bouje. Laninya di tou piti :

« M pè anpil, byen pè... M pa t janm jui pandan m ap fè lanmou... M pa yon move fanm, m di w!... »

Kè Laninya ap ponpe tankou yon bèt fou, anraje. L ap bat san rete. Elkotcho di :

« Trankil... Ou ka kalme kè w... Respire!... »

Laninya ap respire mal... Eske kè a kalme l?... Non... Non, li pa kalme l. Men Elkotcho toujou nan sèks mouye Laninya a. Elkotcho :

« Respire dousman!... »

Laninya pran san l pou l respire. Li rale epi voye lè deyò dousman... Eske kè a kalme?... Non... Anfen... Petèt... Laninya repete :

« M pè... M pa renmen lanmou... M pa t janm konn santi anyen »

Laninya ret la, tankou l te devan yon ekran sinema, l ap regade tout pakèt teori doulè zak lanmou san jwa l yo. Li respire ak tout bouch li paske Elkotcho mande l sa... Kiyès nèg sa a te ka ye?... Laninya respire...

« M pa t janm konn santi anyen, jamè... Sanble se yon maladi. M pa t .... Elkotcho di :

- Pe bouch ou!... Pa pale!

Sèks la ap viv, li bonbe, mikte, cho. Elkotcho a grav. Li te pè gwo responsablite sa lavi ba l pote. Ki pouvwa sonje genyen? Ki pouvwa lanmou genyen?... Petèt fòk li pran anpil tan pou l remèt fanm sa a kout rèl tout moun gen dwa genyen an... Eske pwoblèm sa a ap ka rezoud?... Kisa l konnen vre nan fè lanmou? Kisa n konnen nan fè lanmou, kisa n ka konnen toutotan nou pa renmen yon moun ak tout nanm, tout kò nou, sèl pwen sansib ki egziste yo? Li pè, li pa konnen, men l ap goumen, menm jan l te toujou konn goumen kont baryè li rankontre... Kiyès fi sa a ye?

« Se vre se yon maladi... M pa t janm....

Chuiiiiii! »

Kè a pi poze ... Ranje kò w... L ap woule kou yon kawotchou... Yon gwo jaden flè solèy... Yon pale sou lang... Odè a pa piti. Po bouch li sale... Yon mak zetwal nan koudponyèt goch li... Yon imaj ap monte desann nan tèt Laninya... Li pè... Vyann tèt dwèt la antre dous nan vyann bòbòt li. Endèks la ap pwomennen sou bouton krèk li... Li kenbe l...

« M... M pa t janm, jamè...

- Siiiiiit! » ElKotcho di sa tou piti.

Li pa brase men an. Bèl vyann fre sa a eske l ta mouri vre? Kisa lavi ye? Viv, eske se pa santi eprèv lavi? Kisa ki sansasyon an, kisa ki plezi a, kisa ki lanmò a? Elkotcho se pa moun ki konn plezi nan lavi travayè revòlte l la. Kòman l ta ka bay repons sa yo? Haaa! Lèzòm fou pou yo mete yon vwal nwa sou pati ki pi bon nan kò moun, ògàn lanmou ki pi bon toujou pase tout lòt bagay ki egziste nan lavi! Sou pretèks sa pa bon, se move bagay moun pa dwe pale, yo kache l nan bwat sekrè plezi chanèl ki petèt gen kle tout afeksyon moun. Fòk nou chante zak lanmou, ekspresyon ki pi gwo nan kondisyon lèzòm, pran konsyans epi reflechi sou sa y ap di epi sa ki ka fè espès la kontinye grandi. Nan gwo goumen nan mond travay la, - lame soufrans la, se konsa gran peyizan konbit revolisyon ayisyen 1843 yo te konn di - nan batay pou moun nan, eske se pa inyorans sa a menm ki limite viktwa yo, antrene gwo defèt, mete kondisyon pou anpil betiz, erè, sotiz fèt? Bagay, limenm, Elkotcho ap fè chak jou, soti souvan nan feblès li sou kiyès li ye vre pa rapò ak motè prensipal lavi ak aksyon : plezi, lajwa, dezagreman ak soufrans. Foli sen sa a gen gwo responsablite nan tout maladi ki fè moun pa sansib, ki fè moun pè fè bagay ak tout vye bagay li antrene. Ki kote lizyè ant sansayon ak plezi pase? Eske se pa tout kò moun nèt, kò ak lespri, k ap sibi, k ap chache mwayen pou chanje koulè sa moun panse de sa yo santi?... Lè l te aprann *Jesus* mouri, eske l pa t santi gwo doulè nan kè l ak tout kò l? Eske ri ak kriye pa make plezi ak lajwa, satiyèt, doulè ak soufrans, fizik ou mantal? Kòman n ka eksplike gen moun ki rive jwi menm lè yo anba gwo kout frèt? Li klè lespri se premye chèf ki dirije jan moun damou... Fè bagay, rankont mal ak femèl sanble se zak espirityèl moun ki pa ka sispann espirityèl? Lanmou moun, kèlkeswa jan n pran l la, se anmenm tan panse, rèv ak fason w ye ki pa menm jan ak tout jan devan yon moun ou renmen ou anvi kole kò w ak kò l, kole,... epi... kole... Men poukisa, nou p ap janm ka rive separe renmen ak fè bagay ki se anvlòp renmen an... Plezi sa a se potomitan ki kenbe moun sou latè, ki fè yo rete tèt dwat, Laninya potko janm santi plezi sa a!... Elkotcho sanble gen yon sèl nuit pou l eseye rezoud pwoblèm sa a! Demen, Laninya ka sove anba men l si l echwe jodi a... L ap goumen! L ap fè lang li tounen enstriman mizik nan òkès seksyèl la, se premye kondisyon ki marye yo ansanm. L ap batay, tout nuit la jiskaske solèy la pete ri, tankou travayè konsyan, nèg karayib, nèg ki damou! Laninya di l nan zòrèy :

« M pè! » Elkotcho fè :

« Siiitt! Siiitt ! »...

❖

Elkotcho ak Laninya nan kabann, nan fènwa. Laninya ap pase ti men l yo sou yon kò bonbe ki lage nan menm l. Laninya pa vle fè l regrèt. Li ta renmen kè l kontan menm jan kè Elkotcho kontan an. O wi! Li ta vle sa! Li santi l ap moun lè l panse l pa kapab... Gad kijan l dou! Poukisa l pa eseye? Li te ka eseye byen pwòp, menm si se yon sèl fwa... Li pa pran chans. Li pè. Li pè pou l pa fè l mal... Li pa t bezwen pè. Sa pa anyen si yo pa fè bagay, prezans li sifi. Depi l la sèlman, toujou la, li pa mande lavi plis pase sa. Laninya t ap byen kontante l ak sa. Li pa t janm santi l pi byen pase jan l ye kounya a, pi byen pase sa pa egziste, se pa vre! Depi, limenm, Elkotcho rive jwi kont li, li ta ka viv sèlman pou satisfaksyon l ak plezi l, li t ap pran plezi l nan sa. Dousè l konte pou de, li santi l tankou yon sen anba zèl li, dousè l limen nan nanm li... Lè de moun ini nan lavi ak nan lanmò, plezi youn ta dwe fè bonè lòt... Wi, li panse sa konsa!... Laninya ap karese gwo ponyèt yo, li kole vant li nan lestomak li. Laninya ap kalkile. Nèg sa a ka vin pa l!... Kòman pou l fè pou l kenbe l! Poukisa li pa ka wè byen? Kiyès nèg sa ye?...

Li brase kò l. Elkotcho mande:

« Alòs?... Eske w pè toujou? »

« M pa konnen »

- Ban m wè! Ou pa vle di m?

- M vle!... Men m pa fin kwè... M kwè se non...

- Pa pè pou sa m pral mande w la... Eske w te ansent deja?

- M kwè sa... Wi, de ou twa fwa... Men m fè yo pati avan...»

Elkotcho lage tèt li sou zòrye a. Kisa l te konn fè Oriente lè l te jèn? Avèk kiyès li te fè lanmou premye fwa vre?... Eske jèn fi a sa a enterese avè l vre?... Moun Sansasyon ba yo sanble konn yon bagay. Si l te ka jwenn foto ki pèdi a!... Li pa pral travay demen...

« Ou pa bezwen pè ankò... W ap wè... M rete kwè vye rèv sa pral fini... Se mwen ou te bezwen... »

Lè l ap pale, son yo sot nan gòj li, dousman. Mo yo soti nan bouch li san reflechi, se konsyans li k ap mete yo deyò... Li pè anpil pou sa l sot di a. Ki angajman!...Laninya eseye leve tèt li, l ap chaje je Elkotcho. Li bese fon l. Li mete bouch li sou tanp li. Li pase bouch li tout dèyè zòrèy li, dèyè kou l. Li fè l pantan ak on seri de ti kout dan, kout niche...

« Men w ap satiyèt mwen!... Rete!...

- Sa sansib?

- Sa w te kwè? Lè yo satiyèt mwen, sa fè m ri menm jan ak tout moun!... Se pa menm bagay!... Rete, m di w!... M pa vle ankò!... »

Elkotcho pete ri men l kontinye.

« Konsa, ou konn satiyèt moun tou?

- Men wi!... sa pa anpeche... men apre sa, m pa santi anyen lè m ap fè lanmou... ou pa pran tan pou jwenn venn sansib mwen! Tann! Ou pral wè tou!... »

Laninya tonbe chache, li fouye nan tout tout kò l, men Elkotcho pran kè. Ay! Gade on pat li genyen! Li kenbe l. Laninya debat avè l. Yo goumen men nan yon bat je Laninya pèdi pari. Elkotcho kontinye. Li desann. Men l ak lang li pwomennen sou tout kò Laninya, nan kou, sou tete l, nan kòt li, sou vant li, jis rive kote vant la rankontre ak do l. Bouch sa a!

« Rete, m di w!... Non!... M pa vle! Rete! »

Elkotcho kontinye... Lang sa a!... Laninya ri pou l pa chape, li eseye grafonyen, li tòde kò l, li eseye kouri. Anyen sa. Bouch mouye Elkotcho a ap pwomennen pase sou tout kò Laninya.

« M p ap jwe!... Rete! Rete!...»

Laninya lage kout pwen ak de men nan lestomak Elkotcho. Yo fè bri, men l pa santi anyen. Li kontinye, ankò epi ankò. Elkotcho pa bay chans. Ri Laninya a sone menm jan ak revèy Lousmariya a.

❖

Poukisa l kanpe? Li pa pran chans al pi lwen?... Li ta dwe. Sa pa t ap fè Laninya anyen, li abitye. Li pa gen souf ankò, men l t ap kontan plezi. Li t ap montre l sa l konn fè. Li sanble fatige...

« W ap dòmi? ... Ou vle yon zoranj?

- Non!

- Ok m ap kale l pou ou! »

Laninya limen lanp la ankò. Yo separe zoranj la. Li gade l byen gade...

« Ou sanble moun *Oriente* menm jan avè m?... Se vre, eske m manti?...»

Elkotcho di wi. Laninya lage tèt li sou zepòl li.

« Ou pa gen dòmi?... »

Elkotcho souke tèt li pou di non, men li la l ap gade l nan je, l ap kontwole chak tras ki nan figi l, chak mouvman kò l. Elkotcho di :

« Ou mèt dòmi si w vle, oumenm...

- Non! »

Laninya ap chache kwen zepòl la, plas kote pou tete machwè l byen chita. L ap satiyèt pwent lang li, li ranmase pwent tete l ak dan l, li ba l ti kout dan tou piti. L ap chache anba dra a, l ap karese anba ti vant li, soufle plim yo, demele pwèl ki mare. Li kontan. Li mete men sou yoyo l byen di. Elkotcho di :

« Non... »

Laninya rete, li leve tèt li ap chache je l.

« Ou pa vle?... Li di :

- M ap sonje kanmèm... Fòk mwen sonje anvan... »

Laninya karese kò l ankò tou pè menm si ale, ale li vin pi plis pou li. Li rete. Li di :

« M te konnen m t ap jwenn ou... Jwenn ou... oubyen rejwenn ou... »

Elkotcho plake tèt Laninya sou zepòl li k ap gade l. Li lage kò l nèt... Yon gwo jaden flè solèy... Odè chanèl flè fennen sa a ki pi bon pase tout bèl lè ou pa janm respire! L ap respire byen poze, byen fò. Li trankil. Elkotcho ap lise zepòl li ak do men l. Laninya fè yon soupi. Respirasyon l vin pi bon toujou. Li dòmi.

❖

Laninya fwote je l. Li dòmi epi rèv li reveye l.

« Ou pa dòmi?...

- Non...

- Mwen, m kwè m dòmi... Eske m fè anpil tan ap dòmi?... M reve... Yon move rèv... »

Li apiye tèt li sou lestomak Elkotcho. Li reve l t ap goumen. Li te nan yon ri. Yon gwoup jenn gason anvayi l. Li goumen kont li, men yo te plis pase l epi pi fò tou. Kou tonbe sou li kou grenn lapli. Sa te fè l mal anpil. Li t ap eseye remèt yo kou yo. Li frape tèt, je, nen, bouch, tout kote. Li t ap kriye, li t ap debat anba yo. Li t ap kriye. Se lè sa a yon jenn gason parèt, li abiye ak yon chemiz ak kawo laj ble, jòn abriko, wouj ak vèt. Li fè yon gwo bri. Laninya kite zetwal san ki te nan men l la tonbe. Se bri sa a ki reveye l... Laninya ap kalkile rèv la, l ap eseye konsantre l...

« Tande!... Ou pa t janm gen yon chemiz ak kawo?

- Chemiz ak kawo?...

- Wi!... kare ble, jòn abriko, wouj ak vèt?

- M pa sonje!

- Lè w te piti wi!

- Piti?...

- Wi!

- Non... bon, petèt... Sa k konnen!... »

Menm kote gòj Laninya sere, je l anvayi ak dlo. L ap kriye. Elkotcho kage kou l, li gade l. Li karese l pandan yon bon tan. Laninya ap kriye. Lè sa li glise tèt li sou zòrye a epi l bo l. Li bo l nan tout bouch li... po bouch li sale ak kriye... L ap toufe. Li kite bouch la, li tonbe bo l nan kou, nan lestomak, sou tout kò l. Laninya fè on ti kalme. Li remèt li karès yo. L ap chache kò l, li plake sou li, li fwote kò l avè l. Elkotcho pa janm sispann karese l. Laninya souri. Li t ap chache l. Li jwenn li... Li met men sou li... Elkotcho di tou dousman :

« Non!...

- M vle!

- Poko... m kwè m ap sonje... »

Laninya lage kò l, li tris, kò l ap tranble... Konsa, li pa vle l? Ayayay! Si l te vle sonje chemiz ak kawo a?... Yo mare kò yo ansanm, yo tris... Vwala, li pa t janm santi l tris depi talè a! Petèt se pa t yon kriz tout bon ki te kòmanse? Se yon fo avètisman?... Fòk li kalme l... Eske manman l pa t gen yon fiyèl? Kòman fiyèl sa a te rele? Bon! Tout moun gen fiyèl. Fòk li poze tèt li. Li respire byen fò jan Elkotcho te konseye l la. Se vre sa kalme... Minit ap pase... Li soupire. Li plenn. Li dòmi...

Elkotcho ap reflechi. L ap chache nan memwa l figi moun li te byen, paran ak zanmi moun sa yo... Li leve gade anba chak branch zèb, chak grenn wòch, chak vye bwat, chak jwèt li te genyen... Yon chemiz ak kawo l di? Li sispèk yon bagay, men li pa rive kole l ak ankenn souvni tout bon. Li pa ka ba l non... Si l te gen foto a!... Fòk li jwen li kanmèm... L ap jwenn li... Gad kijan l ap dòmi!....

❖

Elkotcho limen lanp nan chanm nan. Li souke l tou dousman.

« Ann ale!... reveye w!... »

Laninya bay yon repons ak tout dòmi nan je.

Ann ale, Eglantina!... Reveye w!

Laninya bougonnen epi l kouche pi byen pou l dòmi ankò. Li souke l pi fò...

- Ann ale, Eglantina!... Fòk ou reveye w!... Eglantina!...

- Sa k genyen?

- Eglantina? Eske w reveye?... Eglantina?...

- Wi... Sa w vle?...»

Laninya fwote je l, apre sa l pantan. L ap tranble...

- Kòman w rele m?... Repete!

- Eglantina... Se pa konsa w rele?... *Eglantina Covarrubias y Perez?...* »

Li gade l sou kote.

- « Pe bouch ou!... »

Li kouche tèt li sou zepòl Elkotcho, li pran kriye... *Oriente... Eglantina Covarrubias y Perez...* Ki kote w jwenn non sa a? Ou foure men w nan makout pè etènèl. Depi plis pase douzan se Laninya ki non m, se konsa tout moun rele m!... Non sa a tèlman ra, menm mwen menm m bliye kòman l pwononse. Ki dwa w? Kiyès ki pèmèt li brave danje sa a? Kiyès ki vin leve l nan lanmò a?...Laninya pran machwè Elkotcho met nan pla men l, li vire l, li tounen l, li retounen l...

« Se mwen ki pa sonje kijan w te rele!... M te piti, se vre... Men m konnen tou ... Mwen konnen se sonje m pa ka sonje...

- M te gen on foto, yon foto ou menm avè m ak manman m epi paran w yo. M gen lè pèdi l... Si m te gen foto a, m kwè w ou t ap jwenn non an tou...

- Yon foto wi ou di?... Tann!... »

Laninya voup li kanpe. Li frape zòtèy li nan seramik la, sa fè mal. Li soufle zòtèy la epi l kouri. L ale nan amwa a epi anlè nèt, dèyè vye soulye ak pakèt lòt bagay li pa itilize, li pran yon vye kòfrefò an bwa kraze. Li retounen al kouche epi l lonje l ba li. Li di l :

« Gade! Chache! »

Elkotcho fouye nan vye pake ki mare ak yon bèl ti kòd. Lèt, papye idantite, branch cheve, yon flè solèy seche, yon moso balèn premye kominyon... Laninya rete bouch ouvè, je kale... Pil ak pakèt kadav!... Tout sa k ap dòmi nan simityè anndan kè chak moun sou latè, gwo simityè san solèy, san lalin kote bliye pa ka rive efase yon sèl grenn tonm... Lè yo leve sot nan lanmò, zonbi sa yo, fado lajwa, lawont, ògèy, remò oubyen emosyon kase zepòl nou!... Nan mitan bwat la, men vye foto yo.. Ti Eglantin k ap voye flè nan *Oriente*. Men li nan tout laj yo. Men flè woz ki pa ka sot nan je Laninya a. Elkotcho rale yon foto...

Menm ak sa k te pèdi a. Li lonje l bay Laninya... Li pran l. Li pran tan l pou l gade, pandan l lage tèt li sou zepòl Elkotcho ki bliye kò l nan men. Li di :

« M te pèdi tèt mwen... »

Elkotcho ap karese kò ki lage nan men l nan... Li kouvri figi l avèk men l. Eske l sonje?... Laninya tresayi... Li di l :

« Vini! »

Elkotcho kite l rale l. Konsa, avèk dousè, yon bonte ak on tandrès li pa t janm gen okazyon itilize, Elkotcho ap eseye mete vi nan kò sa yo lage ba li a. Ki pouvwa memwa genyen? Ki pouvwa lanmou? Elkotcho ap tranble. Li pè pou gwo responsablite sa li pran met sou do l. Konbyen tan l pran pou rache nan men malere sa a, sa tout moun merite a. Li kwè l renmen, men apre satisfaksyon kisa l konnen nan lanmou fizik? Satisfaksyon!... Ki satisfaksyon. Jiskaprezan se pasad fo lanmou sèlman l konnen. Li poko janm patisipe ak tout kè l, ak nanm li nan pwofondè kè yon moun. Li pè... Li p ap bouskile kò sa a, l ap rekile mezi l kapab dat maryaj la. L ap suiv chak enspirasyon, chak batman kè l. Menm si l te pè, inyorans li ak lafwa l jwenn chak jès li t ap chache yo depi nan premye nuit damou ak Laninya Estrelita.

Avèk yon latranblad san parèy, je vire lanvè, dan k ap klake, se te jèn vyèj *Eglantina Covarrubias y Perez* ki te reponn li :

« Rafayèl! Rafayèl!... Men m damou!.... »

Li te fè l premyè fwa a. Li te fè l tout nuit la. Kòk t ap chante koukouyoukou nan Pòtoprens pandan nuit t ap bay do. Avè l, li pa bezwen mirak pou l mache pwomennen nan tout vi l, si sèlman yo tou de konnen epi vle ak tout fòs yo fè flè ki pi frajil la, pi bèl, pi mèveye ki egziste nan lanati fleri pou toutan an : lanmou yon nèg ak yon fanm k ap viv selon teori inivèsèl la, avèk lanmou epi pou bèl lanmou moun.

Sizyèm Mansyon

Sizyèm sans la

... Depi l nannuit m pral lage kò m bò kote w, ou p ap di anyen men ak silans ou, ak prezans men w, m ap reponn : « wi, nonm mwen! » paske se sèvant dezi w m ap ye...

... Se tankou kè m nan kòkòday ak kè w, sa vini natirèl, natirèl, san manti, depi w voye je gade m, depi m tande son vwa w, sa sèlman kont pou m konn laverite oubyen manti...

Jaques Roumain.
(Gouverneur de la rosée)

Gran jou a rive. Elkotcho ap dòmi toujou. Leglantin te deja fè kafe. Li chita bò kote l epi l ap jwe nan chèn lò ki nan kou l la. Li rete byen serye. Gen yon bri twalèt entim k ap sot dèyè mi a : se Likrès k ap bay tèt li yon beny chans. Eglantin ap petri chenèt lò a nan fant dwèt li... E kounya a?... Kisa ki pral rive?... Elkotcho ap wonfle tou piti, li wonfle swaaa... Kisa k pral genyen apre kè kontan an? Si l kontinye fè bouzen nan Sansasyon ba a, kè kontan an pral tounen yon zwazo mouri talè. Chanson lanmou l la p ap menm dire longè chante lasigal epi kò ki lage bò kote l la ap gen tan al nan limit rèv je klè a, pèdi nan limit ki pi lwen an, lavni... Laninya konnen byen sa l pral mande l talè konsa. Kisa l ap reponn?... Pa gen anyen ki vin nan tèt li. Anyen lòt pase imaj, imaj klè, klè kou dlo, imaj ki fè l sezi, pantan... Laninya pè. Li pa konnen. Kiyès li ye kounya a, Laninya? Eglantina? Ou pèsonn?... L ap navige. Li sezi wè foto li panse ki te pèdi a ap pase devan je l youn dèyè lòt pandan bri yè yo ap antre nan zòrèy li, bri granmmaten k ap sot nan bòdèl yo. Li pa anyen ankò. Li pa konn anyen nan sa k ap pase nan kè l, nan volonte l, nan direksyon lavi l. Li tounen pòtre yon lanmou fou, inyoran, egare. Li renmen l anpil, pa gen dout nan sa, men se sa sèlman l konnen... Kisa l ap reponn?...

Ala l dòmi!... Li wonfle dous...Likrès ap bale... Eglantin ap jwe avèk chèn Rafayèl la. Chèn li!...Imaj yo ap monte desann devan je l. Li pa pèdi anyen, pa yon tras nan vizaj lontan yo, pa yon vye mèb fanmi a, pa yon jounen lanmou timoun piti, pa yon branch zèb nan chan flè solèy yo. Se pa bagay pou moun kwè! Kè l sere, pi rèd pase lè moun mouri!.... Se sa! Se tristès san bout la ki tounen! Sa l ap fè! Ki moun pou l rele paske lesyèl pa ka ou pa vle reponnn?... Se yon twou, yon twou nwa, labim... Laninya toujou vivan ebyen! Kriz sa ki tounen an, se Laninya!... Eske Eglantin ka touye Laninya?... O bondye!... Li amè, li frèt, li cho, l ap depale, tèt li ap vire epi imaj ap pase nan tèt li tankou twoupo bèt ak kòn nan yon ti wout tou jis. Mouri! Mouri pou tristès sa a ka pase! Lè l pa t gen memwa a, se te on lè kriz manyak, on lè dekonpozisyon, kounya li sonje tout bagay men anyen pa chanje!... O Rafayèl, oumenm sèl ki konnen, eske w ap ka ede m?... kiyès ki ka ede moun? Doktè Chalbè te di :

« Gen yon seri kesyon, pyès moun pa ka reponn nan plas yon lòt!... »

Elkotcho ap dòmi. L ap wonfle dousman. Laninya ap toufe, li prèt pou endispoze!

Li pa gen Vyèy Mari pou l fè malis pale ankò, pou l priye. Li pa konnen kisa k ap tann li demen... Li renmen l. Li kwè li renmen l, men kisa li ka fè pou li ? Se vre li ba l kèk bagay ekstraòdinè, yon bon ti lapli plezi wayal. Li sanble moun k ap rakle, kriye, rele tankou chat yon chante ki te gen koulè yo potko janm envante. Li te vle mouri epi remande pou l remouri ankò nan mèvèy li pa t espere a. Wi, li ba li l. Dis fwa, li ba li l. Sa pa gen parèy, li pa t janm panse sa, li tounen egziste ankò, men li pa t ka rache Laninya met deyò nan kò l. Laninya a la. Laninya se tristès san rezon an, laperèz la, doulè san fen an, twou a, tèt vire a. Men li te kwè lè bagay yo te kòmanse pran chè, t ap dechire epi antre nan tout ti kote nan kò l, li te kwè wa li a te touye Laninya. Fè l leve non! Pou l di Laninya mouri ankò. Pou l touye l! Limenm, li gen tout pouvwa. Laninya pa t ka touye Leglantin, kòman Leglantin poukont li t ap ka touye Laninya?... O! Rafayèl!... Li amè, li damou epi l pa konnen!

L ap dòmi. Moustach li nwa, klere sou tèt bouch li. L ap wonfle. Li wonfle swa!... Leglantin kwaze dwèt li sou chenèt lò a. Kriz sa a rèd! Li pa t janm fò, sovaj konsa. Kòman l ap fè jui egzistans li rejwenn nan si Ninya sa a kontinye ap pèsekite tout jounen tout nannuit Leglantin li rejwenn nan?... Li pral leve talè, vin jwenn li tou gonfle, amè, tou pè! L ap di :

« Vini!... »

Ak mòd pale sou lang li a. Kisa l ap reponn avèk kranp sa a k ap ranmase lestomak li tankou grif lyon an?... Sa k pase deja, bagay li pa t janm panse dekouvri poukont li pa anyen devan gwo papa reponsablite sa a : moun li ta vle l ye a. Lanmou l se flanm dife ki anvayi l epi k ap boule l, men l konnen Laninya menase trezò l la.

« O Rafayèl! M pa ta renmen sa w libere a mouri! Kòman w ka anpeche Ninya sa a fini avèk sèl byen ti Eglantin ki gen sèlman onzan!... O Rafayèl avèk gou aloufa m nan, anvi parazit mwen yo, rèv malad mwen yo, panse moun fou m yo, enstabilite m jwenn nan ensatisfaksyon yo, batay engra ak gwo pwoblèm nou jwenn chak jou nan lavi a, si m te touye on ti kras anplis chak jou, ak kout zepeng, sèl grenn trezò m nan, lanmou frajil mwen an!... M renmen w, Rafayèl, sove m anba tèt mwen, sove m anba vòlè sa a ki pran plas mwen an epi ki kwaze pye l sou do m nan! Sove m!... »

Peta yo rekòmanse. L ap dòmi toujou. Kout kanno ap tire bow bow, byen fò. L ap dòmi... Lestomak Laninya se yon gwo twou men lajè... Bri kontantman ti gason nan katye a, fòs van alize ak lanmè... L ap dòmi. Anyen pa reveye l. L ap dòmi nan bra Eglantin ki se perèz, doulè, tristès. Laninya gade l... Wa li a ! Li renmen l pou mouri... Katye a cho... Si l te kapab, san l pa reveye l, pran konprime *Maxiton* yo nan tiwa ti tab chanm nan... Li deplase tou dousman, Li lonje men l epi l pran bwat la. Je Elkotcho ouvè! Li gade l!...

« Bonjou!...

- Bon... bonjou...

- Kisa w ap fè la a?

- Se... se... medikaman m... »

Li montre l konprime yo.

« Poukisa w ap pran medikaman sa a?... Ou malad?... »

- Se... se... O, Rafayèl!...

- Sa sa ye?... Poukisa w ap kriye? Poukisa medikaman sa a?... »

Li kriye, li pe, li tonbe kriye ankò, de konprime yo kenbe byen di nan men l. Li karese yo pandan yon bon tan.

Bondye papa m!... Li konnen! Li konnen tout sa k t ap pase nan tèt mwen talè a. Li devine tout!... Laninya ap kriye... Elkotcho leve tèt li.

Li reziste. Elkotcho pran bouch li... Ha, mondye! Bèt aloufa sa a!... se bon... se bon... se bon!...Elkotcho pran konprime yo nan men l. Li pran bwat la epi l gade sa ki ekri sou li, kisa ki ladann...

« Eglantina, ou kwè w bezwen pran medikaman sa a kounya a?... M renmen w, ou konn sa?... Pa pran l!... »

Li di mo a! li renmen l! Gen de ti solèy k ap leve nan chanm nan. Woz Eglantin yo ap monte al jwenn Rafayèl. Li souri ak kè kontan, men grif lyon an toujou la... yon bèt k ap dechire lestomak li... Li souri...

« Ou vle remete l nan bwat la?... »

Li souke tèt li pou di wi... Li pè... Elkotcho chavire l... Ha! m santi pwa lou epi dous mal la sou mwen!... Toujou! Toujou! Lapli plezi wayal la ap mache nan san Eglantin... Eglantin ap fredone chanson prentan an k ap anvayi l epi fè l viv tout ti sa k nan kò l.

« O monwa!... »

❖

« ... Ou wè, Rafayèl sa m pa t janm di w li... Ou sonje jou m te ba w chèn sa a?... Se te nan chan kote gwo bèf wouj m te pè anpil yo t ap manje a... Gwo jaden flè solèy yo... Lè m tounen lakay mwen, yo te bat mwen paske m pa t gen chèn nan nan kou m... Men yo te kwè, jan m di yo a, li te pèdi... Yo te bat mwen, men mwen te kontan, m t ap kriye epi m ap bay manti toujou, avèk kè kontan... M t ap kriye epi m te kontan yo te bat mwen paske m te ba ou l... Se te sekrè pa m... Ala bagay yo te senp nan tan sa a!...

- Poutan bagay yo pa t pi byen pase sa lakay ou epòk sa a, si m sonje byen... Mwenmenm, bò kote pa m, m te sere chèn nan paske m pa t ka di manman m sa... M te sere l anba gwo wòch, men chak fwa m t ap soti oubyen m pral wè w, m te mete l nan kou m... M te wont di w m te sere l... Depi lè sa a, li pa janm sot nan kou m...

- Ou sonje bòs kòdonye a?...

- Bòs kòdonye?...

- Men wi! Kòdonye a... Se te youn nan paran m yo, tonton w m kwè... Li te sou... Evaristo?... Ou pa sonje ?... Nou te konn rankontre lakay li... Nou te konn al jwe... »

Se te ak kè kontan tout moum t ap pale bay blag, rakonte souvni yo, koupe ak yon bri peta ki fè tout moun pantan, gen sa ki konn kouri al kache, ti mesye yo menm ap rele epi vide baton sou nouvo juif nan kwen lari a. Rafayèl mete kò l ansanm ak kò Eglantin y ap viv yon moman konplè, yo pa konn sa pou yo fè, sa pou yo di, yo sonje tout ti detay nan lanmou timoun yo, yo rewè tout bagay kòmsi se te yè. Lanmè tou pre, van alize ki te konn sèvi mizisyen nan òkès lanmou yo. Vwa yo menm sanble marye ak bri mizik rabòday k ap met anbyans nan chanm nan. Tanbou rara fèk kare frape jou vandredi sen sa a, kè tout moun kontan, se jou lajwa ak gete san parèy nan Karayib la. Eglantin ak Rafayèl ap fè retoudaj bon jou ak move jou. Y ap tande kè yo k ap bat. Defile espektak timoun nan katye a elimine silans dèy vil boujwa yo kote moun ap gade fim Pasyon Jezi ak dlo nan je.

« Kisa n tande?... Koute?... Sa sa ye la a?... »

Leglantin tande...

« Any, se Likrès!... »

Leglantin bese tèt li... Li santi kriz la ap tounen, kranponnen lestomak li... l ap eseye souri, men bri k ap sot nan panno a ogmante tristès ki te disparèt talè a pandan l te anba presyon ki t ap fè l reviv ankò a. Elkotcho remande l

« Men sa sa ye? »

- Ou vle konnen?... »

Leglantin ret byen serye, li bese tèt li. Yon pli desepsyon parèt nan kwen bouch li.

« kisa sa ye?

- Ebyen, se Likrès... Se li ak Lousmariya san mank... Y ap fwote do yo avèk bwòs chyendan... Y ap plenyen, men yo renmen sa... Ou tande yo?... Ebyen, kounya a, ou konnen!... »

Yo fè silans, gwo refleksyon ak tansyon... Bondye! Si yo t al kwè sa, limenm tou... Epi apre?... Si l poze l kesyon, eske l p ap gen gwo sekrè pou l devwale, limenm tou?... Kisa l ap fè si l vle konnen? Bay manti? Eske l pa gen dwa bay manti pou l jwenn sèl byen l ap chache a, vye lanmou malere kapon li a?....Nonm sa a se solèy !... Men si reyalite, fè malis toutan, bay manti oubyen blòf fini ak santiman sa a, sèl grenn solèy li a?... Eske sa pa depase fòs li, konfesyon sa a? Pètèt li ta vle pale men mo yo pa ka soti.!

Limenm, li pa menm panse ak sa. L ap kalkile kisa l pral fè pou bay lanmou yo jarèt, l ap makònen lespwa ak desepsyon. L ap kalkile sa sosyete pral di pou anpeche yo egzèse kominyon yo... Limenm, li se yon travayè konsyan, responsab, Laninya limenm, li retwouve l apre yon pakèt ane desepere... Wi, lide sa a te deja vin nan tèt li, tout medam nan bòdèl yo. Leglantin, limenm se yon moun fou!... Eske lanmou an ap ka viv, sa vle di devlope tèt li, desann jis nan nannan pèsonalite l, chak jou pi plis? Si lanmou se yon senp antant seksyèl ak yon pil souvni, si anvi a pa plonje rasin li nan lavi chak jou, nan kè ki pa sispann bat, nan pèsonalite k ap chanje, si l rete sa l te toujou ye a depi lè l t ap pran fòm li, li gen andann jèm deperisman ki pa pran priyè ak kwayans pou l detui tèt li. Ti kou n ap pran chak jou san rete ki sot tout kote, dousman men san fay, lavi repare kè tout koup sou latè, sansasyon yo, konsyans yo, swè ak rèv yo. Toujou gen yon twou ki prèt pou enstale kò l nan mitan de moun depi yo sispann avanse youn ak lòt, men nan men devan pwoblèm ak difikilte... Eske l ap ka konn sa anvan?... O! li pa mande l anpil, li pa mande l pou l vin sa l vle a depi kounya a, sa tout moun ta dwe ye, li mande l sèlman pou l viv, sa vle di pou l bouje, pou l ap chache ekilib li san moun pa bezwen wè chak jou avèk plis detèminasyon, pou l libere tèt li piti piti, men san kanpe anba lavi detestab li a pote pou li. Si l pa avanse kòtakòt avè l – li pa bezwen menm jan avè l, kòtakòt – youn ak lòt epi san fòse lespri, lanmou Leglantin pral kanpe talè, yon ti bagay k ap rale, ki pa kapab refè menm evènman an, lajwa ak pwezi relasyon moun n ap chache san nou pa febli. Nan tout domèn, fòk moun toujou ap kreye, ale pi lwen pase kote yo ka rive, depase bagay ki pa menm egziste, se sa ki lwa yo sou latè! Bagay nou wè deja, sa n konnen twòp ak pi bèl koulè yo se santiman ki bay nuizans!... Yon jou, lanmou mouri paralize... Se pou azoumou fè n pa wè, se pou senk sans nou mete ansanm sispann kreye lavi ankachèt, se pou cham kò chavire, plezi a ap pran fòm santiman, endiferans, dezamoni, opozisyon, movejan, rayisman. Se pou pèsonalite yo pèdi ekilib, deraye, se pou yo sispann patisipe youn ak lòt devan pen sou tab la, yon flè, yon zwazo, prentan, rèv je klè, ak aksyon, lanmou kontinye pèdi valè san pitye l epi li transfòme l an degou, mepri, rayisman... ak glisad, ak degrengolad epi ak latilbit tout bagay dejenere, degrade!...

Leglantin serye, tristès la sere l nan kou, pat grif lyon an ap tòde kè l malgre prezans yon kò ki kole avè l tankou de frè. Ak kisa l ap panse la a?...

« Rafayèl?... W ap koute m?... Si yon jou ou pa ta vle m ankò..., si w santi w about..., menm si se maten an, toutalè..., pa tann, pa ezite, ale kounya a.. Menm apre sa w ap toujou gen rezon, m konn kisa m ye, Rafayèl!... Ale lè w vle... Sèlman ban m verite a jan l ye a, kèlkeswa jan sa ye, ou tande m?... M pa janm fin di w mèsi, kèlkeswa kantite tan m ap viv... kèlkeswa sa w fè, se ou k ap gen rezon... mwen, poukont mwen, mwen...»

Elkotcho pase men nan kou l prèt pou toufe l. O lesyèl! Li konprann! Li devine, tout bagay, devine! Tout bagay ap posib kounya a?

« E oumenm ? Eske w ap toujou di m laverite?... »

Kesyon sa a pi rèd pase yon kout ponya!... Leglantin gonfle, li mi, l ap toufe... Li te twò prese... Elkotcho ap karese l...

« Se laverite ki nan kè w ki enterese m, se pa laverite san sans, pakèt detay verite san rezon, m pa mande w anyen lòt, Eglantin... M pa menm vle konn anyen. Pa janm di m anyen. Se mwen ki pou devine, pa vre?... M pa gen pwoblèm pou sa dire, men ak yon sèl kondisyon... Ou konn kisa deja... sa a, m pa t ap kapab... »

Gen yon lè fre ki desann nan lestomak Leglantin. Trristès la lache kè l piti piti. Li konnen!...

« O, oumenm!... Oumenm!..., vini!... »

A! kò bonbe k ap balanse san rete sa a!... Mirak la refèt ankò!...

❖

Pòt chanm nan fè on ti ouvè tou dousman... Kiyès ki la a?... Sa sa ye?... Yon men parèt lonje yon plato apre sa pòt la refèmen. Gen tout sa w bezwen nan plato a pou manje maten. E ki manje maten!... Se ti medam Sansasyon ba a yo ki di yo devine mèvèy la epi yo salye lanmou a... Leglantin ouvè yon je gade nèg li a epi l fè on ti souri... Li di :

« Se te men Likrès... Yo konnen... »

Li peze zèpòl li. Adye! Gad kijan l fò!... Men wi, li konprann, l ap konprann! Jès sa a se yon jès limyè... Yomenm tou! L ap karese fon l... Li mande :

« Ki lè l te ka ye la a?

- M pa vle w ale!... Tann... Letènèl! Midi edmi!... Alòs n ap manje?... Ou vle manje sa l pote a? ... Si w pa vle l, m ap....

- Men wi, egare!... Poukisa pou m pa ta vle?... Fòk nou di l mèsi avan nou ale... »

Leglantin gade Elkotcho... Avan n ale?... Papa bondye! Ki lè l vle ale avè m ? ki bò? Kounya a?... Leglantin santi l ap toufe. Kòman l pral fè nan bagay sa l ap trennen san l pa menm avèti l la?... Li pale, li deside, men eske l konn tout bagay?... Dout la ap ravaje kè l epi tèt vire a ap devore l.

« Alòs, n ap leve?... »

Li voup li kite kabann nan, li met men sou li epi l pote l nan bra al nan kwen twalèt la. Tankou yon pay!... Tandrès brital, sibit sa a siprann li. Tristès... Li lage kòl...

Li mete l kanpe, li kole l nan mi a. Leglantin ap gade ak tout bèl woz je tranble a li. Bondye papa m! Ala kò dous se kò pwès sa a k ap peze w la, k ap kraze w, k ap rache w nan tè pou replante w nan yon lòt tè, k ap chache w, k ap flate w epi mete lajwa nan kè w. Pou m ta pèdi sa a, mande Bondye padon!...

« Ou sonje, Eglantina, sa w te fè m on lè?.. Anhan!, ou pa sonje! Mwen, m gen rankin, ou pral wè!... »

Bondye! Kisa l pral fè? De kisa l ap pale la a? Kisa... menm kote a dlo ki te nan bokit la vide sou li... O! Poukisa l fè sa?... Men wi! Bokit dlo a! Li pa bliye!... Li tou cho fèt sot anba dra, Leglantin souke kò l, li fwote avè l pou l mouye l tou... Li pa bliye!... L ap ri.

« Jiskaprezan, m te yon gwo, gwo mantè, ou konn sa?... »

Yo chita bò tab la kòtakòt. Y ap manje. Bondye!... Sanble pou l la pa gen bon epis! Epi l pa gen ni piman, ni pikliz, ni pwav nan chanm li a... Eske l ap renmen l?... Li pa renmen!... Byen petèt wi aprè tout bagay. Li p ap di l anyen. Li manje vant plen... Leglantin gade l byen serye. Wi se sa l te panse a. L ap manje ak ti kout dan, l ap souri nan kwen machwè. Li devine l oubyen l te konn sa deja?... Li renmen plezi, li gouman, dousman, men li pa granmanjè. Li ka wont tou petèt?... Non! Tout bagay byen balanse lakay li, li se yon moun ki ouvè, fran, dirèk. L ap manje sa l jwenn nan. Li pa renmen manje, men lè sa bon... Leglantin ap gade byen serye. Apèn si l manje. Manje se premye jès nan lavi yon koup... Bay nonm ou manje! Limenm, Laninya!... gwo vid ki nan lestomak li a fè l ouvè je l men lajè... Lè w se bouzen, eske w ap rete bouzen tout vi w? Kiyès k ap reponn kesyon sa?... Depi laj douzan, Eglantin antre pazapa nan yon somèy misterye ki dire prèske katòzan. Pandan tout tan sa a, Laninya sèl rèn, si kounya a li tounen moun li te ye avan laj douz an, san ankenn eksperyans, kite l glise desann sou premye tèt mòn li jwenn nan, li p ap koresponn ak nèg sa a ankò. Eske se eksperyans Lanninya a pou l chanje plas?... Kòman? Kisa pou l voye jete? Eske l ap ka chwazi? E si defo, vis ak move mès pase yo tounen sou li tankou chen anraje? Kisa l ap fè?... Bay manti?... E si l pa rive adapte l ak yon nouvo vi?

Eglantina kanpe dwat, l ap fòse manje, l ap wè si l ta souri, l ap goumen ak tout fòs li kont tristès la. L ap gade premye jès lavi koup la ak yon lapenn. Li bay pen an, li sèvi diri, sòs pwa... fredi ap manje nanm li, l ap goumen... Eske sa se pa rèv moun fou? Eske l pa ta renmen komedi sa a fini tousuit?... Bondye! Bonm krèm la mou! Li kòmanse ap fonn... Non, se anlè a sèlman ki fè on ti fonn... Si l te touye l?... Li gade l. Limenm, l ap manje dousman, ak ti kout dan. L ap souri nan moustach...

❖

Apremidi pran yo nan kanbann ankò. Eglantina ap fimen byen poze *delicado* kiben li potko janm fimen an. Nan jaden tabak Kiba kolonyal la, te gen on seri bon konvèzasyon melanje ak *staccato* pèp payen k ap dechennen chak kenz minit jou vandredi sen... Li lè pou n reflechi sou vrè lwa lavi a. Lejann nan di Kris monte sou kalvè jodi a, tout mò sot nan tonm, zèklè ap siyonnen syèl la epi loraj ap dechire lespas. Vwal tanp la chire depi anwo rive anba. Jenn gason nan katye a ap jwe pyès pou chare nèg pòv, inosan ak sèmon sou montay la. Y ap bat juif yo a epi make saba. Yo soti nan yon nonm ki renmen frè ak sè l pou rive nan kwayans moun egare, nou te vle fè yon Dye. Eske l te kwè sa limenm? Li rele :

« *Eli! Eli! Lamma Sabacthani!...* » Papa! Papa! Poukisa w abandone m!... »

Jàn sou dife a, limenm tou, li te kwè, *Eglantina Covarrubias y Perez* ap mande tèt li si gen yon fòs ki ka ede l nan gwo konba enposib l ap fòse l mennen l nan. Limenm, li kwè sèlman nan tèt li, nan zanmitay, tout bagay parèt posib. Li mande l :

« Eske w konnen m te nan prizon, petèt m ka tounen ankò?... Noumenm travayè, nou gen bonè pa nou, devwa pa nou, gwo batay pou n mennen, fòk mwen avize w... Si sa rive m ta kite w poukont ou pou yon bout tan, ou ka al jwenn zanmi yo. Y ap ede w »

Li pa reponn. Tristès ap devore l, kè l ap bat men konpayon an glise desann nan janm li san l pa wè. Ki kote l ap jwenn fòs pou on konba konsa?... Si yon jou li fè l wont?... Eske l konn patisipe nan zafè moun? Eske l gen don nan kè, don pou l wè, sizyèm sans pou l ta genyen pou l devine nèg di epi dou, serye, pasyone, patizan, manfouben, onèt, tèt di, fò, vrè tankou lawouze, bon tankou lapli, rèd tankou solèy, entim, konpreyansif, egzijan epi karesan tankou yon gwo chen?

Elkotcho ap pale, li pale poze... Li panse tout lanmou kounya yo difisil... Li di lanmou tan pa nou an avèg, kokobe, paralize, san rezon, mistik paske moun jodi yo se tout bagay sa yo toujou, li se yon jwenti de mòd moun : modèl yon mwatye bèt ak mwatye lavni...Li di gen yon jou p ap gen sen ankò, yon jou espès nou an ak òganizasyon sosyal li a ap rive nan laj rezon epi y ap soti anba dènye raj bèt yo, anba foli ak diskou tèt anba k ap mennen nou an... Li sèmante yon jou lèzòm gen pou yo vin moun, moun ki gen rezon... Li deklare se pou l vin konpay li nan tanpèt k ap soufle sou linivè a... Men eske l konn byen sa l ap di a?... Leglantin gade l ak yon je di. Li mete men l nan tèt li detanzantan men li retire l menm kote a, li grafonyen l lè l wè Rafayèl ap gade l ak min nan fon l... fredi ak tristès koupe Leglantin an de, l ap tranble...

Peta ap dechennen deyò a. Nou tande vwa Maryo... Li vin voye je sou maryonèt li a. Se wè pou w ta wè jan yon nonm renmen yon maryonèt, li posede. Sa depase l!... Machin nan derape. Li ale...

Si l te touye tèt li?...

❖

Aswè rive. Leglantin ak Rafayèl toujou nan kabann. Pèp la menm fin fou ap danse, yo santi yo byen nan kanaval endyen, kè yo kontan. Sa k te rele Laninya a ap koute konpayon an k ap raple l lavi di ak lavi batay. Talè a solèy la mouri li fè yon maji ki anvayi chanm nan ak kuiv, kristal, emay, nikèl ak bèt limyè. Yo rete mare youn ak lòt, y ap poze kesyon:

« Eske se ti zetwal ki nan fant dan w la ki fè yo rele w konsa?... »

Li souke tèt li pou di wi. Li se yon flanm dife chaje ak bagay ki pa sanble, laperèz, tristès, eksitasyon, revòlt, raj, lanmou ak dlo nan je ki pa koule. L ap gade l...

«E si yon jou malgre tout bagay sa yo, m fè w wont?... »

Li detache silab yo tou dousman avèk yon raj anraje. L ap grate tèt li ak zong li... Rafayèl kole je l sou Leglantin. Li rete tèt bese. Li foure men l nan bòbòt mouye k ap bat. Li mare l.

« M pa konn sa m t ap di, fè nan ka sa a, men se pou w konnen w ap responsab tout sa m mennen w fè... »

Li gen yon rega brital epi karesan anmenm tan... Laninya ap tranble... Men li menase?... Kiyès li menase, limenm? Li?... De kisa l ap pale?... Bondye, si l te ka sove anba nèg sa a avan l twò ta!... Men eske w ka sove anba l? Rafayèl li te konn ap kouri nan plenn avè l lè l te piti a, li pa t ka chape anba l. Li te tankou yon ti towo bèf, menm jan ak jenn towo nan patiraj yo. Li konn pè bèf yo, li te konn di l :

« Vin avè m, vin wè!...»

Epi li fèmen men m anba men l. Fòk li te suiv li kanmèm vle pa vle. Toutotan li poko rive devan bèf ki pi move a, li pa t ka chape kò l... Eske l ap on lòt jan jodi a?...

Yon pil mizik lage nan ba a. Medam yo gen dwa ap danse ansanm. Yo pa janm fatige?... Li di :

« Dimanch nou pral wè rara kafou Sayira...»

Yon lafyèv ap griye Laninya. Li anvi sove, pati ale nenpòt ki kote men lwen, lwen anpil. Li di:

« M konnen ou p ap fè m wont, ou p ap kapab!... »

Asirans sa a enève l ! L ap tranble. Elkotcho pran bouch li... Ayayay! Bouch la gen gou mabi!... Li bay vag...

❖

Fènwa a tounen ankò. Yo toujou mare ansanm. Y ap dòmi. Yo reveye pou yo renmen. Yo redòmi ankò. Yo se de timoun bèl Karayib. Y ap premye gwoup k ap rive nan laj rezon limanite a, tan kote kontradiksyon nan mitan sanblite ak rezon ap depase laj lanmou... Kisa sa vle di?... Leglantin ouvè je l men lajè nan fènwa a... Tab la, vye dodin nan, bwat ogatwa a, kwen twalèt la, amwa ak glas Laninya Estrelita a... Li pran sant tout vye bagay nan chanm mizè a... Laninya te poukont li, se sa k fè zonbi souvni yo te rete nan simityè nanm li, yon gwo simityè san solèy, san lalin... Avèk nèg sa a bò kote l, Leglantin ap bliye Laninya? Si Leglantin te mare pandan tout tan sa a, poukisa pou Laninya pa

243

ta disparèt? Men menm jan Leglantin te transmèt Laninya anvi sekrè moun pa t ka wè yo, Laninya ka petèt fè menm bagay la menmsi l gen moun avè l...

Kòman l ap fè pou anpeche Laninya touye nan yon semèn sèl grenn byen Leglantin rejwenn nan, ti lanmou frajil ki pa mal pou ale a?... Wi, avèk laperèz sa ki kole nan kò l la, li pa lib.? Kiyès k ap vin delivre l anba maladi sa a ki poze grif li sou tete l la ?... Li vide plezi tankou lapli sou li, juisans san parèy, yon bon prentan lajwa ki melanje kè ak lachè, yon jwa wayal, bèt ak pil pat ki kole bouch yo nan tout ti kwen kò, men, eske antèn moun ap ka branche lwen menm jan avèk yo? Eske nèg sa ap ka devine tout fòs depaman k ap boulvèse Leglantin?

Li voup li leve tèt li pou l gade l. Se byen sa l panse a! Li ouvè je l byen gran... Rafayèl rete konsa l pete yon gwo kout ri li pa t janm konnen l konn fè. Li pran bouch li. Li pè men tristès la diminye, li prèske pati... Yo mare youn ak lòt byen di. Men eske Leglantin gen sizyèm sans ki fè lanmou dire a? Yo dòmi kò pèdi.

❖

Men klòch ap sonnen, alelouya klòch yo tounen, se posesyon samdi dlo benit!. Elkotcho voup li leve. Sit! Li souke l. Leglantin poze l ap souri, li ouvè glas je l anba cham senk sans yon nonm di epi dous. Li di byen fò :

« Fòk m ale!... Alòs, nou dakò?... W ap prepare w, pa di pèsonn anyen epi m ap vin chache w a inè, kou travay la lage... Dakò...? »

Leglantin bese tèt li.

« Ebyen? Dakò?... »

Li pa ka leve tèt li.

« Ou te fè pwomès... alòs, dakò?... Li di :

- Dakò... »

Li vole sou de pye l, l al fè on twalèt rapid dèyè rido a. Li tounen. Li abiye l nan yon bat je. Leglantin ret nan kabann nan l ap gade l ak je l gran ouvè. Li prè.

« A inè?...

- Wi... »

Li bo l ankò. Li pati. Li ale!

Li abiye l, li anpile tout rad li ak zafè li yo nan yon valiz san ranje, bwat souvni, soulye ak lòt bagay ankò. Tèt li cho, li vle fè vit. Li kite tout rès bagay yo. Kòman l ap fè soti ak gwosè valiz sa a san moun pa wè?... An wi, Antwàn! Antwàn, machann kenkay la, se li ki mande pou li. Gen yon mesaj nan mitan lakou a. Li depoze valiz pa l la nan boutik Klemant la. Klemant p ap di anyen epi si Antwàn resevwa yon lèt, li p ap met afè l nan lari. Pa kounya pou byen di... Men, se fini, tout bagay kòrèk... Bwat sekrè a!... L al nan ogatwa a, li detache foto manman Mari a, li leve yon planch ki fè yo wè tout mak nan mi a. Li rale yon ti kofrefò ki fèt an fòm kè ak ti po lanbi woz kole sou li. L al sou kabann nan, li chita...Tout sa l genyen la: nèfsan swasantdisèt, katòz pyès lò, ven dola, twa epeng kravat lò, de mont gason, yon dizèn bag, youn ladan yo an platin avèk yon pyè kare, yon emwod klere, se tout... Prèske katòzan efò, toujou, paske l pa t janm pa gen nèg pou l pwofite fè travay li a... Sa k pi klè nan tout bagay sa a, li fè yo fè yon sèl pandan de dènye ane yo, avèk pakèt siksè sa yo ki pa janm kanpe depi lè a.. Y ap frape nan pòt la... Kiyès sa a dwe ye? Letènèl!....

«Laninya! Laninya!...»

- M okipe!... Sa k genyen?

- Ouvè!...

Bondye papa! M pa ta renmen pèsonn wè valiz sa yo. Li chavire kofrefò a nan valiz nwa a.

« Talè!... »

Li pran bagay yo li sere yo dèyè rido a.

« Kiyès ?... »

Se Likrès.

« ... Laninya, vini!... ou konnen, yo pa t wè w yè, men sanble Gabriyèl kite Lawoubya... L al jwenn Konsepsyon, ou konnen l, fi ki fèt rive nan Kangouwou ba a... Lawoubya al nan ba a yè swa, li tounen prèt pou fou!... Ou konnen jan l ye lè sa pran l? Pi rèd ankò!... Depi maten n ap frape nan pòt la li pa reponn... Nou pè ouvè, ou konnen l... Si pa gen anyen... se sèl oumenm ki ka ale, li p ap di w anyen oumenm... »

❖

Likrès gen kle Maryo yo. Medam yo kanpe dèyè pòt la, yo tout, nan koulwa a, on ti jan an chatpent. Laninya foure kle a nan pòt la, li vire l, li ouvè, men menm kote a li fè bak. Li fè yon gwo rèl, Likrès pouse l, li kouri...

Lawoubya blayi nan mitan chanm nan, sou yon taboure tèt anba. Gen yon lèt atè a: pou Maryo... Lawoubya pann tèt li, toutouni. L ap balanse, l ap vire tou dousman nan kòd la, je l soti lang li pandye. Tout valiz li ranje. Gen kat valiz. Chak gen yon etikèt sou li: Pou Lousmariya, pou Fènand, pou Felisidad, pou Likrès... Sou ti tab chanm nan gen yon gwo bwat kitèks nwa avèk yon katon: pou Laninya Estrelita... Lawoubya se te yon gwo moun, li fini vi l tankou yon gwo moun. Nou p ap ka lonmen non l menm jan ankò. Medam yo pete rele, Likrès pouse tout moun.

« Ann pote valiz yo al met lòt kote, nou pa ka kite yo pou Lapolis, nou p ap jwenn anyen apre... Tout moun soti.... oumenm tou Laninya, pa rete la a, ou tèlman sezi ou ka fè yon maladi... Ale... Pa ret la... M pral rele Maryo...»

Laninya tounen l al nan chanm pa l. Li chita sou pwent kabann nan, l ap tranble tèlman l sezi. Dan l ap klake. Kè l sere, lestomak li ap dechire... Li ouvè bwat la... Yon pakèt lajan, bijou, foto, papye, yon gwo anvlòp ki gen papye ekri ak gwo ekriti boukle Lawoubya a: Pou Laninya... Se te yon fanm byen edike, Lawoubya. Gen de sware, lè l sou, li tonbe resite powèm avèk yon ton dousman tankou Aztèk... Sanble li te fè yon bon tan ap travay nan *Acapulco*... Li konn ap resite yon seri pwezi etranj moun pa t ka konprann... Lawoubya se te yon gran dam, menm lè l te bouzen... Kiyès Lawoubya te ye avan l rive kote l te ye a?... Ponyèt Laninya ap tranble byen fò. Li ouvè anvlòp la... Se yon tèks ki ekri ak kreyon pal. Tèks sa ekri lontan avèk menm estil ekriti boukle a, byen bèl, byen klè... Se yon powèm. Tit la se: *en un abrir y cerra de ojos ... Nan yon bat je...* Nan fen paj la, lank la tou fre:

Ninyita,

Jan w ka wè l la, m te deja pre lontan pou m di nou orevwa. M te tann twòp. Sere lèt la ak tout lòt bagay yo byen fon jiskaske w mouri. Gen lè, lè w gen tan, lè lide w di w oubyen kè w sere, eseye li yo, w ap wè kisa nou ye epi poukisa m oblije fè sa m fè a... Sizanka ou ta rankontre yon moun ki gen moun nan li epi ki enterese w, montre l yo oubyen ba li yo... Sa pa t posib ankò!... Nan yon bat je... Lawoubya ale avan l twò ta, menm si sa lèd... Ou konnen kòman nou tout ap fini... M te renmen w, Ninyita, se poutèt sa m kite anpe nan pafen m yo pou ou... Lawoubya pa kapab ankò, l al dòmi... Pyès moun pa bezwen kriye... Se pou n kontan, ri, toujou anjwa nan Sansasyon ba a apre l fin ale... Kouraj!... kontinye... Bravo!...

❖

Elkotcho antre nan lakou sansasyon ba a. Li mete yon pantalon kaki ak wayabèl blanch li a. Lapolis gen tan vini epi anbilans ale ak kò a. Se pa konplike: yon bouzen mouri, li kite lèt li kòm temwayaj. Tout bagay klè. Sa k pou di w, petèt kounya a etidyan medsin yo ka gen tan ap koupe Lawoubya pyès pa pyès sou tab otopsi yo... Maryo nan ba li a, menm jan an. Men bouch li on jan mare. Sanble te gen on bagay ki te mare l ak Lawoubya.

Elkotcho avanse. L ap woule zepòl li. Kou l ap balanse sot devan al dèyè, menm demach balanse, elastik la. Li mache sou pwent pye, talon l prèske pa touche tè epi oup! Nèg kawotchou a ap vini... Li byen deside... De twa medam ap diskite, fè jès sou pewon ba a. Kou Likrès wè Elkotcho ap vini, li kouri al kote l:

« Mesye! ... sa k pase nan Sansasyon ba a jodi a! Lawoubya touye tèt l, nou jwenn li pann nan chanm nan... Apre sa, Laninya pati nou pa konn ki kote l ale...

- Pati?...

- Wi! Li kite sa a pou ou. Li priye m pou m remèt ou li nan plamen...

- Pati...

- Wi

Likrès lonje yon ti pake a bay Elkotcho. Twa pli nan fon l yo parèt. Men li se yon nonm di, petri anba solèy, sale anba van lanmè Karayib. Pou li

Laninya pa ka pati. Yon mo, se yon mo. Li ouvè pake a menm kote a: yon mont, kèk foto ak yon lèt.

O! Laninya pa gen bèl ekriti boukle. Tout moun ka di w Laninya pa gen gwo edikasyon menm jan ak Lawoubya, men, malgre tout sa yo di, pat mouch ak lèt kwochi, sa l di yo fè moun reflechi. Elkotcho gen dwa pa dakò ak sa ki nan biyè a, men se mesaj yon fanm limyè. Ou ka di, li te dwe, li te ka, li pa t dwe... Men se konsa. Kat fraz... Wi, li renmen l, li tèlman renmen l, li pa jwenn mo pou l di sa. Li te trete l tankou yon rèn. Li pa t janm panse bagay konsa. Li se wa l, men li pati, l ale... Li dwe goumen pou touen yon fanm tout bon, yon konpay ki kadre ak li, l al goumen pou l wè si l te ka soti anba Laninya a... Sa mèt pran tan pou l pran, yon mwa, sis mwa, ennan, men li al travay pou vi l, l al eseye touye Laninya a. Si sa mache, l a tounen poukont li vin jwenn li, sinon.... Petèt li ka fè yon move kalkil, men jès li a se yon jès eklere, yon zak gwo konsyans ak responsablite.

« Madmwazèl?... Ou ka menmen m nan chanm li a?...»

Likrès gade l on jan sezi. O! Apre tout bagay sa a!...

❖

Elkotcho chita nan ba a... Pa ret anyen nan chanm nan ankò apre mèb yo, bagay gaye, anpe pousyè, anyen ankò... Se sèlman yon foto manman Mari dechire an kat moso li jwenn... Se vre, li pa bay manti, l al goumen tankou tout fanm Karayib, pou l refè tèt li... Elkotcho mare pwen l...

« Patwon, ban m on gwòg... De dwèt li men lajè...

-Nèg pa m, ou konn nouvèl la? Sa w di?... Lawoubya... gade on semèn!»

Elkotcho bese tèt li, li pa reponn. Non, li pa nèg ki pèdi batay konsa. Se yon jès enbesil li fè a, l ap konn kiyès yo rele Elkotcho! Depi l deside yon bagay, vakabon, syèl la te mèt desann sou tè a si l vle, men l ap fè l kanmèm!

« Patwon, m ale!...»

Elkotcho kite Sansasyon ba a... Dezè sone nan revèy Sentàn... Vye Meksiken an te gen rezon:

« Yon ti bagay tou piti epi tout bagay tounen nwa kou lank, yon lòt ti bagay tou piti epi tout bagay vin woz!...»

Nouvèl la gaye tout kote, nan tout kwen nan vil, peta, bri machin, fren sèk, klaksòn, tanbou rara ak wonf lanmè k ap navige nan van karayib. Elkotcho kwè l ap jwenn li, li kwè di tankou fè, li pa pèdi woz ki nan je Laninya a... Byen petèt... Sa k konnen!...

FEN